Walter Wittmann
Die neuen Ausbeuter

Walter Wittmann

Die neuen Ausbeuter

Seewald Verlag
Stuttgart

Alle Rechte vorbehalten
© Seewald Verlag Dr. Heinrich Seewald GmbH & Co., Stutt-
gart-Degerloch 1980. Schutzumschlag von Franz Wöllzen-
müller. Satz und Druck: Augsburger Druckhaus, Augsburg.
Gebunden bei Hans Klotz GmbH, Augsburg
Printed in Germany ISBN 3 512 00594 2

Inhalt

Alte und neue Ausbeuter

»Ausbeutung« ist ein beliebtes Schlagwort, das sich ebenso gebrauchen wie mißbrauchen läßt. In einer harmlosen Version geht es lediglich um die Nutzung von Ressourcen, wie z. B. die Ausbeutung von Bodenschätzen. Selbst die Ausbeutung der Arbeiter wurde zuerst nur als Nutzung des Produktionsfaktors Arbeit verstanden. Utopische Sozialisten und dann vor allem Karl Marx gaben der Ausbeutung einen grundlegend veränderten und sozialrevolutionären Inhalt. Er läßt sich treffend mit J. W. Goethe charakterisieren:

> »Denn eben, wo Begriffe fehlen,
> da stellt ein Wort zur rechten Zeit sich ein.
> Mit Worten läßt sich trefflich streiten,
> mit Worten ein System bereiten.«

Karl Marx nahm Pachten, Zinsen und Gewinne – für ihn arbeitslose Einkommen – massiv unter Beschuß. Ihre Aneignung durch die Kapitalisten sei unhaltbar. Er setzte die Ausbeutung mit Unrechtmäßigkeit gleich, was sich in dieser Version bis heute gehalten hat. Zu den alten Ausbeutern – den Kapitalisten und Kolonialmächten – kamen inzwischen zahlreiche neue Ausbeuter hinzu: Die neueste Variante ist die Ausbeutung der Entwicklungsländer durch die hochindustrialisierten Nationen; man spricht auch vom Nord-Süd-Konflikt.

Die Marxisten glauben nicht, daß die Ausbeutung durch Reformen des kapitalistischen Systems überwunden werden könne, erforderlich sei vielmehr die Beseitigung des Kapitalismus. Da die Ausbeutung durch das private Eigentum an Produktionsmitteln bedingt ist, seien diese in Gemeineigentum zu überführen. Erst dann verschwinde der Unterschied zwischen Eigentümer und Arbeiter, so daß es keine Ausbeuter und Ausgebeutete mehr gebe. Die Arbeiter verfügen dann über den ganzen ihnen zustehenden Wert ihrer Arbeit, während dieser vorher teilweise von den Kapitalisten einbehalten wurde. Die Ausbeutung wird durch eine neue Sozial- und Gesellschaftsordnung – die klassenlose Gesellschaft –, in der keine Herrschaft von Menschen über Menschen existiert, beendet. Indessen erwies sich dies in Wirklichkeit als eine in jeder Beziehung trügerische Hoffnung: Die angebliche Ausbeutung der Arbeiterklasse im Kapitalismus wurde faktisch durch die Ausbeutung im Sozialismus ersetzt. An Stelle der versprochenen Diktatur des Proletariats trat die Diktatur der kommunistischen Parteien, die sich durch eine totale Bevormundung der Menschen auszeichnet.

Der Marxismus steht mit seiner These der unrechtmäßigen Aneignung von Einkommen durch die Kapitalisten zu den Tatsachen des 20. Jahrhundert in schroffem Gegensatz. Die Entlohnung der Arbeiter ist Gegenstand von Tarifverhandlungen, die sich auch auf vielfältigste Vereinbarungen über die Gestaltung der Arbeitsverhältnisse erstrecken. Infolgedessen ist es völlig verfehlt, von einer Ausbeutung der Arbeitnehmer zu sprechen. Unterhalten kann und muß man sich allerdings darüber, unter welchen Voraussetzungen der gerechte Lohn in einem marktwirtschaftlichen System verwirklicht ist. Damit stellt sich die zentrale Frage nach der gerechten Einkommensverteilung, oder neutral formuliert, inwieweit die Einkommensverteilung zu verbessern ist. Darüber gehen die Meinungen zwar auseinander, unerwünscht ist indessen eine Egalisierung der Einkommen, weil diese sämtliche finanziellen Anreize beseitigen und infolgedessen das hochleistungsfähige und freiheitliche Wirtschafts- und Gesellschaftssystem ruinieren würde.

Über den Begriff und Inhalt der Ausbeutung wurde viel geforscht, diskutiert, polemisiert und auch diktiert, allgemein anerkannte Vorstellungen gibt es hingegen nicht. Für mich liegt Ausbeutung vor, wenn jemand auf Kosten anderer lebt, wobei dies legal oder illegal geschehen kann.

Illegal ist die Ausbeutung, wenn sich jemand zu Lasten anderer gesetzeswidrig Vorteile, insbesondere Einkommen, verschafft, so u. a. durch Steuerhinterziehung, Subventions- oder Wirtschaftskriminalität. In Einklang mit der Gesetzgebung und basierend auf einer Wählermehrheit müssen bestimmte Personen Einkommensverzichte zugunsten von weniger begüterten Schichten leisten und werden somit legal ausgebeutet. In dem Ausmaße wie dies geschieht, leben die unteren Einkommensschichten auf Kosten der Bezieher hoher Einkommen: Letztlich könnte eine erdrückende Wählermehrheit aus breiten Einkommensschichten die volle Abschöpfung der Einkommen und Vermögen der kleinen Wählerminderheit von Reicheren durchsetzen. Es ist gar keine Frage mehr: Im Laufe der vergangenen Jahrzehnte haben sich die Ausbeutungsformen und -arten entscheidend verändert, die frühkapitalistischen Verhältnisse des 19. Jahrhunderts wurden inzwischen auf den Kopf gestellt. Langsam aber sicher haben sich zahlreiche neue Ausbeuter in unser Wirtschafts- und Gesellschaftssystem eingenistet. Sie leben seit langem – unentdeckt und ungestört – und durchaus nicht schlecht auf Kosten derjenigen, die letztlich unseren hohen Lebensstandard geschaffen haben.

Erstaunlicherweise konnte sich das marxistische Klischee der Ausbeutung der Arbeiterklasse bis heute halten, obwohl sich die Lebensbedingungen in den hochentwickelten Industrieländern radikal verbessert haben. Im 20. Jahrhundert und vor allem in der Zeit nach dem Zweiten Weltkrieg erlebte die sozialorientierte Gesetzgebung derart eklatante Veränderungen, daß sie eine rasche wachsende Ausbeutung nicht etwa der Arbeiter, sondern u. a. der Unternehmer, Selbständigen, Eigentümer und der Reichen bewirkt hat. *Die Nutznießer der westlichen Sozial- und Wohlfahrtsstaaten sind inzwischen überzeugt, der einzelne könne sozusagen beliebig und ungestraft auf Kosten anderer leben.* Wer so denkt und derart handelt, scheint zu vergessen, daß er für jene, die er ausbeuten will, auch einer jener ist, von deren Leistungen die anderen profitieren (wollen). Das ist die verhängnisvolle Selbsttäuschung unserer Zeit, die einen Teufelskreis bildet, in dem jeder jeden und letztlich auch sich selbst ausbeutet. Doch bevor ich mich damit auseinandersetze, mache ich zunächst einen Ausflug in den östlichen Sozialismus.

Von der Ausbeutung der Arbeiterklasse zur Ausbeutung im Sozialismus

Nach Karl Marx beuten die Kapitalisten die Arbeiterklasse aus, indem sie den Produktionswert, den die Arbeiter schaffen, teilweise selbst behalten. Diese Mittel, d. h. den Mehrwert, investieren die Unternehmer in neue Produktionsanlagen und sparen dabei Arbeitskräfte ein. Aufgrund dieser Ansammlung oder Akkumulation von Kapital kommt es zu einer industriellen Reservearmee an menschlicher Arbeitskraft. In der Hochkonjunktur ist diese zwar vorübergehend voll beschäftigt, langfristig nimmt sie indessen zu. Die Entlohnung der Arbeitskräfte hängt vom zahlenmäßigen Verhältnis der Beschäftigten zur Reservearmee ab. In dem Maße, wie die Zahl der Arbeitslosen zunimmt, verschlechtert sich die materielle Lage der noch berufstätigen Arbeiter. Dies ist der Kern der marxistischen Verelendungstheorie, die sich allerdings in bezug auf die hochentwickelten kapitalistischen Länder nicht bewahrheitet hat.

Marx ging davon aus, daß die Zahl der Besitzer von Produktionsmitteln laufend kleiner werde, während es gleichzeitig immer mehr Menschen geben werde, die von ihrer Arbeit leben müßten. Daraus würden zwangsweise periodische Krisen des kapitalistischen Systems resultieren, die letztlich die Übernahme des bürgerlichen Staates durch das Proletariat zur Folge hätten. Dagegen werde die Diktatur des Proletariats deshalb keine neue Klassenherrschaft erleben, weil sie darauf verzichte, den politischen Apparat des kapitalistischen Staates mit zu übernehmen. Infolgedessen werde der Staat als Ausdruck der Herrschaft des Privateigentums und der Bourgeoisie absterben.

Die revolutionäre Theorie von Marx, wonach der Durchbruch der Diktatur des Proletariats zur klassenlosen Gesellschaft zwangsläufig ist und einem Paradies auf Erden gleichkommt, erwies sich als große Verlockung. An paradiesische Verhältnisse muß man nicht glauben, sie werden aufgrund des Fortschritts zur Wirklichkeit. Somit liegt eine Heilslehre vor, wie sie sonst nur von den großen Religionen – und dies wohl bemerkt nur für das Jenseits – verkündet wird. Im kommunistischen Staat wird jeder nach seinen Fähigkeiten und nach seinen Bedürfnissen entlohnt und erhält den vollen Gegenwert seiner Arbeitsleistung.

Eine Ausbeutung gab es bereits in der Sklavenhaltergesellschaft. Sie kannte nicht nur privates Eigentum an Produktionsmitteln, sondern auch an Menschen – den Sklaven –, die ausgebeutet wurden. Aufgrund fortschrittlicher landwirtschaftlicher Anbaumethoden, mit dem Durchbruch der Arbeitsteilung und mit der Verbesserung der handwerklichen Produktionsverhältnisse kam der Feudalismus zum Zuge. Das Privateigentum ermöglichte die Ausbeutung der Leibeigenen als unterdrückte Klasse. Es folgte die Übergangsphase zum Kapitalismus, die, geprägt durch das Wucherkapital, die Schuldner mit exorbitanten Zinsen meist in die totale Abhängigkeit der Wucherer brachte. Der daran anschließende Kapitalismus – für Marx die letzte historische Form der Ausbeutung – wird zunächst durch die Diktatur des Proletariats, später durch die klassenlose Gesellschaft abgelöst. Seit dieser Prophezeiung warten die Marxisten inzwischen ein ganzes Jahrhundert auf den Zusammenbruch des Kapitalismus. Sie bieten immer wieder fadenscheinige Ausreden an, wieso sein Ende weiter auf sich warten läßt. Unbeirrt sprechen sie weiterhin von der Ausbeutung der Arbeiterklasse im Kapitalismus und glauben allen sozialen Errungenschaften zum Trotz – als Anhänger einer Irrlehre – an die zwangsläufige Verwirklichung der klassenlosen Gesellschaft.

Die erste Gelegenheit, die Lehre von Karl Marx in die Tat umzusetzen, ergab sich schon vor rund 60 Jahren, als in der Sowjetunion die Oktoberrevolution den Feudalismus – ohne eine kapitalistische Phase – durch den Sozialismus ablöste. In Wirklichkeit etablierte sich keine klassenlose Gesellschaft, sondern neue Ausbeuter, d. h. die sowjetische Führungsschicht. Nachdem es Lenin nicht gelang, einen herrschaftslosen Zustand zu erzwingen, erfand er die proletarische Demokratie: Darin wird zwar Herrschaft ausgeübt, da sie aber angeblich keine Klassen kennt, geht ihr unterdrückender Charakter verloren. So bezeichnete Lenin 1917 die Sowjetunion als »Staat der Sowjets (Räte), der Arbeiter und der Sowjetdeputierten«. Zum Organ der Staatsmacht, die sowohl die gesetzgebende als auch die ausführende Gewalt in sich vereinigt, rückten die Sowjets auf, die sich im Laufe der Revolution gebildet hatten. Indessen wurde auch dieses Prinzip aufgegeben: Zur Avantgarde des Volkes wurde die Partei, womit die Diktatur des Proletariats sich in die Diktatur der Partei verwandelte. Die kommunistische Partei ist aber keine Massen- sondern eine Kaderpartei, die den Staatsapparat völlig beherrscht und dem Grundsatz des demokratischen Zentralismus entspricht. Die Funktionäre werden zwar (demokratisch) von unten nach oben gewählt, von ihnen wird aber unbedingter Gehorsam gegenüber den von der Parteispitze einsam gefällten Entscheiden erwartet. So wurde das ursprüngliche Rätesystem der Sowjets, d. h. eine repräsentative Demokratie, durch die Einpartei-Herrschaft abgelöst. In der Sowjetunion gibt es faktisch keine persönlichen Rechte, und vom marxistischen Ziel »jedem nach seinen Bedürfnissen« kann keine Rede sein.

Die Sowjetbürger werden heute von einer Viertelmillion Parteifunktionären regiert, die den Kern der staatlichen Organisation bilden. Die Arbeiterklasse muß sich ausschließlich an den Bedürfnissen der Partei ausrichten. Ihre Bezahlung erfolgt im Gegensatz zu einem marxistischen Postulat nicht nach den persönlichen Bedürfnissen, sondern nach den Richtlinien der Partei. Zwar wurde die Abschaffung der Herrschaft von Menschen über Menschen versprochen, geblieben ist aber die totale Herrschaft der Partei über die Sowjetbürger. In ihrem Dienst stehen nicht nur die Parteifunktionäre, sondern auch die Armee, die Polizei und eine gigantische Bürokratie. Dieses Herrschaftssystem beansprucht einen – verglichen mit westlichen Demokratien – sehr hohen Prozentsatz des Volkseinkommens und spiegelt die Ausbeutung der sowjetischen Arbeiterklasse wider. In der Sowjetunion wird der viel zitierte Mehrwert der Arbeit nicht etwa von Kapitalisten, sondern durch kommunistische Ausbeuter angeeignet, was den Wohlstand entsprechend beeinträchtigt.

Die sowjetische Gegenwart unterscheidet sich radikal vom Ideal der klassenlosen Gesellschaft. R. Bernheim – Die sozialistischen Errungenschaften der Sowjetunion, Zürich 1972 – schildert die Sowjetunion als eine Klassengesellschaft extremster Ausprägung. Die Umgangsformen werden dem jeweiligen Gesprächspartner angepaßt und unterscheiden sich in keiner Weise von den Gepflogenheiten des zaristischen Rußland: Mit dem einen spricht der Russe barsch, mit dem anderen herrisch, mit einem dritten unterwürfig oder gar kriecherisch, mit dem nächsten grob und befehlend oder auch gönnerhaft. Vorgesetzte behandeln ihre Untergebenen selbstherrlich und befehlen von oben herab, während der Untergebene sich seinem Vorgesetzten unterwürfig nähert. Zwischen höheren und niedrigeren Schichten oder Akademiker und Arbeiter gibt es kaum gesellschaftliche Kontakte. Man heiratet fast durchweg standesgemäß. Das Klassenbewußtsein wird in nach sozialen Schichten und Berufen organisierten Klubs gefördert, die stark an mittelalterliche Zünfte erinnern.

Die sowjetische Gesellschaft ist durch Privilegien und Gruppeninteressen geprägt. Die Unterschiede zwischen den untersten und obersten Klassen sind enorm. Zwar gibt es zwischen den einzelnen Klassen durchaus Mobilität, der Aufstieg hängt aber von der Parteizugehörigkeit, einer kulturellen Leistung oder einem akademischen Grad ab. Politische Willfährigkeit ist unbedingt erforderlich; sie muß sich in einem uneingeschränkten und unerschütterlichen äußeren Betragen manifestieren. Die höchste Stufe der Hierarchie bilden die Parteimitglieder, die R. Bernheim treffend charakterisiert: »Zuoberst in der Hierarchie, über der Gesellschaft, unerreichbar auch nur den Blicken der gewöhnlichen Sterblichen, thronen die Parteispitzen. Kaum jemand weiß, wo sie wohnen, wie sie leben, was sie tun. Ihre unbeschränkte Macht bezahlen sie, jedenfalls die heutigen Führer, mit einer Selbstauslöschung vor der Öffentlichkeit. Sie sind byzantinische Hohepriester und lebende Ikonen in einem. Das Volk kann gelegentlich auf dem Bildschirm einen Blick auf den einen oder anderen werfen, kennt sie aber sonst nur vom Hörensagen und von offiziellen Bildnissen her, auf denen ihr Gesicht in einer immer gleichbleibenden, ein für allemal festgelegten Prägung erscheint. Das Volk spricht von ihnen ausschließlich in der dritten Person Mehrzahl.«

Im Gegensatz zu den sogenannten kapitalistischen Ländern beziehen die Parteispitzen, Regierungsmitglieder, angesehene Künstler, Schriftsteller oder Top-Wissenschaftler kein Gehalt. Sie genießen faktisch einen unbegrenzten Blankokredit. Da diese Personen offiziell kein Einkommen beziehen, bezahlen sie infolgedessen auch keine Einkommensteuer. Für ihren Verbrauch kommen die breiten Einkommensschichten auf, die ja die Staatskassen füllen. Zu westlichen Devisen haben nur bevorzugte Personen Zugang, und nur ihnen stehen die aus den kapitalistischen

Ländern importierten Luxusgüter zur Verfügung. Für sie gibt es auch eigens reservierte Geschäfte, in denen sie ihre Wünsche jederzeit erfüllen können. Privilegierte Personen wohnen in Privatvillen und verfügen über eigene Ferienorte, Ärzte und Krankenhäuser. Sie allein beanspruchen die aus dem Westen importierten modernen Medikamente. Die sowjetische Praxis hat die marxistische Forderung »jedem nach seinen Bedürfnissen« durch die Befriedigung der Bedürfnisse der herrschenden Klasse ersetzt.

An die sowjetische Spitzenklasse schließen sich die Parteibosse der Provinzen, die höchsten Militärs, die Leiter der Sicherheitsdienste in den Provinzen, die faktisch über den Gesetzen stehen, an. Die Direktoren wichtiger Industrieunternehmen verfügen nahezu beliebig über die Arbeitnehmer. Die Besetzung von Schlüsselpositionen in Wirtschaft, Verwaltung und in kulturellen Organisationen erfolgt ausschließlich durch die Partei. Konnte eine Person einmal in die Hierarchie aufsteigen, so darf ihr nicht mehr gekündigt werden; nur die Partei hat das Recht, sie zu entlassen oder zu versetzen.

Die nächste Klasse bildet die »obere Bourgeoisie«, die u. a. aus Professoren, Forschern, Fabrikleitern, höheren Beamten, zahlreichen Künstlern und aus der oberen Parteibürokratie besteht. Es folgt die »mittlere Bourgeoisie«, wo sich die Privilegierung zu verästeln beginnt: Der eine profitiert von besseren Krankenhäusern, der andere von komfortablen Ferienheimen, ein dritter von Auslandsreisen und ein vierter von ausländischen Zeitungen und Büchern. Die Bevorzugung erstreckt sich im weiteren auf eine eigene Datscha, ein privates Auto oder auf einen Dienstwagen. Häufige Vorteile sind größere Wohnungen oder der Zugang zu Sondergeschäften mit äußerst günstigen Staatspreisen.

Im sowjetischen Privilegiensystem spielt Geld eine besondere Rolle: Man braucht es nicht selten zur Bezahlung von Schmiergeldern, um so entscheidende Vorteile zu erringen. Äußerst bemerkenswert sind die Einkommensunterschiede: Die Bezüge der untersten Klasse, der u. a. Hilfsarbeiter, Straßenkehrer, Putzfrauen oder Landarbeiter angehören, bewegen sich an der Grenze des Existenzminimums. Die Durchschnittslöhne der meisten Sowjetbürger liegen indessen erheblich höher. Mittlere Einkommen beziehen u. a. Künstler, Wissenschaftler und der Parteispitze dienende Personen. Allerdings kennt die Sowjetunion auch Rubel-Millionäre. Die Einkommensverteilung ist tatsächlich so ungleichmäßig, daß sie nach den sozialistischen Maßstäben in den westlichen Demokratien das Prädikat ungerecht oder asozial verdient.

Erstaunliche Leistungen erbringt die Sowjetunion in der Rüstungsindustrie und in den damit zusammenhängenden Raumfahrtprogrammen. Indessen ist der Preis dafür eine gravierende Ausbeutung der Arbeiterklasse. Rüstung und Raumfahrt werden nämlich bei der Zuteilung von Geld, Rohstoffen und Fachleuten bevorzugt. Für die zivile Wirtschaft bleiben infolgedessen nur jene Mittel übrig, der die militärische Sektor entbehren kann. Die technologischen Neuerungen in der Rüstungsindustrie und Raumfahrt befruchten – im Gegensatz zum Westen – den zivilen Bereich nur sehr beschränkt. Dies geht darauf zurück, daß – vor allem wegen der Geheimhaltung – der militärische und der zivile Sektor unabhängig voneinander arbeiten. Zwar verfügt die Sowjetunion über fähige Wissenschaftler und Ingenieure, in der Ausnutzung des technologischen Wissens versagen Bürokratie und Planwirtschaft aber kläglich. Nur so ist es verständlich, daß eine rückständige Staatsindustrie neben einer hochleistungsfähigen Rüstungs- und Raumfahrtbranche vegetieren muß. Die Russen können es sich offenbar leisten, bei der Modernisierung von Industrie, Verwaltung und Infrastruktur auf die Erkenntnisse und Erfahrungen ihrer Rüstungswirtschaft zu verzichten und die Dienste westlicher Firmen in Anspruch zu nehmen. In der Folge profitieren die Sowjetbürger weder direkt noch indirekt von den gigantischen Aufwendungen für das Militär- und Raumfahrtwesen. Sie müssen daher auf leistungsfähige, dauerhafte Konsumgüter und auf moderne Dienstleistungen, wie z. B. ein westliches Telefonnetz, verzichten. Die Ausgaben für Rüstung und Raumfahrt machen einen hohen Prozentsatz des Volkseinkommens aus und erzwingen einen entsprechenden Konsumverzicht der breiten Massen.

Die sowjetische Arbeiterklasse hat auch unter dem ideologisch bedingten und gegen jegliche wirtschaftliche Vernunft forcierten »Gesetz der vorwiegenden Entwicklung der Produktionsmittel« zu leiden. Der Ausbau der Investitionsgüterindustrie auf Kosten der Konsumgüterproduktion ist zwar so lange eine wirksame Wachstumsstrategie, als der Produktionsapparat auf- und ausgebaut und die Infrastruktur, insbesondere ein leistungsfähiges Verkehrsnetz, erstellt werden müssen. Erst im Anschluß an diese extensive Wachstumsphase ist die Konsumgüterindustrie vorrangig mit dem Ziele der Verbesserung des Lebensstandards der Sowjetbevölkerung zu fördern. Eine solche Wachstumspolitik wäre schon in den sechziger Jahren fällig gewesen, was vorübergehend auch vorgesehen war. Indessen blieb ein derartiger Wechsel in der Wachstumsstrategie bisher aus, was den Lebensstandard der breiten Bevölkerungsschichten entsprechend beeinträchtigt. Die sowjetische Zentralverwaltungswirtschaft ist offenbar aus ideologischen Gründen nicht in der Lage, eine bedarfsgerechte Konsumgüterindustrie zu entwickeln. Je länger damit gewartet wird, desto mehr setzt sich eine Tendenz sinkender Wachstumsraten der Sowjetwirtschaft bei wachsenden Fehlinvestitionen durch, die auf Dauer in eine wirtschaftliche Stagnation mündet. Da vorläufig kaum mit einer drastischen Einschränkung der Rüstungswirtschaft zu rechnen ist, wird die sowjetische Arbeiterklasse – je länger je mehr – um die Erhaltung ihres Lebensstandards bangen müssen.

Mit den Tücken der Wirtschaftsplanung wird man so lange einigermaßen fertig, als die Konsumgüterindustrie nur den lebensnotwendigen Bedarf zu decken braucht, und breit gefächerte anspruchsvolle Sortimente nicht erwünscht sind. Die privilegierten Schichten versorgen sich in der Regel mit Luxusgütern aus den kapitalistischen Ländern, während die Arbeitermassen sich mit dem kargen Angebot der sowjetischen Planwirtschaft begnügen müssen. Sollte sie wachsenden individuellen Ansprüchen und nicht nur einem langweiligen Einheitsbedarf gerecht werden, dann wäre sie wohl hoffnungslos überfordert. Es ist daher längstens überfällig, wirksame marktwirtschaftliche Elemente einzuführen und die Produktion von der Nachfrage her zu steuern. Entscheidend ist, die Produktion allmählich von den Fesseln der Bürokratie zu befreien, die Wirtschaft zu dezentralisieren und die Betriebe zu verselbständigen. Je länger die Sowjetunion solche Reformen verhindert, desto weniger wird die Bevölkerung von der jahrzehntelangen Forcierung der Investitionsgüterindustrie profitieren können. Indessen setzt die Förderung der

Konsumgüterindustrie zusammen mit der erforderlichen Liberalisierung der Wirtschaft das sowjetische System schwerwiegenden und wachsenden Gefahren aus. Es ist demzufolge anzunehmen, daß die Ausbeutung der sowjetischen Arbeiterklasse entschieden länger dauern wird als Optimisten glauben. Man darf nämlich nicht vergessen, daß die privilegierten Schichten kein Interesse an grundlegenden Veränderungen haben, da sie davon nur Nachteile zu erwarten hätten. So rückt die Verwirklichung der klassenlosen Gesellschaft und jene der Entlohnung: »jeder nach seinen Fähigkeiten, jedem nach seinen Bedürfnissen«, in weite Ferne und ist für Kenner ein unerfüllbares Glaubensziel. *Den Sowjetideologen, die als Nutznießer des Systems die Augen vor den Tatsachen schließen, mag es letztlich gleichgültig sein, ob der kommunistische Endzustand der klassenlosen Gesellschaft mit einem Himmelreich auf Erden je erreicht wird oder nicht.*

Die Sowjetwirtschaft zeichnet sich durch eine gigantische Verschwendung und Mißwirtschaft, wie sie der Planwirtschaft eigen ist, aus. Auf jeweils offensichtliche und erkannte Mängel reagiert die Sowjetregierung mit neuen bürokratischen Maßnahmen. Dabei wächst der Staatsapparat progressiv zu den unzulänglichen Leistungen der Bürokratie. Infolgedessen ist es abzusehen, wie die Bürokratie auf Dauer soviel Geld verschlingen wird, daß der Lebensstandard der breiten Massen Gefahr läuft, nicht nur zu stagnieren, sondern sogar abzunehmen. Mißwirtschaft und Verschwendung finden ihren Ausdruck u. a. in einer hohen Lagerhaltung an unbrauchbaren, nicht benötigten und unrationell verteilten Investitions- und Konsumgütern. Auffallend sind weiter die regelmäßigen Versorgungsengpässe, hohe Leerkapazitäten im Verkehr und das Fehlen von Ersatzteilen. Dadurch wird der Produktionsapparat permanent zu einem hohen Prozentsatz lahmgelegt, während gleichzeitig ausgeprägte Fehlinvestitionen auftreten. Ferner werden die knappen Investitionsmittel von der Planungsbehörde stark verzettelt: Politische Entscheide lassen zahlreiche Investitionsprojekte an ökonomisch unvertretbaren Standorten in Angriff nehmen. Der Mangel an Kapital und Investitionsgütern hat im Verein mit sich dauernd verändernden politischen Zielen zur Folge, daß manche Vorhaben nicht mehr zu Ende geführt werden können. Schwerwiegende Folgen hat schließlich die ungenügende Koordination, so daß nicht selten die geplanten und erforderlichen Werkhallen für die in Auftrag gegebenen Ausrüstungsinvestitionen zum Zeitpunkt ihrer Lieferung fehlen. In solchen Fällen endet die Produktion knapper Investitionsgüter auf dem Schrotthaufen. Permanente Meldungen lassen darauf schließen, daß der Verschleiß an Material und Maschinen in der Sowjetunion ein Mehrfaches desjenigen in den westlichen Industrieländern beträgt. Gleichzeitig fordert das am Plansoll bzw. an den verarbeiteten Gewichtsmengen und nicht an der Qualität orientierte Entlohnungssystem die Verschwendung nachhaltig.

Verhängnisvoll ist die nahezu vollständig durchgeführte Trennung von Forschung, Entwicklung und industrieller Verwertung. In der Grundlagenforschung und in der angewandten Forschung hat die Sowjetunion bisher zwar Beachtliches geleistet; es ist ihr aber nicht gelungen, dies in die zivile Wirtschaft umzusetzen. In der Regel werden die sowjetischen Erzeugnisse nämlich in zentralen Konstruktionsbüros in Moskau entwickelt und gehen nicht – wie in den westlichen Ländern – direkt aus der Industrie hervor. Die industrielle Verwertung erfolgt – wenn überhaupt – erst nach jahrelangen Verzögerungen und langwierigen Anpassungen, die mit einer geringen Wirtschaftlichkeit verbunden sind.

In der Sowjetunion ist die geringe Arbeitsproduktivität sozusagen jedem bewußt, eine Tatsache, die auch offiziell nicht bestritten wird. Diese systemimmanente Schwäche hat vielfältige Ursachen und ist insbesondere nicht mit bürokratischen Maßnahmen zu überwinden. Strengste Disziplinierung und Androhung drakonischer Strafen konnten bisher die Arbeitsmoral nicht entscheidend verbessern. Solange keine materiellen Anreize zur rationellen Betriebsführung eingeführt werden, geht der unwirtschaftliche Einsatz von Arbeitern, Maschinen und Rohstoffen weiter.

In der Sowjetunion gibt es offiziell keine Arbeitslosigkeit, da die Arbeitnehmer ihren Lohn auch dann erhalten, wenn sie faktisch nicht arbeiten oder nur angeblich beschäftigt sind. Diese versteckte Arbeitslosigkeit macht einen hohen Prozentsatz der statistisch ausgewiesenen Beschäftigung aus, was die Arbeitsproduktivität beeinträchtigt. Würden diese und weitere Unzulänglichkeiten beseitigt, so könnte man entweder die Arbeitszeit erheblich senken oder den Lebensstandard fühlbar erhöhen. Bleiben solche Reformen aus, so werden die Arbeitnehmer entsprechend unnötig ausgebeutet. Je mehr ihnen dies aber bewußt wird, desto stärker wird ihre Arbeitsmoral leiden und die Leistungsfähigkeit des sowjetischen Systems schwächen.

Wie wohl kaum anders zu erwarten, weichen in der Sowjetunion auch die Arbeitsbedingungen erheblich von den sozialistischen Idealen ab. Vorweg ist zu betonen, daß die politische Führung den unbefriedigenden Arbeitswillen nicht etwa zur Schonung der Arbeitskräfte toleriert. Dieser Zustand muß vielmehr aufgrund der bereits erwähnten systemimmanenten Schwächen in Kauf genommen werden. Die Betriebe werden ausschließlich danach beurteilt, ob sie den Produktionsplan erfüllen oder nicht. Daraus resultiert eine weitgehende Mißachtung von Arbeitsgesetzen, die Vernachlässigung des Unfallschutzes und Manipulierungen der Bezahlung der Arbeitskräfte. Die Arbeiter unterwerfen sich dem Willen der Betriebsleitung meist widerspruchslos, denn bei Verstößen gegen die Arbeitsdisziplin droht ihnen eine Reihe von Maßnahmen, welche die Entlassung oder gar die Überweisung an Gerichte und Polizei einschließen. Die Gewerkschaften sind nicht mehr als ein Werkzeug der Partei; sie werden zur Motivierung und Disziplinierung der Arbeiter eingesetzt. Der vernachlässigte Unfallschutz beeinträchtigt die Arbeitssicherheit und bewirkt vorrangig eine Konzentration auf das Leistungsvermögen der Maschinen. Dies hat zahlreiche Unfälle zur Folge, die ein repräsentativer Indikator der schlechten Arbeitsverhältnisse sind. Sowjetische Industrieviertel gelten als besonders trostlos und erinnern an die Arbeitsbedingungen des vorigen Jahrhunderts in den kapitalistischen Ländern.

Zur Planerfüllung sind öfters »freiwillige« Überstunden erforderlich, die – als Dank für Mehrleistungen – meist eine Erhöhung des Plansolls eintragen. Zwar wurde die Fünftagewoche offiziell schon 1967 eingeführt, das geltende Arbeitsgesetz bewirkte indessen lediglich, daß diese Erleichterung auf dem Papier existierte. Es wird den Betriebsleitern überlassen, diese Verfügung zu interpretieren und die Arbeiter für zusätzliche Arbeitsleistungen aufzubieten. Die Bezahlung erfolgt strikt nach dem Grundsatz des Leistungslohnes. Die Akkordsätze werden willkürlich am grünen Tisch bestimmt und entsprechen so nicht den Leistungsanforderungen. In der Tat sind die Akkordsätze ein Instrument zur Disziplinierung der Arbeiter. Sie fördern die Korruption, indem die Arbeiter häufig Schmiergelder bezahlen, um dadurch in den Genuß von Arbeiten mit vorteilhaften Akkordsätzen zu gelangen. Diese Zustände passen überhaupt nicht zur Verheißung von Karl Marx, wonach »jeder nach seinen Fähigkeiten, jeder nach seinen Bedürfnissen« entlohnt wird und es im Sozialismus keine Herrschaft von Menschen über Menschen gibt.

Eine weitere sozialistische Errungenschaft der Sowjetunion ist das staatliche Gesundheitswesen, das seine Leistungen kostenlos an die Bürger abgibt. Die Finanzierung der Gratisleistungen erfolgt über den Staat, d. h. aus öffentlichen Mitteln, die letztlich von den Arbeitnehmern aufgebracht werden. In diesem Zusammenhang interessiert es nicht so sehr, wer die entsprechenden Steuern bezahlt, sondern vor allem, welche Einkommensschichten die öffentlichen Abgaben tragen. Die Leistungen des Gesundheitswesens können in keinem Fall gratis sein: Die vom Gesundheitswesen beanspruchten Ressourcen fehlen bei der Erzeugung anderer Güter und Dienste, weshalb die Bevölkerung bei der Beanspruchung des Gesundheitswesens entsprechende Verzichte zu leisten hat. Indessen geschieht dies nicht durch alle Personen in gleichem Maße: Wie bereits geschildert, werden bestimmte Klassen durch die Verfügbarkeit u. a. über Krankenhäuser, Ärzte, pharmazeutische Produkte (aus dem Westen), Erholungsheime und Ferienorte privilegiert. Sie müssen sich nicht in überfüllten Krankenhäusern aufhalten, in denen auch in den Gängen Betten stehen und die Hygiene zu wünschen übrig läßt. Im Gegensatz zum gewöhnlichen Sowjetbürger brauchen sie sich nicht einer veralteten medizinischen Behandlung in Polikliniken zu unterziehen. Für Erholungsheime und Sanatorien, deren Angebot zu knapp ist, verteilt die Gewerkschaft die Einweisungsscheine an Arbeiter und Angestellte. Dabei geben nicht selten gute Beziehungen und Schmiergelder den Ausschlag.

Der Zugang zu den Hochschulen ist in der Sowjetunion zwar grundsätzlich für jedermann unabhängig von seiner Herkunft möglich. Die Praxis kennt aber eine ausgeprägte Privilegierung: Kinder von Akademikern werden gegenüber den Bewerbern aus

Arbeiterkreisen bevorzugt. Eine Empfehlung der Organisation der Jungkommunisten macht manchem den Weg zur Hochschule frei, wenn er dies rein leistungsmäßig nicht schafft. Das Abitur sichert den Zugang zu den Hochschulen durchaus nicht, strenge Zulassungsbeschränkungen gelten hier. Das Reifezeugnis ist lediglich Voraussetzung für die Aufnahmeprüfung: wurde sie für eine Studienrichtung bestanden, so gibt es doch kein Anrecht auf einen entsprechenden Studienplatz, da nur eine im voraus bestimmte Studentenzahl zugelassen wird. Daher sind sowohl verwandt- als auch freundschaftliche Beziehungen zu einflußreichen Persönlichkeiten – aber auch Bestechungsgelder – für die Zuteilung eines Studienplatzes äußerst nützlich. Wurde jemand zu einer Hochschule zugelassen, so genießt er obendrein Vorteile in bezug auf den Militärdienst. Insbesondere aus der Sicht der westlichen Sozialstaaten interessiert eine weitere sozialistische Errungenschaft der Sowjetunion, nämlich die soziale Sicherheit. Diese wird ausschließlich mit Beiträgen der Betriebe, d. h. Arbeitgeberbeiträgen finanziert und erscheint deshalb auf den ersten Blick hin für ihre Nutznießer und die Versicherten kostenlos zu sein. Sowohl die Betriebe als auch der Staat selbst müssen sich dazu aber refinanzieren, d. h. Ersatz für ihre Ausgaben zugunsten der Sozialversicherung schaffen. Davon geht zwangsläufig ein entsprechender Druck auf die Bezahlung der Arbeitnehmer aus. Der Staat selbst ist für die soziale Sicherheit auf Steuern angewiesen und zwar unabhängig davon, wie sie bezeichnet werden. Die Sowjetunion bemißt die Sozialleistungen nach der Versicherungsdauer und nach den vor dem Eintreten des Versicherungsfalles bezogenen Löhnen. Einen Anspruch auf Leistungen der Sozialversicherung gibt es indessen erst nach einer hohen Mindestzahl von Arbeitsjahren. Daher sind die Sozialleistungen auch ein Instrument des allgemeinen Arbeitszwanges. Die Frauen sehen sich gezwungen, einer Arbeit nachzugehen, um dadurch einen eigenständigen Anspruch, z. B. auf eine Altersrente, zu erlangen. Zahlreiche Frauen arbeiten in Fabriken und auf Bauplätzen und nehmen jede beliebige Arbeit an, von der Hausarbeit und der Kindererziehung werden sie kaum entlastet. Diese zusätzliche Beanspruchung der Frauen erlaubt, die gravierenden Auswirkungen von Verschwendung und Mißwirtschaft teilweise zu kompensieren.

Die Sowjetunion kennt nur Leistungsrenten, die unabhängig von den Bedürfnissen der Empfänger angesetzt werden. Der hier übliche Grundsatz von Leistungen und Gegenleistungen gilt in westlichen Ländern seit Jahrzehnten als ungerecht. Die sowjetischen Renten liegen erheblich unter dem zuletzt bezogenen Einkommen und erreichen häufig nicht einmal den gesetzlichen Mindestlohn. Solche Leistungsempfänger sehen sich gezwungen, sich im Laufe des Erwerbslebens jeweils rasch wieder in den Arbeitsprozeß einzugliedern, wenn sie den Arbeitsplatz verloren oder aufgegeben haben und müssen nach der Pensionierung weiter arbeiten. Doch ist dies zumindest für Kranke und Invaliden unzumutbar. Die Sozialfürsorge setzt erst erheblich später als im Westen ein, wenn jemand ungenügend oder überhaupt nicht für Wechselfälle des Lebens vorgesorgt hat. Dabei arbeitet die Bürokratie rein schematisch und ignoriert einfach nicht eingeplante Notfälle.

Die Sowjetunion finanziert ihre Staatsausgaben mit Einkommen- und Verbrauchsteuern sowie mit der Abschöpfung von Betriebsgewinnen. Die Sozialversicherung deckt ihren Aufwand mit Arbeitgeberbeiträgen, die Arbeitnehmer werden verschont. Alle diese öffentlichen Abgaben nehmen aber keine Rücksicht auf die Zahlungsfähigkeit der einzelnen Einkommensschichten. Die Einkommensteuer kennt im Gegensatz zu westlichen Ländern nur eine sehr bescheidene Progression. Ihr Höchstsatz wird bereits bei Durchschnittseinkommen erreicht. Berücksichtigt man auch noch das geringe Gewicht der Einkommensteuer für die Finanzierung des Staatshaushaltes, so kommen die oberen Einkommen sozusagen ungeschoren davon. Hinzu kommt das asoziale Element, daß die privilegierten Schichten, die offiziell ja keine Einkommen beziehen und faktisch über einen Blankokredit verfügen, keine Einkommensteuer bezahlen. Gratisleistungen wie die medizinische Spezialbehandlung, Ferien, Datschas, eine eigene Villa oder ein privates Auto sind – da keine monetären Einkommen – nicht einkommensteuerpflichtig.

Die Umsatzsteuer weist als wichtigste Einnahmenquelle zahlreiche Sätze auf, sie belastet indessen schwergewichtig die Güter des täglichen Bedarfs. Sie wird auf die Konsumenten überwälzt und trifft so vor allem die unteren Einkommensschichten. Diese benötigen mehr als die Hälfte ihrer Einkommen für Nahrungsmittel und sind deshalb die eigentlichen Leidtragenden der sowjetischen Umsatzsteuer. Lenin hatte nämlich völlig Recht, als er noch vor der Machtergreifung die indirekten Steuern als die »ungerechteste Art der Besteuerung« bezeichnete. Indessen schaffte er diese aber nicht ab, als er dazu die (diktatorische) Macht hatte.

Die Gewinnablieferung der Betriebe an die Staatskasse ist für die breiten Bevölkerungskreise letztlich doch nichts anderes als ein entsprechender Einkommensverzicht. Die erforderlichen Gewinne werden letztlich entweder über gedrückte Löhne oder über Preiserhöhungen realisiert. Ob die Arbeitnehmer auf Löhne verzichten oder steigende Konsumgüterpreise in Kauf nehmen, läuft für sie ökonomisch und finanziell auf dasselbe hinaus. Mit einer ideologisch bedingten Bezeichnung bestimmter öffentlicher Abgaben kann auch die Sowjetunion an den tatsächlichen Auswirkungen gar nichts ändern. Letztlich handelt es sich um Verschleierungen oder gar um Lügen über unerwünschte Tatsachen.

Die Beiträge der Betriebe an die Sozialversicherung werden auf die Konsumgüterpreise überwälzt und somit auch von den Versicherten in ihrer Funktion als Verbraucher getragen. Abgesehen von der Sozialfürsorge ist die sowjetische Sozialversicherung rein leistungsorientiert: Die Nutznießer kommen daher für ihre Sozialleistungen selbst auf. Eine Entlastung der unteren Einkommen zu Lasten der oberen Einkommen kommt nicht zustande.

Das sowjetische Finanzsystem beutet aufgrund seiner vielfältigen ungerechten Ausgestaltung die Arbeiterklasse und damit die breiten Einkommensschichten gravierend aus. Ausbeuter sind insbesondere die Privilegierten, die Partei, die Armee, die Wirtschaft, die Bürokratie und die Gewerkschaften. Die Ausbeutung erfolgt im wesentlichen über die von großen Bevölkerungskreisen getragenen Finanzlasten für unproduktive Staatszwecke wie die Rüstungswirtschaft, die Streitkräfte, den Sicherheitsdienst und die Propagandamaschinerie. Die leistungsschwache und überdimensionierte Bürokratie, die selbst vom politischen System erwünschte wirtschaftliche Initiativen im Keime erstickt, droht – je länger je mehr – zur schwersten Hypothek für die Sowjetbürger zu werden.

Der hinreichend bekannte sowjetische Alltag und die Aussichtslosigkeit, je eine klassenlose Gesellschaft verwirklichen zu können, sollten für die Marxisten Grund genug sein, von einer gigantischen Utopie Abschied zu nehmen. Karl Marx dürfte staunen und sich wundern, wenn er sich mit der Ausbeutung der Arbeiterklasse in den sozialistischen Ländern östlichen Zuschnitts konfrontiert sehen würde.

Von der Ausbeutung im Kapitalismus zur Ausbeutung von Kapitalisten

Es bestreitet niemand ernsthaft, daß die Arbeitsverhältnisse im 19. Jahrhundert in den kapitalistischen Ländern kaum menschenwürdig waren und es keine soziale Sicherheit gab. Es dauerte zu lange, bis soziale Reformen zum Durchbruch gelangten und zu einer fühlbaren Verbesserung der Arbeitsbedingungen führten. Vergegenwärtigt man sich die Zustände des vorigen Jahrhunderts, so fällt es nicht schwer, für die Lebensbedingungen der Arbeiter, wie sie von Karl Marx und anderen Sozialkritikern geschildert wurde, Verständnis aufzubringen: Eine Ausbeutung der Arbeitnehmer hat es tatsächlich gegeben. Die Industriearbeiter bildeten damals kein ausreichendes Gegengewicht gegenüber den mächtigen Unternehmern und dem allgegenwärtigen politischen Einfluß der Bourgeoisie.

Im 19. Jahrhundert gab es zwar unbestreitbar eine Ausbeutung der Arbeiterklasse, man kann diese Ausbeutung zahlenmäßig aber nicht in Erfahrung bringen. Die Arbeiter sind nämlich nicht der einzige produktive Faktor in der Wirtschaft. Mindestens so wichtig sind die Investitions- und Risikobereitschaft sowie der technische Fortschritt: Faktoren, die zusammen den Aufstieg der westlichen Industrienationen entscheidend ermöglicht und geprägt haben. Indessen ist es ausgeschlossen, den tatsächlichen Beitrag der einzelnen Produktionsfaktoren am Wirtschaftswachstum zuverlässig zu ermitteln. Dies ist mit dafür verantwortlich, daß das wirkliche Ausmaß der Ausbeutung – oder marxistisch gesprochen, der von den Unternehmern einbehaltene Mehrwert der Arbeiter – nicht bestimmbar ist. Objektive Aussagen, ob die Verteilung der Einkommen auf die Produktionsfaktoren Arbeit und Kapital gerecht oder ungerecht ist, sind nicht möglich. Infolgedessen kann dies – wenn überhaupt – nur politisch, d. h. nach demokratisch akzeptierten Regeln, beantwortet werden.

Marx griff daneben, als er prophezeite, die Zahl der Eigentümer an Produktionsmitteln nehme zwangsläufig ab. Insbesondere in den letzten Jahrzehnten wurden zahlreiche Arbeitnehmer nach der Devise »breitgestreutes Eigentum für alle« u. a. mit

Sparguthaben, Staatsanleihen, Aktien, Fondsanteilen oder einem Eigenheim zu »Kapitalisten«. Im Zuge dieser Entwicklung haben sie sich – der marxschen Argumentation getreu – selbst ausgebeutet: Sie verzichteten freiwillig auf einen Teil des (Mehr-) Wertes ihrer Arbeit, um so von Erträgen und Gewinnen zu profitieren. Inzwischen zeichnet sich unsere heutige Gesellschaft dadurch aus, daß ein großer Prozentsatz der Erwerbstätigen zugleich Arbeiter (»Ausgebeutete«) und Kapitalisten (»Ausbeuter«) sind.

Im Gegensatz zur marxistischen Theorie hat die Anhäufung von Kapital zusammen mit einem beschleunigten technischen Fortschritt auch in der Nachkriegszeit nicht zwangsläufig Arbeitslosigkeit produziert, es entstand auch keine industrielle Reservearmee. Je kapitalintensiver die Produktion und je stärker der technische Fortschritt, desto geringer ist die Arbeitsintensität und desto größer die Arbeitsproduktivität. Eine wachsende Arbeitsproduktivität erlaubt entsprechende Lohnerhöhungen und eine Verbesserung des Lebensstandards der Arbeiter. Gleichzeitig erwies es sich als ökonomisch möglich, die Arbeitsbedingungen entscheidend zu verbessern und die Arbeitszeit langfristig zu senken. Die angewachsene Macht der Gewerkschaften hat mit der Einführung von gesetzlichen Mindestlöhnen die Arbeitsmarktbedingungen grundlegend verändert und die Löhne auch bei hoher Arbeitslosigkeit nach unten abgesichert. Bisweilen werden Lohnerhöhungen sogar bei ausgeprägter Arbeitslosigkeit von den Gewerkschaften erzwungen.

Karl Marx irrte sich auch mit seiner Prophezeiung der (absoluten) Verelendung der Arbeiterklasse. Die Entwicklung in den hochindustrialisierten Ländern ist nicht so verlaufen, daß »die Akkumulation von Reichtum auf der einen Seite zugleich Akkumulation von Elend, Arbeitsqual, Sklaverei, Unwissenheit, Brutalisierung und moralische Degradation auf dem Gegenpol« bedeutet. Als die Verelendungstheorie sich schon vor dem Ersten Weltkrieg als unzutreffend erwies, machte u. a. Rosa Luxemburg die Kolonialisierung und den Imperialismus dafür verantwortlich: Die Arbeiter in den kapitalistischen Ländern würden auf Kosten der Arbeiter in den Kolonien besser gestellt. An dieser Version halten die Neomarxisten noch heute fest und erblicken darin eine Ausbeutung der Entwicklungsländer durch die

reichen Industrienationen, die angeblich über die private Kapital-
ausfuhr in die Entwicklungsländer erfolgt. Diese völlig einseitige
Beurteilung der Kapitalhilfe ist schon deshalb unhaltbar, weil
diese den wirtschaftlichen Aufstieg der Entwicklungsländer
ermöglichen und so ihren Lebensstandard verbessern. Es wird
offenbar auch übersehen, daß Kredite an Entwicklungsländer
entweder zinslos oder zu Vorzugszinsen gewährt werden. In den
letzten Jahren haben die Industrienationen den Entwicklungsländern in großem Stile Schulden erlassen, was als Schuldenmorato-
rium bekannt ist. Im weiteren muß auch die Entwicklung der
Rohstoff- und Energiepreise, die sich in den siebziger Jahren
grundlegend verändert haben, in eine umfassende Beurteilung
der Beziehungen zwischen Entwicklungs- und Industrieländern
einbezogen werden.

Die (Neo-)Marxisten empfehlen den Entwicklungsländern den
Übergang zum Sozialismus. Zu den Fehlleistungen der Planwirtschaft in Entwicklungsländern gibt es reichhaltiges Material, das
dringend von der Wiederholung der Ausbeutung in der Sowjetunion abrät. Auf die sozialistische Alternative zur Überwindung
der kapitalistischen Ausbeutung sollten die Entwicklungsländer
aber im ureigenen Interesse verzichten. Die wohlbekannte »brü-
derliche Hilfe« hat sich nämlich bisher regelmäßig als eine »brü-
derliche Ausbeutung« erwiesen.

Zwar geben die Marxisten zu, daß der Lebensstandard der
Arbeiterklasse in den kapitalistischen Ländern sich entscheidend
verbessert hat, am Vorwurf der Ausbeutung halten sie aber weiterhin fest. Von der absoluten Verelendung der Arbeiterklasse
war allerdings in den Frühschriften von Karl Marx nicht mehr
die Rede. In seinem berühmten Werk »Das Kapital« und auch
später spricht er lediglich von einer anhaltenden Tendenz zur
relativen Verelendung, jedoch ohne diese eindeutig zu definie-
ren. Damit ließ er einen den Marxisten willkommenen Spielraum für eine sich verändernden Verhältnissen anpassende
Interpretation der Ausbeutung offen. Offenbar dachte Marx
nicht nur an die Einkommensverhältnisse der Arbeitnehmer. Der
Neomarxismus hat die Armut sozusagen vorsorglich relativiert:
Arm ist nur der, der sich – gemessen am Reichtum seiner Gesellschaft – für arm hält. Die Ausbeutung erstreckt sich über die
Aneignung von Einkommen durch die Kapitalisten hinaus auf die

Manipulation, die sich z. B. in der Verführung der Massen zum Kauf von Konsumgütern äußert. Eine solche Gesellschaftskritik, die nicht nur neomarxistischer Provenienz ist, will eine allgemeine Verelendung des Menschen in der Wohlstandsgesellschaft nachweisen. Sie operiert dabei nicht etwa mit den Einkommen je Einwohner, sondern mit zusätzlichen Indikatoren, wie Umweltbedingungen, soziale Sicherheit, Arbeitsverhältnisse, Versorgung mit Leistungen des Erziehungs- und Gesundheitswesens oder die politische und soziale Integration des Menschen, die zusammen die Lebensqualität ausmachen. Jahrzehntelange Diskussionen und Erfahrungen mit Sozialindikatoren ergeben, daß sich bei empirischen Untersuchungen nahezu beliebige Ergebnisse erzielen lassen. So wird ab den sechziger Jahren eine sinkende Lebensqualität in den hochentwickelten Industrieländern nachgewiesen.

Selbst heute noch bezeichnen vor allem neomarxistische Kreise das kapitalistische System als asozial und unbarmherzig gegenüber Arbeitern und sozial Schwachen. Indessen steht dies in einem schroffen Gegensatz zur Wirklichkeit der westlichen Industrienationen. Die spektakuläre Wohlstandsvermehrung der Nachkriegszeit hat den finanziellen und wirtschaftlichen Spielraum für den Ausbau des Sozialstaates entscheidend erweitert. Er wurde inzwischen konsequent zugunsten von existenzsichernden Sozialleistungen an die breiten Einkommensschichten ausgeschöpft. Dieser soziale Ausgleich erfolgt in den westlichen Demokratien im Rahmen einer freien politischen Willensbildung und Entscheidung.

Die Neomarxisten nehmen offenbar nicht zur Kenntnis, wie die Beschäftigungsstruktur sich von den Anfängen des Kapitalismus bis zur Gegenwart grundlegend verändert hat. Als Marx seine Ausbeutungslehre verkündete, war nicht einmal jeder fünfte Erwerbstätige ein Industriearbeiter. Mehr als die Hälfte der Arbeitskräfte waren in der Landwirtschaft beschäftigt. Die Inhaber von Handwerks- und Industriebetrieben mußten bei der Bezahlung ihrer Arbeitskräfte nicht darauf Rücksicht nehmen, ob die von ihnen geschaffenen Einkommen ausreichten, um die von ihnen produzierten Konsumgüter abzusetzen. Damals konnten die Unternehmer die Löhne – ohne um ihre Absatzmöglichkeiten bangen zu müssen – drücken, d. h. den Arbeitern Einkommen vorenthalten. Ihnen gelang es ohne weiteres, einen Nachfrageausfall bei den Industriearbeitern durch ein Ausweichen auf Auslandsmärkte und mit vermehrten Konsumausgaben der Selbständigen und Unternehmer im Inland auszugleichen.

Inzwischen haben sich diese Verhältnisse derart radikal verändert, daß über 80 Prozent der Erwerbstätigen Lohn- und Gehaltsempfänger bzw. unselbständige Arbeitnehmer sind. Erhöhen die Unternehmen die Löhne nicht entsprechend dem Produktivitätsfortschritt, so verursachen sie einen Nachfrageausfall, der Absatzschwierigkeiten, Arbeitslosigkeit und sinkende Gewinne zur Folge hat. Werden die Gewinne unabhängig von der Entwicklung der Konsumgüternachfrage investiert, so entsteht ein Mißverhältnis zwischen Konsum und Investitionen, das sich in unausgelasteten Produktionskapazitäten niederschlägt. Der marktwirtschaftliche Mechanismus setzt den Gewinn- und Akkumulationsbestrebungen der Unternehmer enge Grenzen. Gedrückte Löhne und Nachfrageausfälle senken die Verkaufspreise, was die Kaufkraft der Löhne und die materielle Lage der Arbeiter verbessert.

Übertreffen die Lohnerhöhungen den Produktivitätsfortschritt, so ziehen die Preise an und begünstigen die Unternehmergewinne. Auf Preissteigerungen reagieren die Gewerkschaften im allgemeinen mit Lohnforderungen, um so die alte Einkommenssituation der Arbeitnehmer wiederherzustellen. Doch darauf antworten die Unternehmer erneut mit Preiserhöhungen: Diese gegenseitigen Anpassungsprozesse sind auch als »Lohn-Preis-Spirale« oder »Preis-Lohn-Spirale« bekannt.

Empirische Untersuchungen über die Entwicklung der Einkommensverteilung zeigen eindrücklich und zugleich ernüchternd, daß selbst jahrzehntelange Bemühungen von Unternehmen und Arbeitnehmern, die (reale) Einkommensverteilung zu verändern, wenig bewirkt haben. *Unter den Voraussetzungen, die in den hochentwickelten Industrieländern gegeben sind, ist eine Ausbeutung der Arbeiter mit Hilfe der Lohnpolitik nicht (mehr) möglich.* Dies sollte für die Gewerkschaften an sich Grund genug sein, eine verteilungsneutrale Lohnpolitik zu akzeptieren und sich auf die Verbesserung der Arbeitsbedingungen zu konzentrieren. In diesem Zusammenhang ist es interessant zu wissen, daß schon Karl Marx überzeugt war, die Verteilungslage zwischen Kapitalisten und Arbeiterklasse könne über die Preispolitik nicht verändert werden: Preiserhöhungen vermehren den Mehrwert der Arbeit nicht, sie modifizieren lediglich die Verteilung unter den Kapitalisten!

Im Zuge der fortschreitenden Demokratisierung im 19. Jahrhundert und mit der Einführung des allgemeinen Wahlrechtes gewannen die Arbeitnehmer einen rasch wachsenden Einfluß auf die politische Willensbildung und Entscheidung. Dabei gerieten konservative und liberale Parteien unter zunehmenden Druck von Sozialdemokraten und Sozialisten. Diese Verlagerung innerhalb der politischen Machtverhältnisse verhalf arbeitnehmerfreundlichen Gesetzen und Verordnungen zum Durchbruch. Als wichtige Errungenschaft wurden das Streik- und Koalitionsrecht sowie gesetzliche Mindestlöhne gefeiert. Im Laufe eines Jahrhunderts haben Linksparteien zusammen mit den ihnen nahestehenden Gewerkschaften in den hochentwickelten Industrieländern ein derart starkes Gewicht für das soziale, ökonomische und politische System erreicht, daß man durchaus von einem systemgefährdenden Übergewicht gegenüber den Arbeitgebern und dem öffentlichen Interesse sprechen darf. Von einem traditionellen bürgerlichen Staat oder von einem Übergewicht der Kapitalinteressen kann heute keine Rede mehr sein.

Eklatante Fortschritte weisen vor allem die Arbeitsbedingungen auf. Die Anhänger der marxistischen Ausbeutungstheorie übersehen offenbar fundamentale Neuerungen, wie das Streik- und Koalitionsrecht, die Verbesserungen bei den Arbeitsbedingungen, Urlaubsansprüche, den weitreichenden Kündigungsschutz, Lohnfortzahlungen im Krankheitsfall, die betriebliche Mitbestimmung oder gar die Mitbestimmung auf Unternehmungsebene, die ohne Risikobeteiligung der Arbeitnehmer durchgesetzt wurde. Die Ausgestaltung der Arbeitsplätze geht so weit, daß sie nach Auffassung der Arbeitnehmer genügenden Schutz u. a. vor Unfällen und Krankheit bieten. Die Unternehmen beteiligen sich in starkem Ausmaße an der Finanzierung der Unfall-, Kranken-, Arbeitslosen-, Renten- und Invalidenversicherung. Der moderne Sozial- und Wohlfahrtsstaat bürdet ihnen Finanzlasten auf, die demnächst die Höhe der ausbezahlten Löhne und Gehälter erreichen oder gar übertreffen.

In den hochentwickelten Industrieländern sind die Arbeitnehmer gegen Einkommensausfälle und Kosten von Unfällen, Krankheit oder Invalidität so hoch versichert, daß sie Sozialleistungen beziehen, die nicht selten höher als das zuletzt bezogene Einkommen liegen und die tatsächlich anfallenden Kosten mitunter übertreffen. Fällt jemand trotzdem – aus welchem Grunde auch immer – durch das Netz der sozialen Sicherheit, so fängt ihn die Sozialfürsorge auf. Erst hier ist ein Bedarfsnachweis erforderlich, der als Rückfall in das Armenwesen des vorigen Jahrhunderts empfunden wird. Im auffallenden Gegensatz zu der Praxis in der Sowjetunion und in anderen sozialistischen Ländern werden die Leistungen der Sozialversicherung nicht ausschließlich nach den Beitragszahlungen der Versicherten bemessen. Zusätzlich kommt es auch zu einer Umverteilung von den oberen zu den unteren Einkommensschichten. In den westlichen Industrieländern kann jemand zwar seinen Arbeitsplatz verlieren, indessen ist er gegen Einkommensausfälle zumindest existenziell abgesichert. Seit den Zeiten von Karl Marx hat die Unsicherheit der Einkommenserzielung der Arbeitnehmer so stark abgenommen, daß es für Arbeitnehmer kein Existenzrisiko mehr gibt.

Es ist nicht lange her, daß Einkommen wie Renten, Zinsen, Pachten und Gewinne im Vergleich zu den Löhnen als fundierte, d. h. gesicherte Einkommen galten. Infolgedessen wurden sie durch die Einkommensteuer zusätzlich belastet. Doch inzwischen haben sich die Verhältnisse grundlegend geändert: Vermögensabgaben in Krisen- und Kriegszeiten, laufende Vermögensteuern, Währungssanierungen und Währungsverluste haben zusammen mit einem dichten Gesetzesnetz, das die Verfügungsgewalt über Kapital drastisch einschränkt, Erträge und Vermögen entscheidend beeinträchtigt. Parallel dazu nahm die Sicherheit der Arbeitseinkommen laufend zu. Inzwischen sind nur noch die Verluste von Unternehmen und die Einkommensausfälle der Selbständigen nicht versichert. Zwar existiert zu Recht eine Arbeitslosenversicherung, eine Gewinnausfallversicherung gibt es freilich nicht. So kommt es nicht selten vor, daß finanzielle Reserven jahrelang zur Sanierung und Erhaltung von Unternehmen eingesetzt werden, ohne den gänzlichen Verlust der Unternehmen abwenden zu können. Wäre es nämlich derart attraktiv, Unternehmer zu sein, wie Kritiker behaupten, so ist es unbegreiflich, wieso nicht mehr Menschen einen unbändigen Drang haben, den angeblich so lukrativen Beruf des freien Unternehmers zu ergreifen.

Als unzutreffend erwies sich auch die Marxsche Prophezeiung des tendenziellen Sinkens der Profitrate, die den zwangsweisen Zusammenbruch des Kapitalismus zur Folge haben werde. Die Profitrate als prozentualer Gewinnaufschlag auf die Produktionskosten ist durch die Kapitalintensität der Wirtschaft und den Ausbeutungsgrad der Arbeiterklasse bestimmt. Karl Marx glaubte an einen wachsenden Kapitaleinsatz der Produktion, was bei einem unveränderten Ausbeutungsgrad der Arbeiterklasse die Profitrate verringert. Die Profitrate ist bei Marx die treibende Kraft oder der Stachel der kapitalistischen Erzeugung, so daß ihre Beeinträchtigung das kapitalistische System schwächt und letztlich zerstört. Mit der Verschärfung der Ausbeutung der Arbeiterklasse können die Kapitalisten die Profitrate zwar vorübergehend anheben, auf Dauer sind ihre Bemühungen zur Erhaltung oder gar Vergrößerung der Profitrate aber zur Erfolglosigkeit verurteilt.

Marx hätte bei seiner Voraussage auf die Zusammensetzung der Profitrate Rücksicht nehmen müssen. So ist es nicht zulässig, nur die langfristige Entwicklung der Zinssätze im Auge zu behalten. Marx betonte selbst, daß die vorkapitalistischen Wucherzinsen sich grundlegend von den kapitalistischen Zinssätzen unterscheiden. Die Arbeitnehmer interessieren sich aber für die Lohnquote oder den Prozentsatz von Löhnen und Gehältern am Volkseinkommen. Es mag zwar überraschen, die Lohnquote weist keinen ausgeprägten langfristigen Trend auf. Infolgedessen trifft dies auch für die Gewinnquote, die alle übrigen Einkommen umfaßt, zu. Die fallende Profitrate ist weniger ein tatsächliches Phänomen, als ein marxistisches Wunschdenken.

Die Gewinnquote ist allerdings eine heterogene Größe, die sich u. a. aus dem Einkommen der Landwirtschaft und der Gewerbetreibenden, den Gewinnen industrieller Unternehmen, aus Zinsen, Pachten und Dividenden zusammensetzt. Zur Überprüfung der Marxschen Voraussagen müssen die Einkommen der selbständigen Unternehmer, weil sie nicht der Arbeiterklasse angehören, eliminiert werden. Mithin geht es nach der inzwischen üblichen Bezeichnung um die sogenannte gewerbliche Wirtschaft, d. h. Industrie, (Bau-)Gewerbe und Dienstleistungsbetriebe. Es interessieren dann die durchschnittlichen Gewinnspannen dieser Branchen, und zwar vor Abzug der Einkommen- und Gewinnsteuern.

In der Tat weisen die Gewinnspannen in den für die Arbeiterklasse und die marxistische Ausbeutungstheorie relevanten Wirtschaftsbranchen eine langfristige sinkende Tendenz auf. Diese weist allerdings kurz- und mittelfristige Schwankungen auf: Beschäftigungseinbrüche drücken die Gewinnspannen, im konjunkturellen Aufschwung und in der Hochkonjunktur erholen sie sich. Im marxistischen Jargon müßte man von einer sinkenden Ausbeutung der Arbeiterklasse sprechen, wobei der Zusammenbruch des kapitalistischen Wirtschaftssystems ausgeblieben ist. Die Kapitalisten geben sich mit einer sinkenden Profitrate zufrieden oder anders ausgedrückt: Der Kapitalismus ist sozialer geworden und hat die materielle Lage der Arbeiterklasse laufend verbessert. Die enorme Effizienz des freiheitlichen Wirtschaftssystems macht es möglich, daß die den Kapitalismus prägenden Groß- und Riesenunternehmen mit Gewinnspannen von wenigen Prozenten auskommen. Nicht selten betragen sie lediglich ein einziges Prozent des Umsatzes, was für die erwünschte Eigenfinanzierung und die Ausschüttung befriedigender Dividende ausreicht. In den hochentwickelten Industrieländern kann von kapitalistischer Profitgier keine Rede mehr sein: Die Unternehmen streben im Rahmen sozial stark eingebundener Aktivitäten Gewinne an, die sich von den größtmöglichen Gewinnen des vorigen Jahrhunderts grundlegend unterscheiden.

Nimmt der Druck auf die bescheidenen Gewinnspannen langfristig noch zu, weil die Märkte die Produktion nicht voll absorbieren können, so sind Arbeitszeitverkürzungen angezeigt. Die wachsende Freizeit schafft indessen eine zusätzliche Nachfrage nach neuen Erzeugnissen und regt die Beschäftigung an. Die Arbeitszeit kann langfristig ohne Beeinträchtigung des Lebensstandards der Arbeitnehmer sinken.

Die vom Marxismus angeprangerten »arbeitslosen Einkommen« sind – falls es sie je gab – verschwunden: Die alten Industrieländer kennen weder Großgrundbesitzer noch landwirtschaftliche Arbeiter, die am Existenzminimum herumvegetieren. Pachten für landwirtschaftliche Güter sind inzwischen auf einen Tiefpunkt gesunken und reichen meist nicht mehr zur

Deckung der bei den Eigentümern anfallenden Kosten aus. Es kommt nicht selten vor, daß Verluste mit anderen Einkommen und mit Vermögen abgedeckt werden müssen. Die Vermietung von Wohnungseigentum wirft meist Erträge ab, die anderswo ohne finanzielle Risiken und unangenehme Auseinandersetzungen mit dem Mieterschutz erzielbar sind. Darüber hinaus ist zur Kenntnis zu nehmen, daß zahlreiche Arbeitnehmer in den letzten hundert Jahren selbst Eigentümer eines (Einfamilien-)Hauses oder einer Wohnung geworden sind.

Wucherzinsen privater Geldausleiher sind zur Ausnahme geworden: Inzwischen leiht ein dichtes Banknetz Geld zu Zinsen aus, die dem Wettbewerb unterworfen sind. Kredite und Zinsen, insbesondere für den sozialen Wohnungsbau und -erwerb werden politisch mit dem Ziele kontrolliert, die unteren Einkommensschichten von der Teuerung möglichst zu verschonen. Die Verzinsung von Staatsanleihen orientiert sich an Bedingungen des freien Kapitalmarktes. Die Staatsverschuldung selbst erfolgt aufgrund von Entscheidungen, an denen die politischen Vertreter der Arbeitnehmer beteiligt sind. So weisen sozialdemokratisch regierte Länder eine ausgeprägte Vorliebe für die Staatsverschuldung auf. Selbst die »verpönten« Dividenden von Aktiengesellschaften erreichen die Erträge von Obligationen bei weitem nicht und sind auch noch mit einem erheblichen Kursrisiko verbunden.

Wer bereit ist, aus der Erfahrung zu lernen, dem kann es nicht verborgen bleiben, daß der von den Marxisten verketzerte Kapitalismus sich entscheidend zu Gunsten der Arbeiter gewandelt hat. In den hochentwickelten Industrieländern sind es zudem längstens nicht mehr die Eigentümer, sondern die Manager, die zumindest in den Großunternehmen und bei den Multinationalen das Sagen haben. Ja selbst in mittleren Unternehmen der gewerblichen Wirtschaft und im zukunftsträchtigen Dienstleistungssektor haben oft nicht die Eigentümer die Geschäftsleitung inne. Zwar beziehen Manager leistungsbezogene hohe, wenn nicht Höchstgehälter, faktisch sind aber auch sie Arbeitnehmer.

Die Soziale Marktwirtschaft zeichnet sich durch eine breite Streuung des Aktienkapitals und der ausgeschütteten Gewinne aus. Die Groß- und Riesenunternehmen der Gegenwart sind Publikumsgesellschaften: Ihre Aktien werden in erheblichem

Umfang von Arbeitern und Angestellten gehalten. Indessen legen diese ihre Ersparnisse erfahrungsgemäß vorwiegend in Staatsanleihen und Immobilien an. Somit bevorzugen sie eher risikolose und gut rentierende Anlagen. Im Vergleich dazu sind die mittleren und oberen Einkommensschichten risikofreudiger und investieren gern in in- und ausländische Aktien.

Der heutige Kapitalismus hat sich trotz eines dichtgewobenen Netzes von Gesetzen und lästigen bürokratischen Verordnungen als ein flexibles und hocheffizientes Wirtschaftssystem erwiesen und den Arbeitnehmern einen historisch beispiellosen Lebensstandard beschert. Die westlichen Wohlfahrtsstaaten sichern die Arbeitnehmer gegen untragbare finanzielle Ausfälle und Lasten von Wechselfällen des Lebens existenzsichernd ab: Im Gegensatz dazu haben sich in den sozialistischen Ländern, die den Kapitalismus laufend an den Pranger stellen, die die Diktatur des Proletariats und eine klassenlose Gesellschaft versprechen, neue Ausbeuter der Arbeiterklasse etabliert. Die dortigen Arbeitsbedingungen erinnern noch immer an die frühkapitalistischen Phasen der westlichen Industrienationen. Doch kannte der Kapitalismus damals weder eine ausbeuterische Bürokratie noch eine systembedingte Mißwirtschaft und Verschwendung, wie im heutigen Sozialismus. Der Kapitalismus hat sich vor allen in den letzten Jahrzehnten so radikal verändert, daß die früheren Zustände weitgehend auf den Kopf gestellt wurden. Soziale Schichten, die früher von den Kapitalisten ausgebeutet wurden, haben sich inzwischen zum Teil selbst zu Ausbeutern durchgemausert und erfreuen sich eines hohen Lebensstandards. Es ist daher höchste Zeit, diese neuen Ausbeuter auszumachen, die schon länger unbemerkt, aber zielstrebig am Werke sind.

Arbeiter beuten Kapital aus

Vorweg ist an die längst vergessene Binsenwahrheit zu erinnern, daß es ohne unternehmerische Initiative und Kapital weder Arbeitsplätze noch soziale Sicherheit geben kann. Gewinne und Einkommen aus unternehmerischer Tätigkeit werden nicht mühelos erzielt und auch nicht widerrechtlich von Kapitalisten angeeignet. Zu beneiden sind in hochentwickelten Industrieländern nicht die Unternehmer! Sie haften für ihre Entscheidungen meist persönlich und werden auch über die sonst übliche Arbeitszeit von 40 bis 45 Stunden hinaus von den vielschichtigen Sorgen ihres Unternehmens geplagt. So bangen sie um einen permanenten Auftragsbestand, der eine befriedigende Auslastung der Produktionskapazitäten und die volle Beschäftigung der Arbeitskräfte gewährleistet. Kein Unternehmer kann es sich erlauben, sozusagen bei Nacht und Nebel seine Firma zu verlassen und den Dingen ohne Konsequenzen freien Lauf lassen. Er sieht sich nämlich mit mancherlei Belastungen konfrontiert, die er – wenn überhaupt – nur über Jahre hinweg abbauen kann. Indessen ist auch dies im allgemeinen nicht ohne berufliche und finanzielle Risiken möglich.

Im Vergleich dazu befinden sich die Arbeitnehmer – ob man es gerne hört oder nicht – in einer Vorzugsstellung: Meist angenehme Arbeitsbedingungen und gute Bezahlung, geregelte Arbeits- und Freizeit sowie existenzsichernde Leistungen des Sozialstaates sind Vorteile, die sie ohne jegliche Beteiligung am unternehmerischen Risiko genießen. Dem freien Unternehmertum geht es letztlich nicht um die Arbeitsplätze an sich, doch sie lassen sich auch nicht von der reinen Profitgier leiten. Hat ein Unternehmer eine Mindestinitiative entfaltet, so ist er weitgehend zum Gefangenen eines dichtgewobenen Netzes von Gesetzen und Verordnungen des Sozial- und Wohlfahrtsstaates geworden, der den unternehmerischen Entscheidungsspielraum je länger je mehr einengt. Zwar hat jemand die Freiheit, Unternehmer zu werden, unter welchen Umständen er sich aber von dieser Tätigkeit zurückziehen darf, diktiert ihm der Staat inzwischen so detailliert, daß von unternehmerischer Freiheit keine

Rede mehr sein kann. Es ist eher zutreffend, daß eine Ausbeutung des Kapitals durch die Arbeitnehmer mit Hilfe demokratischer Entscheidungen einer unternehmerfeindlichen Wählermehrheit vorliegt.

Ist man sich dieses zentralen Aspektes der modernen Industriegesellschaft bewußt, so wird es verständlich, wieso alte Industrieländer, wie z. B. Großbritannien, größte Mühe bekunden, überhaupt noch Risikokapital aufzutreiben. Hier und auch anderswo haben vermögende Schichten und risikofreudige Unternehmer längstens die Nase voll, sich mit aggressiven und destruktiven Gewerkschaften sowie mit einer ihnen feindlich gesinnten Staatsbürokratie herumzuschlagen. Verständlicherweise ziehen sie es vor, in problemlose Anlagen, wie z. B. in festverzinsliche Staatsanleihen, zu investieren. Diese werfen eine ansehnliche Rendite ab und sind nicht mit den Mühsalen eines ehemals freien, inzwischen aber eher verrufenen und von Bürokraten schikanierten Unternehmertums verbunden. Wen vermag es noch zu erstaunen, wenn Unternehmer es zunehmend vorziehen, sich frühzeitig aus dem Geschäftsleben zurückzuziehen und sich in ausländische Steueroasen abzusetzen? An ihrem Grabe ertönt dann zwar nicht der übliche Ausspruch: »Sein Leben war Arbeit«, doch dann haben sie nicht nur die Schattenseiten eines arbeitsintensiven und risikoreichen Berufes erlebt. Die Arbeitnehmer werden ihnen allerdings vorwerfen, sie würden ihnen die Arbeitsplätze nicht erhalten und vermehren und ihre sozialen Verpflichtungen nicht erfüllen. Je mehr aber Arbeitnehmer und Gewerkschaften die Unternehmer bekämpfen und das Risikokapital verunsichern oder vertreiben, desto weniger erhält und schafft dieses Arbeitsplätze in der Privatwirtschaft.

Im Laufe der Rezession der siebziger Jahre ließen die erwünschten und erwarteten privaten Investitionen länger als sonst üblich auf sich warten. Die Unternehmungen zogen es an Stelle der Erweiterung der Produktionsanlagen vor, in Staatsanleihen und Festgeld zu investieren, weshalb man von der »Krise des Risikokapitals« spricht. Die hohe Sockel-Arbeitslosigkeit blieb in den meisten Industrieländern auch dann noch übrig, als die Produktionskapazitäten voll ausgelastet waren. Doch gleichzeitig sind Unternehmen aller Größenordnungen nicht gewillt, neue Arbeitskräfte einzustellen. Sie zogen es vielmehr vor, die wachsende Nachfrage mit Hilfe von Rationalisierungsinvestitionen, d. h. mit mehr Kapital und weniger Arbeit, zu befriedigen. Die sozialstaatliche Entwicklung ist inzwischen so weit gediehen, daß die Unternehmen deshalb keine zusätzlichen Arbeitskräfte beschäftigen wollen, weil sie befürchten müssen, diese nicht mehr beim nächsten Konjunktureinbruch entlassen zu dürfen.

Voreilig forderten einflußreiche politische Linkskräfte die Erhaltung der Arbeitsplätze um jeden Preis. Die dabei anfallenden großen Verluste nichtkonkurrenzfähiger Unternehmen müssen aber mit Steuergeldern abgedeckt werden. Die intensive Subventionierung bankrotter Betriebe ist mit einem wachsenden staatlichen Interventionismus verbunden. Dieser hat eine Verpolitisierung der Unternehmungspolitik zur Folge und endet auf Dauer in Verstaatlichungen. Spätestens dann werden Unternehmungen nach bürokratischen – nicht mehr nach privatwirtschaftlichen – Regeln geführt. Ihre Sanierung erweist sich – zumindest in normalen Zeiten – als unmöglich, was der Verschwendung und Mißwirtschaft Tür und Tor öffnet. Die hier geschilderte Politik der Vermeidung und Beseitigung von Arbeitslosigkeit hat sich für die Arbeitnehmer und ihre politischen Vertreter bisher durchweg als ein Pyrrhussieg erwiesen.

Die Arbeitgeber erbringen heute außergewöhnliche Sozialleistungen zugunsten der Arbeitnehmer. In den siebziger Jahren erreichten oder übertrafen sie nicht selten die ausbezahlten Löhne und Gehälter. Indessen sind Soziallasten für die Unternehmen ebenfalls Produktionskosten und zwar unabhängig davon, ob es um Arbeitgeberbeiträge an die Kranken- und Unfallkassen, die Arbeitslosenversicherung, an private und öffentliche Pensionskassen, an die staatliche Alters- oder Renten- und die Invalidenversicherung, für den Mutterschaftsschutz oder um Lohnfortzahlungen, z. B. bei Krankheit oder bei Entlassungen geht. Das Schwergewicht liegt, je nach den politischen Kräfteverhältnissen der Finanzierung der sozialen Sicherung, in den einzelnen Ländern bei den Arbeitnehmern, den Arbeitgebern oder bei der öffentlichen Hand. Sozialdemokratisch regierte Länder spannen vor allem die Arbeitgeber in die Finanzierung der Sozialversicherung ein und verschonen die Arbeitnehmer möglichst von solchen Finanzlasten. Öfters werden die Kosten der sozialen Sicherung paritätisch, d. h. je zur Hälfte von Arbeitgebern und Arbeitnehmern getragen. In der Regel beteiligt sich auch der Staat namhaft mit steuerfinanzierten Subventionen an der Finanzierung der Soziallasten. Die Arbeitnehmer und Versicherten können durch ihre Wählermehrheit eine von ihnen nicht erwünschte Finanzlastverteilung durchaus verhindern. Je weniger sie aber als Nutznießer an den Kosten der sozialen Sicherheit mittragen, desto günstiger sind für sie Sozialleistungen. Indessen hat dies eine entsprechend übermäßige Nachfrage zur Folge, die in den siebziger Jahren in zahlreichen Industrieländern Leistungen von Sozialversicherungsträgern auslöste, die von den Begünstigten weitgehend gespart wurden. Darin ist ein zuverlässiges Anzeichen dafür zu sehen, daß Überversorgungen an Sozialleistungen existieren. Offenbar müssen die Arbeitgeber Sozialleistungen (mit-)finanzieren, die nicht bedarfsgerecht und daher überflüssig sind. Inzwischen unterstützt der Staat Personen, die selbst vorsorgen können oder die selbst vorgesorgt haben: Das ist deshalb ordnungspolitisch verwerflich, weil die öffentliche Hand sich nicht mehr auf ihre subsidiäre Funktion beschränkt.

Ob die Arbeitgeberbeiträge an die Sozialversicherung eine Ausbeutung von Kapital darstellen, hängt entscheidend von ihrer Überwälzung auf die Konsumenten ab. Gelingt diese voll, so sind die Arbeitgeber lediglich Drehscheibe der Finanzierung von Sozialleistungen. Kostenträger sind dann schwergewichtig die breiten Einkommensschichten, die aber auch weitgehend mit den Nutznießern und mit den Arbeitnehmern identisch sind. Diese Einkommensklassen geben den größten Teil ihrer verfügbaren Einkommen für Konsumgüter aus und werden daher prozentual stärker als die mittleren und vor allem die oberen Einkommensschichten betroffen. Indessen fordern gerade sie eine vermehrte Beteiligung der Arbeitgeber an der Finanzierung ihrer Sozialleistungen, offenbar ohne die tatsächliche Lastverteilung zu kennen. Der Vorwurf der angestrebten Ausbeutung von Kapital ist unter solchen Voraussetzungen nicht so sehr an die Versicherten, sondern an die Gewerkschaften und die politischen Vertreter der Arbeitnehmer zu richten. Diese weigern sich nämlich, die Auswirkungen der Überwälzung von Arbeitgeberbeiträgen auf die breiten Einkommensschichten zur Kenntnis zu nehmen und diese in ihre Sozialpolitik einzubeziehen.

Bei schwachem Wirtschaftswachstum und während Wirtschaftseinbrüchen gelingt es den Arbeitgebern im allgemeinen nicht, ihre Soziallasten voll zu überwälzen. In dieser Situation machen die Unternehmer bei Tarifverhandlungen geltend, daß ihre Gewinne aufgrund schlechter Überwälzungsmöglichkeiten unbefriedigend seien. Überhöhte Lohnforderungen würden die Rationalisierung beschleunigen, Arbeitskräfte einsparen und zu Entlassungen führen. Im Interesse der Erhaltung von Arbeitsplätzen müsse bei Lohnforderungen Zurückhaltung geübt werden. Lassen die Gewerkschaften sich von diesem Argument überzeugen, so handeln sie für erhöhte Arbeitgeberbeiträge an die Sozialversicherung geringere Löhne und Gehälter ein. Den Arbeitgebern gelingt es dann, den Arbeitnehmern über gedrückte Lohnkosten Soziallasten anzuhängen. Diese Rückwälzung macht die Nutznießer von Sozialleistungen erneut zu Finanzierungs- und Kostenträgern. Über diese Zusammenhänge dürften sie wohl nicht informiert sein, so daß ihre Illusionen über die Möglichkeiten von Gratisleistungen der Sozialversicherung erhalten bleiben.

Können die Arbeitgeber Soziallasten weder überwälzen noch Löhne und Gehälter drücken, so erleiden sie entsprechende Gewinneinbußen. Auf Dauer stellt sich die zentrale Frage, wann jener Mindestgewinn erreicht ist, bei dessen Unterschreitung die Investitions- und Risikobereitschaft fühlbaren Schaden nimmt oder aussetzt. Ist jene Gewinnschwelle, ab der sich die unternehmerische Initiative lohnt, nicht erreicht, so bewirkt die Ausbeutung von Kapital durch den Sozialstaat eine unzureichende Investitionstätigkeit und infolgedessen Arbeitslosigkeit wie auch soziale Unrast. Die für neue Arbeitsplätze erforderlichen Erweiterungsinvestitionen bleiben aus. Auf einen übermäßigen Lohndruck antworten die Unternehmer mit Investitionen, die Arbeitsplätze wegrationalisieren. In diesem Fall trifft eine Ausbeutung von Kapital aufgrund nicht überwälzbarer Soziallasten schon wieder die Arbeitnehmer, die zusätzlich zur Arbeitslosigkeit auch noch eine Beeinträchtigung ihres Lebensstandards in Kauf nehmen müssen. Wird die Ausbeutung forciert, so ruiniert sie auf Dauer das noch leistungsfähige marktwirtschaftliche System und endet in der Sozialisierung, die sich durch Verschwendung und Mißwirtschaft auszeichnet.

Die Beteiligung der Arbeitgeber an der Finanzierung der sozia-

len Sicherheit beruht auch bezüglich der Umverteilung von Einkommen auf einem gravierenden Mißverständnis. Das Leistungsfähigkeitsprinzip der Besteuerung, das zur Rechtfertigung der Steuerprogression und der Umverteilungspolitik bemüht wird, darf lediglich auf die Einkommen natürlicher, nicht aber der juristischen Personen angewendet werden. Nach dem gängigen Grundsatz des »gleichen proportionalen Steueropfers« leisten alle Steuerpflichtigen einen prozentual gleichen Nutzenverzicht aus ihren Einkommen und nehmen so eine gleichmäßige Kürzung ihrer Bedürfnisbefriedigung in Kauf. Indessen haben juristische Personen kein Nutzenempfinden aus Einkommen, so daß es selbstverständlich sein sollte, daß das Leistungsfähigkeitsprinzip nicht auf Gewinne und Einkommen juristischer Personen übertragbar ist. Die Umverteilung erfolgt von den oberen zu den unteren Einkommensschichten und hat sich auf die natürlichen Personen zu beschränken. So ist es objektiv völlig unhaltbar, die Arbeitgeber in die Finanzierung der Sozialversicherung und in die Verwirklichung einer gleichmäßigeren Einkommensverteilung einzuspannen. Solche Soziallasten entbehren jeder vernünftigen Grundlage und haben mit einer »gerechten Verteilung von Soziallasten« überhaupt nichts zu tun: Es ist überfällig, diese Ausbeutung der Arbeitgeber, die man mit den Schlagworten Verteilungsgerechtigkeit und Solidarität schmackhaft macht, zu beenden. Können die Arbeitgeber ihre Beiträge an die Sozialversicherung überwälzen, so ist die Solidarität ohnehin eine Fiktion, die als solche von jenen nicht erkannt wird, die nicht begreifen wollen, daß überwälzte Arbeitgeberbeiträge von den Konsumenten getragen werden.

Die bisherigen Ausführungen dürfen nicht zur Annahme verleiten, Arbeitgeberbeiträge an die Sozialversicherung seien grundsätzlich abzulehnen. Entstehen der Sozialversicherung Kosten im Unternehmungsbereich, so ist eine entsprechende Finanzierungsbeteiligung angezeigt: Nach dem Verursacherprinzip müssen auch Unternehmen für die von ihnen produzierten Kosten aufkommen, da nur dann Anlaß gegeben ist, Kosten zu vermeiden. Die Arbeitgeber haben jene Kosten der sozialen Sicherheit zu tragen, die arbeitsbedingt sind. Werden zur Abdeckung von Risiken Versicherungen abgeschlossen, so haben die Unternehmen die entsprechenden Kosten zu übernehmen. Darüber hinaus ist es allerdings die ausschließliche Angelegenheit der Arbeitnehmer, sich gegen Wechselfälle des Lebens zu versichern.

Ausbeutung ist auch im Rahmen des verfassungsmäßig verankerten Streikrechtes der Arbeitnehmer als typische Errungenschaft westlicher Demokratien möglich. Es handelt sich zwar um ein legales Instrument, z. B. zur Durchsetzung verbesserter Arbeitsbedingungen oder von Lohn- und Gehaltsforderungen, entscheidend ist jedoch, daß die Folgen von Streiks oft ausschließlich bei den Unternehmen auftreten. Produktionsausfälle schmälern den Umsatz und, da die fixen Kosten weiterlaufen, auch das Betriebsergebnis. Mißbrauchen die Arbeitnehmer das Streikrecht, so beuten sie Kapital in Form verminderter Gewinne oder von Verlusten aus. Die entscheidende Frage ist hier, wann ein Mißbrauch des Streikrechts vorliegt. Laufen Streiks parallel zu den Tarifverhandlungen und streben sie nur Lohnerhöhungen im Rahmen des Produktivitätsfortschrittes (= zusätzliche Erzeugung je Arbeiter) an, so ist dagegen kaum etwas einzuwenden. Zielen Streiks auf die Verbesserung der Arbeitsbedingungen ab, weil sie am jeweiligen Entwicklungsstand eines Landes gemessen unbefriedigend sind, so ist auch das ein legitimes Anliegen. Darüber hinaus ist es in der Regel allerdings schwierig zu entscheiden, ob Streiks gerechtfertigt sind.

Die Grenzen der Toleranz werden aber überschritten, wenn es um politische Ziele geht, die nicht über Arbeitskämpfe, sondern im Rahmen der politischen Willensbildung und Entscheidung anzustreben wären. Die Arbeitnehmer und Gewerkschaften betätigen sich dann als parapolitische Organisationen, die sich in Probleme einmischen, deren Lösung nicht ihre Aufgabe, sondern jene der gewählten Volksvertreter ist. So ist es z. B. verwerflich, wenn Zeitungen oder Verlage bestreikt werden, weil diese politische Richtlinien vertreten, die der politischen Überzeugung der Arbeitnehmer zuwiderlaufen. Ihnen steht schließlich die Möglichkeit der Auflösung des Arbeitsverhältnisses offen, weshalb sie mit einer Kündigung ihrer Überzeugung Ausdruck geben können. Sofern Arbeitsniederlegungen die Unternehmen schädigen, ruft dies nach angemessenen Konsequenzen: Nach dem Verursacherprinzip sind derartige Kosten ihren Urhebern, d. h. den Streikenden und ihren Organisationen, anzulasten, während den geschädigten Unternehmen entsprechende finanzielle Leistungen auszurichten sind. Sobald jemand nämlich nicht für die Kosten seines (unzulässigen) Verhaltens aufkommen muß, stellt dies für ihn eine Einladung zur Ausbeutung von Unternehmen und Kapital dar.

Auch der Kündigungsschutz, obwohl im gegenseitigen Interesse liegend, ist ein Mittel der Ausbeutung: Die Unternehmen sind an kontinuierlichen Arbeitsverhältnissen interessiert, die Arbeitnehmer schützen sich zu Recht gegen eine fristlose Kündigung. Das freie Unternehmertum ist aber auf Flexibilität im Geschäftsgebaren, und insbesondere in wirtschaftlich schwierigen Zeiten auf kurze Kündigungsfristen angewiesen. Sehen sie sich gezwungen, Arbeitnehmer länger zu beschäftigen als wirtschaftlich tragbar ist, so ist dies erneut eine Ausbeutung von Kapital. Da die Arbeitnehmer von einer leistungsfähigen Arbeitslosenversicherung profitieren, ist ihre materielle Existenz durch eine Kündigung keineswegs gefährdet. Aber auch in sozialer Hinsicht sind Kündigungsfristen, die unternehmerischen Zielen zuwiderlaufen, heute nicht (mehr) zu rechtfertigen. Für Unternehmen, die mit Verlusten arbeiten und ihren Personalbestand abbauen sollten, um wieder in die Gewinnzone zurückzukehren, ist es mehr als eine Zumutung, mehrmonatige oder gar jährliche Kündigungsfristen respektieren und Lohnfortzahlungen leisten zu müssen. Eine solche Erhaltung von Arbeitsplätzen geht zu Lasten der finanziellen Reserven und stellt infolgedessen eine neue Ausbeutung von Kapital dar.

Noch problematischer ist das Verbot von Betriebsschließungen, wenn sich diese u. a. aufgrund anhaltender Verluste, aufgezehrter Reserven oder einer mittel- und langfristig nicht zu erlangenden Konkurrenzfähigkeit aufdrängen. Offensichtlich werden Unternehmen gezwungen, Arbeitsplätze bis zum bitteren Ende zu erhalten, obwohl dies letztlich nicht ihre Aufgabe ist. Verursacher derartiger Kosten ist der Staat, doch im gleichen Zuge sind auch die Gewerkschaften zu erwähnen, weil sie nachhaltig für solche Beschränkungen der unternehmerischen Freiheit eintreten. Werden Arbeitsplätze entgegen betriebswirtschaftlichen Notwendigkeiten aufrechterhalten, so ergeben sich zwangsläufig Verluste, die von den genannten Verursachern abzudecken wären. Hier liegt eine sozialorientierte Nötigung vor, denn der Staat zwingt die Unternehmen, Aufgaben zu lösen und zu finanzieren, die für sie mit (Netto-)Nachteilen verbunden sind. In den letzten Jahrzehnten haben die sozialen Verpflichtungen privater Unternehmen derart zugenommen, daß eine unzumutbare neue Ausbeutung von Kapital durch die politische Macht von Arbeitnehmern und Gewerkschaften erreicht wurde.

Ähnlich wie das freie Unternehmertum des vorigen Jahrhunderts nützen heute die Gewerkschaften ihre Machtposition zugunsten von überzogenen wirtschaftlichen und sozialen, aber auch rein politischen Zielen aus. Ihr letztes Anliegen ist nicht selten eine anhaltende Schwächung oder gar die Abschaffung des freiheitlichen Wirtschaftssystems. Zwar ist der Staat verpflichtet, das allgemeine Interesse wahrzunehmen, und folgerichtig auch Mißbräuche der Sozialpartner zu unterbinden, zu verhindern und nachteilige Auswirkungen zu kompensieren. In nicht wenigen westlichen Industrieländern sind die Gewerkschaften inzwischen so stark, daß eine ihnen nicht genehme Regierung ihren Wahlauftrag – je länger je weniger – verwirklichen kann. Dies geht bisweilen so weit, daß Gewerkschaften und sozialdemokratische Regierungen im Falle eines politischen Machtwechsels die Bedrohung des sozialen Friedens und das Ende der politischen Stabilität ankündigen, um sich so an der Macht zu halten.

Erstreckt sich die Mitbestimmung der Arbeitnehmer bei unternehmerischen Entscheiden, z. B. auf den Standort von Anlagen, die Art und den Umfang von Investitionen, das Produktionsprogramm oder auf die Lieferbedingungen für bestimmte Abnehmer, so ist sie letztlich ein systemfremdes Element der Marktwirtschaft. Indessen ist eine betriebliche Mitbestimmung, die sich vorrangig um die Arbeitsbedingungen kümmert, durchaus auch im Interesse der Unternehmer erwünscht. Zwar ist die Ansicht nicht abwegig, daß die Gewerkschaften bessere Arbeitsbedingungen auf dem gesetzgeberischen und damit auf dem politischen Wege anstreben sollten, die betriebliche Mitbestimmung hat aber nicht selten eine höhere Rentabilität und Produktivität zur Folge. Eine darüber hinausgehende Mitbestimmung ist grundsätzlich aber erst zu erwägen, wenn die Arbeitnehmer sich am finanziellen Risiko und mithin auch an Verlusten der Unternehmen beteiligen. Erst dann tragen auch sie an den Folgen von Fehlentscheidungen mit und erscheinen – da Risikoträger geworden – als Mitbestimmende akzeptabel zu sein.

Die Arbeitnehmer erhalten ihre Löhne, Gehälter und Sozialleistungen vorweg, d. h. unabhängig vom Betriebsergebnis. Es ist daher begreiflich, daß Manager und Unternehmer freie Hand für ihre Entscheidungen wünschen. In Wirklichkeit erzwingt aber ein dichtgewobenes Netz von Gesetzen und Verordnungen von den Unternehmungen ein ausgeprägtes soziales Engagement. Nicht zuletzt deshalb ist daran zu erinnern, daß der Erwerb von Aktien die klassische marktwirtschaftliche Variante der Mitbestimmung auf Unternehmungsebene ist, der grundsätzlich jedem Arbeitnehmer offensteht. An Stelle von risikolosen Staatsanleihen könnten sie sich z. B. mit Aktien an Unternehmen beteiligen, um so von den angeblichen oder tatsächlichen Segnungen des Kapitalismus zu profitieren. Letztlich ist es nur logisch, Aktien jener Unternehmung zu erwerben, in der man arbeitet und auch mitbestimmen möchte. Die Unternehmungspolitik wird um so stärker beeinflußt, je mehr Aktien von Arbeitnehmern an der jährlichen Hauptversammlung z. B. durch einen (gewerkschaftlichen) Vertrauensmann oder einen Betriebsrat vertreten werden.

Arbeitnehmer verhalten sich gegenüber ihren Arbeitgebern offensichtlich anders, wenn man sie nicht nur am Gewinn, sondern auch an den (potentiellen) Verlusten beteiligt. Im Falle der Verlustbeteiligung erleiden die Arbeitnehmer Einkommensverluste und beuten damit nicht nur Kapital, sondern auch noch sich selbst aus. Indessen haben sie dazu keinen Anlaß und werden deshalb sich voll für das Wohlergehen jenes Unternehmens einsetzen, mit dem sie sozusagen auf Gedeih und Verderb verbunden sind.

Ausbeutung von Kapital ist auch über eine Investitionslenkung möglich, wie sie in den siebziger Jahren in der Bundesrepublik von Systemveränderern gefordert wurde. Danach sollen private Investitionen durch staatliche Auflagen erzwungen und durch öffentliche Investitionen ersetzt werden. In Abweichung zu den marktwirtschaftlichen Gepflogenheiten müßten Unternehmen auch bei ungünstigen Absatz- und Gewinnerwartungen investieren. Eine solche Investitionspolitik ist für die privaten Unternehmen eine Zumutung, wenn der Staat nicht auch das Investitionsrisiko übernimmt.

Zur Investitionsförderung verfügt die öffentliche Hand über zahlreiche Möglichkeiten: So kann sie die Steuersätze senken, die Abschreibungen beschleunigen, den Verlustvortrag und den Verlustausgleich zulassen aber auch Staatsaufträge an die Privatwirtschaft erteilen. Darüber hinaus kann der Staat Investitionsprämien gewähren und einen so hohen Anteil der Investitionskosten übernehmen, daß die Unternehmen im erwünschten Ausmaße freiwillig investieren. Nicht zuletzt steht es dem Staat offen, selbst ersatzweise Investitionen durchzuführen. Der Tatbestand der Ausbeutung von Kapital ist erneut erfüllt, wenn staatlich erzwungene Investitionen zu Verlusten bei privaten Unternehmen führen. Handelt es sich um Investitionen zur Erhaltung und Schaffung von Arbeitsplätzen, so sind letztlich die Nutznießer dieser Politik, d. h. die Arbeitnehmer, die Ausbeuter von Kapital. Die Investitionslenkung kommt nämlich wegen ihres Einflusses auf die politische Willensbildung und Entscheidung zustande.

Von Kündigungsschutz, Mitbestimmung und Investitionslenkung ist es nur noch ein bescheidener Schritt bis zur Politik der Erhaltung von Arbeitsplätzen um jeden Preis. Es handelt sich um ein Rezept, daß meist nicht gegen kurzfristige oder konjunkturelle Arbeitslosigkeit verschrieben wird. Anlaß dazu gibt vielmehr die hohe Sockel-Arbeitslosigkeit in den westlichen Industrieländern. Zwar stammt die Arbeitslosigkeit schwergewichtig von nicht konkurrenzfähigen und schrumpfenden Unternehmen und Branchen. Darf man den Arbeitnehmern keinen Berufs-, Arbeitsplatz- und Wohnortwechsel zumuten, so ziehen es die nach Popularität heischenden Regierungen vor, die wachstumsbedingten und -erforderlichen Strukturwandlungen der Marktwirtschaft zu bremsen oder gar aufzuhalten. Eine solche Politik ist ebenso kostspielig wie beliebt und auch für die Arbeitnehmer auf Dauer nicht nur vorteilhaft. Die gravierenden Kosten der Strukturerhaltung müssen letztlich von den Arbeitnehmern entscheidend mitgetragen werden. In dem Maße wie dabei Unternehmen betroffen werden, erfolgt eine Ausbeutung von Kapital, das in Wirtschaftsbereichen gebunden wird, die auch langfristig keine Aussicht auf wirtschaftlichen Erfolg haben und infolgedessen zu sanieren, zu redimensionieren oder gar aufzugeben sind. Typische Beispiele sind jene lohnintensiven Branchen, die nicht qualifizierte Arbeitskräfte beschäftigen und deshalb mit Niedriglohnländern wie Korea, Taiwan, Hongkong oder Singapore nicht konkurrieren können.

Die Politik der Erhaltung von Arbeitsplätzen um jeden Preis zeichnet sich im allgemeinen durch folgenden zwangsläufigen Verlauf ab: Bedrohte Arbeitsplätze, bevorstehende und laufende (Massen-)Entlassungen mobilisieren die öffentliche Meinung und veranlassen nicht selten die Regierungen, auf Sanierungsmaßnahmen zu verzichten. Die betroffenen Unternehmen arbeiten weiter mit Verlusten, weshalb die kreditgebenden Banken meist einschneidende Veränderungen, die auch Betriebsschließungen vorsehen, verlangen. Bleiben Sanierungsmaßnahmen aus, so sperren die Banken ihre Kredite. In solchen Fällen muß die öffentliche Hand unter dem Druck der Straße und von Gewerkschaften zunächst mit Bürgschaften und zinsgünstigen Darlehen einspringen. Kann sie die Arbeitsplätze so nicht retten, dann werden Subventionen in Form von zinslosen Finanzspritzen oder Kredite à fond perdu gewährt, um die Verluste abzudekken. So bleiben nichtkonkurrenzfähige Unternehmen nochmals von Entlassungen verschont. In der Folge nimmt die Verlustabdeckung größere und wachsende Dimensionen an, was den Staat zwingt, auf die Unternehmungspolitik direkt Einfluß zu nehmen. Dazu werden Politiker und Bürokraten in den Aufsichtsrat und auch in die Unternehmungsleitung mit der Begründung gewählt, die öffentlichen Mittel zur Verlustabdeckung würden von den Steuerzahlern aufgebracht, was eine politische Verwendungskontrolle erfordere.

Hat die Subventionierung nicht den gewünschten Erfolg, so beteiligt sich die öffentliche Hand kapitalmäßig an den kranken Unternehmen. Zur Sicherung eines angemessenen Einflusses ist meist eine Sperrminorität am Aktienkapital erforderlich. Gegen den Willen der Staatsvertreter ist dann kein unternehmerischer Entscheid mehr möglich. Subventionen und Staatsbeteiligungen schieben Entlassungen und Sanierungsprogramme in die weite Ferne. Dabei gewinnen die Arbeitnehmer den Eindruck, ihre Interessen seien integral bewahrt worden. Indessen übersehen sie offenbar, daß Subventionen mit Steuern finanziert werden. Dabei ist aber nicht entscheidend, wer die Steuern bezahlt, sondern vielmehr, wer sie schließlich trägt, d. h. zum Steuerträger wird. Je stärker die Finanzierung von Subventionen an notleidende Unternehmen und Branchen über die Lohn- und Mehrwertsteuer erfolgt und je ausgiebiger diese Abgaben auf die Verbraucherpreise überwälzt werden können, desto mehr werden die Bezieher unterer Einkommen Träger dieser Finanzlasten. Mithin sind die Arbeitnehmer die Leidtragenden der Politik der Erhaltung nichtkonkurrenzfähiger Unternehmen, so daß letztlich eine zumindest weitgehende Selbstausbeutung der Arbeitnehmer vorliegt. Als tatsächliche Ausbeuter haben aber jene zu gelten, die als Arbeitnehmervertreter und politisch Verantwortliche steuerfinanzierte Subventionen und Staatsbeteiligungen ohne Berücksichtigung der wirtschaftlichen Erfolgsmöglichkeiten erzwungen haben.

Letzter Schritt der Politik der Arbeitsplatzerhaltung ist – wenn alles schief ging – die Verstaatlichung. Die von Systemveränderern langersehnte Überführung privater Unternehmen in Gemeineigentum oder, marxistisch formuliert, die Befreiung von Unternehmungen aus den Krallen der Kapitalisten ist perfekt. Nun nisten sich vielfach altgediente, ausrangierte und finanziell zu versorgende Politiker, zuverlässige Bürokraten, Gewerkschaftsvertreter und den Regierungsparteien nahestehende »Experten« in den verstaatlichten Unternehmungen ein. Dort gebärden sie sich, als wären sie geborene Unternehmer, indessen sind sie kaum am Wohlergehen der Unternehmung interessiert. In der Regel setzt eine Verpolitisierung der Unternehmungspolitik ein, die in Analogie zum sowjetischen Sozialismus der Verschwendung und Mißwirtschaft Tür und Tor öffnet. Wen vermag es noch zu erstaunen, daß dabei gigantische Verluste entstehen, die nun ohne politischen Widerstand – da alles im öffentlichen Interesse geschieht – abgedeckt werden. Solche Unternehmen sind zwar international nicht mehr konkurrenzfähig, aber weiterhin auf Auslandsmärkte angewiesen. Daher sind massive Exportsubventionen unentbehrlich. Reichen die Steuereinnahmen allmählich nicht mehr aus, um neben den zahlreichen anderen Staatsausgaben auch noch wachsende Verluste der Staatsunternehmen zu übernehmen, so geht die öffentliche Hand den Weg des geringsten Widerstandes und verschuldet sich entsprechend. Dies erfolgt mit Vorliebe im Ausland, was auf Dauer zum Verlust der internationalen Kreditwürdigkeit führen kann. Reichen aber auch die inländischen Kreditgeber für diese Politik nicht mehr die Hand, so setzt der Staat seine Notenpresse in Bewegung. Für den Laien fällt das dringend benötigte Geld dann sozusagen vom Himmel, in Wirklichkeit ist dies der Beginn von einer galoppierenden Geldentwertung und Währungszerrüttungen ähnlich wie z. B. in den zwanziger Jahren dieses Jahrhunderts.

Ein reichhaltiges Erfahrungsmaterial zeigt, wie diese Politik im einzelnen verläuft: Langfristig gibt es unausweichlich ein böses Erwachen der Arbeitnehmer, da ihr Lebensstandard von einer starken Schwindsucht befallen ist, die sie letztlich zu den Hauptleidtragenden einer finanziell illusionären und ökonomisch ruinösen Beschäftigungspolitik macht. Dies drückt sich u. a. in einer sinkenden Kaufkraft der Löhne und Gehälter, in hohen indirekten Steuern, verschlechterten Arbeitsbedingungen, sozialer Unrast und politischen Wirren aus. Allmählich gewinnt die Überzeugung Oberhand, von den eigenen Politikern und von den Gewerkschaften verschaukelt worden zu sein. In einer ersten Phase haben die Arbeiter mit Hilfe der Gewerkschaften und einer ihnen nahestehenden Regierung private Unternehmen und Aktionäre ausgebeutet. Als der Staat einsprang, begann eine wachsende Selbstausbeutung. Zwar hatten die Arbeitnehmer zunächst davon keine Ahnung, sie waren ja überzeugt, die für die Verlustabdeckung erforderlichen Steuern würden die Reichen bezahlen und tragen. Es ist ihre Überzeugung, daß Maßnahmen zur Milderung und Verhinderung des wirtschaftlichen Strukturwandels sowie zur Erhaltung von Arbeitsplätzen voll zu Lasten der privaten Unternehmen und der oberen Einkommensschichten, d. h. der Kapitalisten gehen. Indessen bleiben sie je länger je weniger von der Verschwendung und Mißwirtschaft, einer zunehmenden Steuerbelastung, und von der fehlenden Konkurrenzfähigkeit verschont.

Der sinkende Lebensstandard, die sich verschlechternden Arbeitsbedingungen, aber auch die Frustration aufgrund einer fehlenden Nachfrage nach den selbst produzierten Erzeugnissen sind schwer zu erfragende Wahrheiten und Einsichten. So überrascht es nicht, wenn der Ruf ertönt, das kapitalistische Wirtschaftssystem sei an allem schuld und endgültig abzuschaffen. Indessen ist es sinnvoller, von Anfang an konsequent den marktwirtschaftlichen Weg zu beschreiten: *Je weniger die wachstums-bedingten und -erforderlichen Strukturwandlungen der Wirtschaft behindert werden, desto größer ist die Wirtschaftlichkeit und infolgedessen auch der »Wohlstand für alle«.* Einkommensausfälle aufgrund von Beschäftigungseinbrüchen werden in der sozialen Marktwirtschaft durch existenzsichernde Leistungen der Arbeitslosenversicherung ausgeglichen. In der Regel werden zusätzlich finanzielle Anreize für den Berufs-, Wohnort- und Arbeitsplatzwechsel gewährt. Die marktwirtschaftlich erwünschte und erforderliche Mobilität der Arbeitnehmer und Arbeitgeber ist zwar nicht ohne Härtefälle möglich, sie erspart aber den Arbeitern jene schmerzliche Selbstausbeutung, die mit der eben geschilderten Beschäftigungspolitik verbunden ist.

Unternehmer beuten
die Marktwirtschaft aus

Nach einer landläufigen Meinung wird Marktwirtschaft mit Privatwirtschaft gleichgesetzt. Indessen handelt es sich hierbei um eine verhängnisvolle Verwechslung. Zur Marktwirtschaft gehört auch ein öffentlicher Bereich, der schon deshalb unentbehrlich ist, weil bestimmte Leistungen im Rahmen der privaten Initiative entweder überhaupt nicht oder nur unzureichend erbracht würden. Dies ist insbesondere deshalb der Fall, weil bestimmte Aktivitäten nicht gewinnbringend erscheinen und es in Wirklichkeit auch nicht sind. Die Staatstätigkeit nahm langfristig, aber vor allem deshalb zu, weil eine Wählermehrheit mit der Einkommensverteilung, wie sie aus der Privatwirtschaft resultiert, nicht einverstanden war und ist; sie wird offenbar als verbesserungsbedürftig oder ungerecht empfunden. Diesem Anliegen hat der Staat Rechnung getragen, indem er in vielfältiger Art und Weise in die Einkommensverteilung mit Steuern, Staatsleistungen und mit Geboten und Verboten eingreift, um Leistungen und Einkommen von den oberen zu den unteren Einkommensschichten umzuverteilen.

Im Mittelpunkt des Interesses steht aber die zentrale Frage, welche Aufgaben dem Staat und welche der Privatwirtschaft übertragen werden sollen. Die Handlungsmaxime lautet: Soviel Staat wie nötig und soviel Privatwirtschaft wie möglich. Die in einzelnen Ländern vorliegende Aufgabenteilung zwischen Staat und Privatwirtschaft ist zwar historisch bedingt, sie kann aber – wenn dazu der politische Wille besteht – durchaus verändert werden. In der Tat könnte der Anteil der Privatwirtschaft entschieden größer sein. Weitgehende Privatisierungen wären ohne Abstriche an gesellschaftspolitischen Zielen ohne weiteres möglich. Zur (Re-)Privatisierung eignen sich u. a. Produktions-, Versorgungs-, Verkehrs- und Entsorgungsbetriebe (Müllabfuhr und Kläranlagen), Hochschulen, Krankenhäuser, aber auch die gesetzliche Kranken-, Unfall-, Invaliden-, Alters- und Arbeitslosenversicherungen. Mit Auflagen zur Wahrung des öffentlichen Interesses können noch weitere wichtige Staatsaufgaben Privaten übertragen werden. Nur so kann letztlich ein bedenklicher langfristiger Trend gebrochen werden: Wenn privatwirtschaftlich lösbare Aufgaben dem nach bürokratischen Regeln funktionierenden Staat übertragen werden, dann wird die Marktwirtschaft unnötig geschwächt und ausgehöhlt, was nichts anderes als eine weitere Ausbeutung ist. Erfahrungsgemäß ist die öffentliche Aufgabenerfüllung weit kostspieliger und verschwendet Ressourcen, die dann anderswo fehlen und den allgemeinen Wohlstand schmälern. Es wäre zwar reizvoll, sich eingehend mit dem Verhältnis von Staat und Privatwirtschaft weiter zu beschäftigen. Indessen ziehe ich es vor, das brisante Thema, ob nicht auch Unternehmer die Marktwirtschaft ausbeuten können, indem sie eine rein privatwirtschaftlich orientierte Politik betreiben, aufzugreifen. Es ist seit langem überfällig, auf die folgenschwere Verwechslung von Privatwirtschaft einerseits und Marktwirtschaft andererseits aufmerksam zu machen.

Die Privatwirtschaft ist gewinnorientiert und infolgedessen auch bestrebt, den Wettbewerb nach Möglichkeit zu beschränken. Deshalb wünschen private Unternehmen weder wirksam organisierte Arbeitnehmer noch schlagkräftige Gewerkschaften. Diese können nämlich bei Tarifverhandlungen höhere Löhne und Gehälter durchsetzen, als die Unternehmen freiwillig zu bezahlen bereit sind. Aber auch an Konsumentenorganisationen findet die Privatwirtschaft kein Gefallen, da diese nicht nur die Preise, sondern auch die Qualität der Erzeugnisse unter die Lupe nehmen. Vom Staat erwarten sie die größtmögliche Handels- und Gewerbefreiheit sowie eine weitgehende Vertragsfreiheit. In diesem Fall ist Gewähr gegeben, daß der Staat sich entweder nicht oder nur sehr beschränkt in die privatwirtschaftlichen Aktivitäten einmischt. Dank der Vertragsfreiheit können mit der Konkurrenz wettbewerbsbeschränkende Vereinbarungen getroffen werden. In bezug auf die öffentlichen Finanzlasten ist die Privatwirtschaft an möglichst niedrigen Steuern und an großzügigen Staatsleistungen, z. B. in Form von Subventionen und unternehmensorientierter Infrastruktur, interessiert.

Nicht selten stehen intensiv verfolgte Unternehmensziele in Widerspruch zur Erhaltung und Stärkung einer funktionsfähigen Marktwirtschaft, die den Wettbewerb auf ihr Banner geschrieben hat. Ohne einen Mindest-Wettbewerb sehen sich Unternehmen nicht gezwungen, intensiv zu forschen, qualitativ hochstehende

Erzeugnisse zu entwickeln und effizient zu wirtschaften. Nicht selten haben Nachfrager nur mit wenigen oder gar nur mit einem einzigen Anbieter zu tun. Die Existenz von Oligopolen und Monopolen erlaubt eine Ausbeutung von Konsumenten durch Produzenten. Theorie und Praxis zeigen seit langem, daß derartige Wettbewerbsbeschränkungen zu höheren Preisen und einer verschlechterten Versorgung der Bevölkerung führen.

Absprachen zwischen Anbietern, d. h. Kartelle, sind zwar grundsätzlich nicht abzulehnen, sie sind aber verwerflich, wenn volkswirtschaftlich schädliche Auswirkungen auftreten. Ich denke u. a. an Boykotte von Nachfragern und Lieferanten, übersetzte Gewinnmargen, Diskriminierung ausländischer Konkurrenten oder die absichtliche Verzögerung im internationalen Handel. In solchen Fällen sind wirksame Präventivmaßnahmen zu ergreifen, um sich den wenig erfolgversprechenden Versuch zu ersparen, unerwünschte Auswirkungen im nachhinein rückgängig zu machen oder diese finanziell zu kompensieren.

Indessen ist ein ruinöser Wettbewerb ebenfalls nicht zu befürworten. Bieten Unternehmen zwecks Ausschaltung ihrer Konkurrenten ihre Erzeugnisse auf Dauer zu verlustbringenden Preisen an, so ist dies nicht zu tolerieren. Es bleiben in der Regel nämlich so wenige Anbieter übrig, daß der Wettbewerb nicht mehr befriedigend funktioniert: Die im Markt verbliebenen Unternehmen können dann übersetzte Preise durchsetzen.

Wettbewerbsbeschränkungen schwächen genauso wie eine ruinöse Konkurrenz die Marktwirtschaft. Die Wettbewerbsscheu der Privatwirtschaft hat Gesetze zur Beschränkung der wirtschaftlichen Freiheit und zur Einhaltung marktwirtschaftlicher Spielregeln weitgehend provoziert. Dieses privatwirtschaftliche Verhalten ist zwar bei der notwendigen Gewinnorientierung und dem egoistisch bedingten wirtschaftlichen Machtstreben verständlich, die Unternehmer jedoch haben allzulange nicht zur Kenntnis nehmen wollen, daß auch Arbeitnehmer und Konsumenten ebenfalls integrale Elemente der Marktwirtschaft sind.

Letztlich haben die Konsumenten (mit) zu bestimmen, was die Unternehmer produzieren: *In einer Marktwirtschaft ist das Angebot an der Nachfrage zu orientieren.* Die Arbeitnehmer sind schon deshalb ein unverzichtbares Element der Marktwirtschaft, weil sie ein sowohl quantitativ als auch qualitativ wichtiger Produktionsfaktor sind. Schaffen die Unternehmer ein Übergewicht gegenüber Arbeitnehmern und Konsumenten, so hat dies höhere Preise und tiefere Löhne als bei freier Konkurrenz zur Folge. Auch in diesem Fall nimmt die Marktwirtschaft dauernden Schaden, indem Arbeiter und Konsumenten von Unternehmern ausgebeutet werden.

Indessen darf der Staat den Wettbewerb nicht ruinös ausarten lassen. Die Ansichten über den möglichen und den sinnvollen Wettbewerb gehen allerdings erheblich auseinander. Die Arbeitnehmer und Konsumenten befürworten meist mehr Wettbewerb als die Unternehmer. Die Arbeitgeber sind an der geringstmöglichen Konkurrenz, an hohen Preisen und schwachen Gewerkschaften interessiert. Die unterschiedliche Interessenlage erfordert deshalb eine öffentlich sanktionierte und unabhängige Überwachung des Wettbewerbs durch Kartell- oder Anti-Trust-Behörden. Solche Institutionen haben dafür Sorge zu tragen, daß die Marktwirtschaft nicht erstarrt, sondern durch einen neuerungsfreudigen und leistungsorientierten Wettbewerb belebt wird. Freilich spielt sich der mögliche Wettbewerb nicht von selbst ein. Unternehmern ist es aufgrund des verständlichen Gewinnstrebens weder an einer maximalen Produktion, noch an Konkurrenzpreisen, noch an einem permanenten Nachfragedruck gelegen. Haben sie gegenüber Konkurrenten entweder einen Vorsprung erzielt oder wenigstens mit ihnen Absprachen treffen oder sie sogar ausschalten können, so verliert ihre Initiative an Schwung. Je mehr dies zutrifft, desto weniger erbringt die Marktwirtschaft das bestmögliche Wohlfahrtsergebnis.

Es mag zwar paradox erscheinen: Unternehmer sind im allgemeinen nicht an einer intensiven Marktwirtschaft, die sie einem starken Wettbewerb aussetzt, interessiert. Ein solches Verhalten ist indessen in anderen Bereichen typisch: Was vom einzelnen aus gesehen durchaus rational erscheint, nämlich persönliche Vorteile zu erzielen, hat bei allgemeiner Verbreitung verheerende gesellschaftspolitische Auswirkungen. *Zwar ist es für den Unternehmer erstrebenswert, die Konkurrenz möglichst zu beschränken, doch damit schadet er dem am Wettbewerb orientierten marktwirtschaftlichen System und zerstört so letztlich die Grundlagen des freien Unternehmertums.*

Nicht nur im östlichen Sozialismus, sondern auch in den westlichen Industrieländern spielen öffentliche Unternehmen eine bedeutende Rolle. Werden sie dem Druck der ausländischen Konkurrenz nicht ausgesetzt und auch nicht von Konsumenten und Staat zur Wirtschaftlichkeit gezwungen, so setzt sich die bürokratische Mentalität ihres Managements voll durch und hat Verschwendung und Mißwirtschaft zur Folge. Das reichhaltige Anschauungsmaterial über Fehlleistungen öffentlicher Unternehmen in sozialistischen und kapitalistischen Ländern spricht für sich. Aus dieser Misere kann im allgemeinen nur eine Reprivatisierung mit Auflagen zur Sicherung des öffentlichen Interesses heraushelfen. Indessen ist es schwierig oder gar unmöglich, das Rad der Geschichte zurückzudrehen. Entscheidendes Hindernis auf diesem Wege ist der starke politische Einfluß von Gewerkschaften und Linksparteien. Sozusagen die zweitbeste Lösung ist dann die organisatorische und finanzielle Verselbständigung öffentlicher Unternehmen. Sie werden dabei von bürokratischen Fesseln befreit und sehen sich unter dem Druck der öffentlichen Meinung gezwungen, rationeller zu wirtschaften. Sind diese Unternehmen vom Subventionsstrom abgeschnitten und von der Pflicht entbunden, nicht benötigte Arbeitskräfte beschäftigen zu müssen, so darf man von ihnen ähnliche wirtschaftliche Ergebnisse wie von reprivatisierten Unternehmen erwarten. Ringen sich Regierungen indessen nicht zu systemgerechten und -erforderlichen Reformen durch, so helfen sie mit, die Marktwirtschaft auszubeuten, indem sie ihren möglichen Spielraum laufend einschränken. Es entsteht ein Teufelskreis von Verlusten, Subventionen, Staatsbürgschaften, öffentlichen Krediten und Verstaatlichungen zur Erhaltung von Arbeitsplätzen um jeden Preis.

In der Marktwirtschaft gibt es aber auch sogenannte »natürliche« private und öffentliche Monopole, die volkswirtschaftlich bedeutsam sind. Im Falle von Versorgungsunternehmen, die u. a. Wasser, Gas oder Elektrizität liefern, ist es ein Gebot wirtschaftlicher Vernunft, nicht mehrere Produzenten einzuschalten. Der Wettbewerb würde eine mehrfach ausgelegte Versorgungs-Infrastruktur erfordern. Dies wäre zu teuer und verschwenderisch, weshalb Monopolunternehmen als bestmögliche Lösung gelten. Im Verkehrssektor existiert zwar faktisch Konkurrenz zwischen verschiedenen Anbietern, so z. B. zwischen Straße und Schiene, bzw. zwischen Individual- und Kollektivverkehr. Trotzdem haben Verkehrsunternehmen zu Recht Monopolcharakter, da Doppel- oder Mehrfachlinien bei der Eisenbahn in der Regel keinem volkswirtschaftlichen Bedürfnis entsprechen. Analoge Verhältnisse kennt auch der Entsorgungsbereich, wie z. B. die Müllabfuhr oder der Gewässerschutz. Hier hat sich eine Privatisierung mit wirksamen Betriebsauflagen zugunsten der Benützer als sehr vorteilhaft erwiesen. Indessen darf der Staat nicht darauf verzichten, das Wirtschaftsgebaren solcher Unternehmen zu überwachen, sollen die Konsumenten nicht durch private und öffentliche Monopole benachteiligt werden.

Schränken Unternehmer die Konkurrenz ein oder schalten sie diese sogar aus, so bewirkt dies auf Dauer eine unerwünschte Konzentration von Produktion und Verteilung auf wenige Unternehmungen. In der Nachkriegszeit wurden zugunsten von Fusionen von Betrieben und Unternehmen zahlreiche Faktoren angeführt: Am häufigsten wird das sogenannte Gesetz der Massenproduktion, das für die industrielle Erzeugung gelten soll, bemüht. Danach nehmen die Stückkosten mit der Größe der Produktionsserie ab. Doch dieses Gesetz hält einer empirischen Überprüfung – vor allem auch der amerikanischen Verhältnisse – nur im Falle weniger Massengüter des täglichen und periodischen Bedarfs, z. B. von Autos, stand. In Wirklichkeit werden Produktionsvorteile ab einer gewissen Unternehmensgröße durch progressiv wachsende Kosten des administrativen und bürokratischen Bereichs mehr als aufgewogen. Deshalb haben Fusionen sich unter dem Wirtschaftlichkeitsaspekt als ein zweischneidiges Schwert erwiesen. Infolgedessen darf man der Konzentration nicht freien Lauf lassen, da sie sowohl den Wettbewerb als auch die Marktwirtschaft zerstören kann.

Im weiteren trifft es nicht zu, daß der technologische Fortschritt und die Wirtschaftlichkeit ausschließlich von der Unternehmungsgröße abhängig seien. Eine Ausnahme macht – wenn überhaupt – die Groß-Technologie, weil kleine und mittlere Unternehmen finanziell und organisatorisch außerstande sind, z. B. Kernkraftwerke zu bauen oder Raumfahrtprogramme zu verwirklichen. Erfahrungsgemäß arbeiten kleine und mittlere Unternehmen meist effizienter und sind technologisch oft fortschrittlicher als Groß- oder gar Mammutunternehmen. Es ist bekannt, daß solche Unternehmen wegen ihrer Größe ähnlich schwerfällig operieren wie die staatliche Bürokratie. Ihre Reaktionen zeichnen sich durch Schwerfälligkeit und bedeutende Verzögerungen in bezug auf Veränderungen aus. Die Marktwirtschaft lebt und funktioniert um so besser, je ausgewogener die Mischung von kleinen, mittleren und großen Unternehmen ist. Es ist unbedingt zu verhindern, daß Groß- und Mammutunternehmen sich laufend leistungsfähige kleinere und mittlere Unternehmen einverleiben, um sich so zu verjüngen und den möglichen Wettbewerb einzuschränken.

Die Geschichte amerikanischer Konglomerate, wie z. B. Litton oder ITT, aber auch von europäischen Konzentrationen und Fusionen zeigt, daß solche Unternehmen attraktive kleine und mittlere Firmen aufkaufen, um von ihrer Ertragskraft und einem außerordentlichen technologischen Know-how zu profitieren. Es ist mehr als bedenklich, daß wenig leistungsfähige und kranke Großunternehmen sich über Kredite und einen eher zweifelhaften Aktientausch die noch gesunden Elemente der Marktwirtschaft einverleiben. So wird ein freiheitliches Wirtschaftssystem zunehmend von leistungsschwachen Unternehmen infiziert und letztlich auch ausgebeutet. Leider geschieht dies nicht selten, um die Prestige- und Machtgier von Top-Managern zu befriedigen, die auf diesem Wege als Könige von Unternehmen und Branchen zunächst zu nationalem und dann zu internationalem oder gar weltweitem Ansehen gelangen wollen.

In den Geheimfächern der großen Konzerne lagern grundlegende technologische Neuerungen – bekannt als »Defense Research« –, die man erst auf öffentlichen Druck hin herausrückt. Dies zeigt recht deutlich, daß solche Unternehmen letztlich weder fortschrittlich noch konsumenten- und umweltfreundlich sind. Indessen darf man nicht voreilig verallgemeinern oder gar den Stab über solche Unternehmen brechen; fortgesetzte Konzentrationen und Fusionen mit dem Ziele des wirtschaftlichen Gigantismus sind aber im Interesse einer leistungsfähigen Marktwirtschaft in der Regel konsequent zu bekämpfen.

Je größer die sozialen Verpflichtungen der Privatwirtschaft sind und je mehr die Politik der Erhaltung der Arbeitsplätze um jeden Preis triumphiert, desto aussichtsloser ist es, in Schwierigkeiten geratene Großunternehmen über Entlassungen zu sanieren. In der Regel setzt der bereits geschilderte Teufelskreis von Subventionen zur Verlustabdeckung über Staatskredite und -beteiligungen bis zur Verstaatlichung ein; Gewerkschaften, Linksparteien und Systemveränderer betrachten die zunehmende Konzentration wohlwollend und im Bewußtsein, so ihrem Ziel, der Ablösung der Marktwirtschaft durch den Sozialismus, näher zu kommen. Unter solchen Voraussetzungen ist es nicht unbedingt nötig, daß private und öffentliche Unternehmen ihre Konzentrations- und Fusionsgelüste zähmen. In dem Maße wie sie dies tun, erbringen sie selbst den Nachweis, daß sie bei der Verfolgung privatwirtschaftlicher Interessen auch für eine leistungsfähige Marktwirtschaft eintreten. Der Trend zur Konzentration geht nicht zuletzt darauf zurück, daß die Manager mittlerer und großer Unternehmen nicht mehr Kapitaleigner und Risikoträger im traditionellen Sinne sind. Infolgedessen haben sie, da kein eigenes Kapital im Einsatz ist, wenig oder überhaupt nichts mehr zu verlieren: Scheiden sie aus der Unternehmung aus, so ist ihnen meist eine fürstliche Abfindung sicher. Im weiteren profitieren sie von einer längeren, finanziell gesicherten Periode, einer vertraglich ausgehandelten Ruhepause, während der sie (noch) nicht bei der Konkurrenz arbeiten dürfen. Mit dem Wechsel zur Konkurrenz verbessern sich Manager finanziell meist erheblich.

Im Falle der großen Aktiengesellschaften ist das Aktienkapital heute so breit gestreut, daß die Spitzenmanager – von der Kontrolle durch die Hausbank abgesehen – schalten und walten können, wie sie wollen. Konsequenzen haben sie in der Regel erst zu befürchten, wenn sie das Unternehmen bis zur Sanierungsreife abgewirtschaftet haben. Den Top-Managern geht es vorrangig nicht so sehr um Gewinne, sondern um persönliche Macht, Ansehen und Prestige, was ihnen vor allem die Größe »ihres« Unternehmens verleiht.

Die Unternehmer streben im weiteren durchaus legitim möglichst niedrige Steuern und hohe Staatsleistungen, d. h. größtmögliche Nettovorteile aus der Staatstätigkeit an. Unternehmungssteuern dürfen – wie schon begründet – nicht in den Dienst der Umverteilung von Einkommen bzw. einer gleichmäßigeren Einkommensverteilung gestellt werden. Das sogenannte Leistungsfähigkeitsprinzip der Besteuerung – der Öffentlichkeit als »gerechte Besteuerung« bekannt – ist lediglich auf persönliche Einkommen anzuwenden.

Die Unternehmen kommen vor allem als Drehscheibe für die Erhebung von öffentlichen Abgaben in Frage. Dies gilt besonders für spezielle Verbrauchsteuern, z. B. auf Tabak oder Alkohol und für die allgemeine Umsatzbesteuerung, insbesondere die Mehrwertsteuer. Steuertechnisch ist die Mittelabschöpfung bei den Unternehmen dem »Anzapfen« der sehr zahlreichen privaten Haushalte unbedingt vorzuziehen. Der (Steuer-)Gesetzgeber wünscht und erwartet, daß diese Abgaben voll von den Konsumenten getragen werden. Letztlich ist nur folgerichtig, die Privatwirtschaft ausschließlich nach dem Verursacher- und Nutznießerprinzip zu besteuern. Indessen wurde diese marktgerechte Finanzierungsart viel zu lange von Theorie und Praxis vernachlässigt.

Nach dem Verursacherprinzip sind Unternehmen entsprechend den von ihnen (der Gemeinschaft) verursachten Kosten zu Zahlungen an den Staat verpflichtet. Im Falle des Nutznießerprinzips kommen sie voll für die Kosten jener Leistungen auf, die sie vom Staat erhalten. In der Praxis ist es indessen nicht immer möglich, die von Unternehmen verursachten Kosten und empfangenen Leistungen exakt zu erfassen. Möglich ist aber eine grobe oder schematische Zurechnung von Kosten und Leistungen. Mithin sind die Voraussetzungen für die Verwirklichung der Marktwirtschaft auch im Unternehmungsbereich erfüllt. Man darf nämlich nicht vergessen, daß Unternehmer die Marktwirtschaft in dem Maße ausbeuten, wie sie weniger öffentliche Abgaben entrichten, als sie vom Staat Leistungen erhalten.

Im Mittelpunkt der Ausbeutung der Marktwirtschaft durch Unternehmer stehen inzwischen die sogenannten externen oder sozialen Kosten der Privatwirtschaft. Es wird nämlich allzu gern übersehen, daß die Marktwirtschaft nur dann die größtmögliche soziale Wohlfahrt gewährleistet, wenn externe Kosten ihren Verursachern angelastet und externe Erträge mit entsprechenden Subventionen abgegolten werden. In diesem Fall spiegeln die Marktpreise die volkswirtschaftlichen Kosten wider und haben zur Folge, daß von den einzelnen Gütern und Leistungen weder zuviel noch zu wenig produziert wird. In Wirklichkeit kalkulieren die Unternehmen – von ihnen aus gesehen folgerichtig – nur die betriebs- oder privatwirtschaftlichen Kosten. Sie vernachlässigen konsequent die externen Kosten, die ja nicht bei ihnen, sondern bei anderen und beim Staat anfallen. Je höher deren Anteil an den volkswirtschaftlichen Kosten ist, desto billiger sind die betroffenen Erzeugnisse und desto größer die Nachfrage. Dies hat eine verzerrte Produktionsstruktur sowie Wohlfahrtsverluste zur Folge.

In Wirklichkeit gibt es externe Kosten sozusagen am laufenden Band, doch beschränke ich mich bei ihrer Erörterung auf die chemischen Industrie: Fließen die Abwässer eines Chemieunternehmens ungeklärt in den Rhein, so haben solche Umweltschäden für die Verursacher keine Folgen. Baut und finanziert die öffentliche Hand Kläranlagen, so bleibt das kostenverursachende Unternehmen erneut verschont, was einen wirtschaftlichen Vorteil darstellt. Sie hat keinen Anlaß, die Gewässerverschmutzung zu vermindern oder gar einzustellen. Unser Chemieunternehmen wird sich erst dann marktwirtschaftlich verhalten, wenn es voll für die Kosten des Gewässerschutzes aufkommen, d. h. die Kläranlage selbst bauen und finanzieren muß.

Unternehmen erzeugen aber auch externe Erträge, indem sie an private Haushalte und Unternehmen Leistungen kostenlos abgeben. Zwar erfolgt dies meist nicht freiwillig, sondern als unvermeidliches Nebenprodukt zahlreicher Aktivitäten. So übernehmen z. B. Verbände Aufgaben im öffentlichen Interesse, ohne dafür entsprechend entschädigt zu werden. Dies ist der Fall, wenn Gewerkschaften oder Unternehmen Fortbildungskurse organisieren, die den Staat entlasten.

Die Privatwirtschaft beeinflußt die politische Willensbildung und Entscheidung aber derart, daß soziale Kosten entweder überhaupt nicht oder nur teilweise den Verursachern angelastet werden. Privaten und öffentlichen Unternehmen ist es – obwohl sie laufend von der Erhaltung und Stärkung der Marktwirtschaft sprechen – offenbar nicht bewußt, daß ihre privatwirtschaftlichen Interessen denen der Marktwirtschaft zuwiderlaufen. Als grundsätzliche Anhänger einer marktwirtschaftlichen Politik sollten sie folgerichtig ihren Widerstand gegen eine konsequente Anwendung des Verursacherprinzips aufgeben. Verhindern sie nämlich die Übernahme externer Kosten, so beuten sie jenes Wirtschaftssystem aus, mit dem sie auf Gedeih und Verderb verbunden sind. Solange sie sich derart verhalten, dürfen sie nicht überrascht sein, wenn auch sie zusammen mit Gewerkschaften und Konsumentenorganisationen zu den potentiellen oder tatsächlichen Totengräbern der Marktwirtschaft zählen.

Im Gegensatz zur Anwendung des Verursacherprinzips stößt die Abgeltung externer Erträge von Unternehmen überhaupt nicht auf Schwierigkeiten. So machen die Subventionen an private und öffentliche Unternehmen einen hohen Anteil der gesamten Staatsausgaben aus. Subventions-Lobby ist deshalb so erfolgreich, weil auch Arbeitnehmer und Gewerkschaften sich vehement für Subventionen, z. B. für die Erhaltung von Arbeitsplätzen und für den Schutz nicht (mehr) konkurrenzfähiger Unternehmen und Branchen einsetzen. In Wirklichkeit werden Subventionen leider nicht nur zur Abgeltung externer Erträge, sondern schwergewichtig nach machtpolitischen Aspekten gewährt. In dem Maße wie dies geschieht, beuten die subventionsbegünstigten Unternehmer die Steuerzahler und die Marktwirtschaft aus.

Produzenten beuten Konsumenten aus

In der ökonomischen Theorie gibt es seit langem zahlreiche Varianten der Ausbeutung von Konsumenten durch Produzenten. Sie haben ihren Ursprung in Konkurrenzbeschränkungen und in der unterschiedlichen Dringlichkeit, mit der einzelne Güter und Leistungen von den Verbrauchern benötigt werden. Eine Ausbeutung der Konsumenten ist um so wahrscheinlicher, je schwächer der Wettbewerb ist und je intensiver die Produzenten erzwungene und natürliche Monopole für höhere Preise und Gewinne nutzen. Je mehr die Konsumenten auf Güter und Leistungen, insbesondere des täglichen Bedarfs, angewiesen sind, desto weniger können die betroffenen Einkommensschichten auf Ersatzgüter ausweichen. Leidtragende sind somit vor allem die breiten Einkommensschichten, die ungleich stärker als begüterte Kreise preisgünstige Güter und Leistungen benötigen, um ihren Lebensstandard zu erhalten und zu vermehren. Diese soziale Dimension gibt dem Staat seit Jahrzehnten Anlaß, mit einer wirksamen Wettbewerbsgesetzgebung und mit der Überwachung von Monopolpreisen auf das privatwirtschaftliche Gebaren Einfluß zu nehmen.

Der Konsument ist angeblich König der Marktwirtschaft, die er mit seinen Kaufentscheiden souverän steuert. Nach der klassischen Version zieht der Konsument in der freien Wirtschaft den größtmöglichen Nutzen aus seinem Einkommen. Der Verbraucher ist über Preise, Mengen, Qualität und Service vollkommen informiert und für eine umfassende Marktanalyse fähig. So entscheidet er sich, vergleichend und wertend, für den Kauf bestimmter Güter und Leistungen. In Wirklichkeit hat er bestenfalls nur eine beschränkte Marktübersicht und ist zugleich auch problematischen Informationen ausgesetzt. Der Konsument muß mit einer raffinierten Reklame und Werbung sowie auch mit einer subtilen Marketingpalette fertig werden. Mit im Spiel ist auch die Psychologie mit ihren Appellen an das Unterbewußtsein, die den Kaufentscheid erleichtern sollen. Ist der Verbraucher nicht schlüssig, ob und was er kaufen und verbrauchen möchte, so werden ihm die erwünschten Bedürfnisse und Präferenzen mit Hilfe der Reklame frei ins Haus geliefert. Doch auch dies geschieht letztlich auf seine Kosten: So bezahlt er beispielsweise Gebühren für Rundfunk- und Fernsehen. Die Werbeausgaben sind in der Regel ohnehin in den Preisen der von ihm gekauften Konsumgüter enthalten. In der Tat reichen schon diese Feststellungen zur Beeinflussung der Verbraucher durch Maßnahmen der Verkaufsförderung, um von der wirklichkeitsfremden Vorstellung rationaler Kaufentscheidungen Abschied zu nehmen: *Das sogenannte Spiel der freien Kräfte gewährleistet nicht von vorneherein größtmögliche Wohlfahrt der Konsumenten.* Es darf daher auch nicht erstaunen, daß die Massenkonsumgesellschaft vielfältigen Anfechtungen ausgesetzt ist.

Werbung fördert nicht selten den Absatz jener Erzeugnisse, die mit einem überdurchschnittlichen Finanzaufwand bedacht werden. Je mehr dies unabhängig von der Bedarfsdringlichkeit und der Qualität der Produkte geschieht, desto verzerrter ist die Zusammensetzung des privaten Verbrauchs, was Wohlstandseinbußen zur Folge hat. Die Werbung spricht mit Vorliebe die irrationale Sphäre an und ist deshalb oft kaum an Banalität zu übertreffen. Dem Verkäufer geht es nicht nur um objektive Vorzüge von Erzeugnissen oder um die tatsächlichen Bedürfnisse der Verbraucher, sondern letztlich um Absatz und Gewinne. Nicht nur in dieser Beziehung wäre es lohnenswert, sich eingehend mit Begriffen und Schlagworten des modernen Marketings zu befassen. Es fällt nämlich auf, daß viele gebräuchliche Ausdrücke wie absetzen, verkaufen, verpacken und vertreiben einen negativen Einschlag haben. Produzenten und Verkäufer sind vorrangig nicht an einer objektiv begründeten, sondern eher an einer subjektiv empfundenen Zufriedenheit der Konsumenten interessiert.

Indessen ist die Reklame nicht nur legitim, sondern auch erwünscht: Verbraucher sind auf sachliche Informationen angewiesen, sollen sie sich zu ihrem Vorteil entscheiden und die Marktwirtschaft wohlfahrtsgerecht steuern können. Problematisch wird die Werbung aber spätestens dann, wenn dem Konsumenten Waren angedreht werden, die er an sich gar nicht kaufen wollte und auch nicht benötigt. Wird der Konsument zum Kaufen überredet oder überlistet, so hat er nachträglich nicht selten das Gefühl, für sein Geld einen schlechten Gegenwert erhalten zu haben. Er gewinnt den bestimmten Eindruck, die Werbung stehe wohl auch im Dienste persönlicher Bedürfnisse von Herstellern und Verkäufern und verursache unnötige Kosten. Um diese zu decken, werden die Konsumenten mehr oder weniger freiwillig zur Kasse gebeten; letztlich bezahlen sie die Zeche.

Die Werbung hat – je länger je mehr – bewirkt, daß die Konsumwünsche den laufenden Kaufmöglichkeiten vorauseilen. Dazu werden großzügige Konsumenten- und Kleinkredite insbesondere für dauerhafte Konsumgüter wie Möbel oder Autos gewährt. Konsumenten und Produzenten können so in erheblichem Ausmaß von nicht verdienten, d. h. von noch zu erarbeitenden Einkommen, welche die Wirtschaft aufblähen, profitieren. Indessen setzen sie die Verbraucher einem lästigen Streß zur Einkommenserzielung aus, der einer Selbstausbeutung gleichkommt. Auf Dauer besteht akute Gefahr, daß die werbungsverursachte Diskrepanz zwischen Kaufanreizen und Kaufwünschen einerseits und der Entwicklung der verfügbaren Einkommen andererseits Konsumenten und Arbeitnehmer unzufrieden macht. Eine übermäßige Werbung verleitet verführungsanfällige Verbraucher zur Erfüllung von Wünschen und Träumen, verspricht ihnen Gewinne und Glück und erreicht dabei in der Tat momentane Zufriedenheit, wenn sie sich bereitwillig – selbstverständlich gegen Geld – dem Genuß der von ihr angepriesenen Güter und Leistungen hingeben. Eine solche Werbung ist eine gelehrige Schülerin von Wilhelm Busch, dessen bittere Lebensweisheit, daß ein erfüllter Wunsch nur neue Gelüste hervorruft, sie in hartes Geld ummünzt.

Wer die gängige Werbung für Alkohol, Nikotin und Waschmittel sieht und hört, könnte fragen, ob die Industriegesellschaft keine dringenderen Bedürfnisse zu decken und keine wichtigeren Aufgaben zu lösen habe als den Konsum von gesundheits- und umweltschädlichen Produkten intensiv zu fördern. Die systematische Anpreisung von Vogel-, Katzen- und Hundefutter ist angesichts der Unterernährung von Milliarden von Menschen selbstverständlich noch problematischer. Demzufolge vermag es nicht zu erstaunen, daß die Konsumgesellschaft sich – je länger je mehr – durch verzerrte Proportionen über den »Wert und Unwert ihrer Leistungen« auszeichnet.

Konsumgüter weisen typische Lebenskurven auf: Bei ihrer

Markteinführung wächst ihre Nachfrage progressiv, sie verflacht sich später und wird schließlich aufgrund von Sättigungserscheinungen rückläufig. In der Spätphase des Lebenszyklus können die Produzenten nur noch mit außergewöhnlichen Anstrengungen Umsätze und Gewinne erzielen: Die Werbung wird intensiviert, neu orientiert und die Verpackung – um den Anstrich des Neuen zu geben – geändert. Produktdifferenzierungen, Zugaben und Serviceleistungen helfen mit, den Absatz zu fördern. So gelingt es vielfach, die Konsumenten für Produkte zu interessieren, die sie aus ihrer Wunschliste bereits gestrichen haben, weil sie sich von ihnen keinen ausreichenden Nutzen mehr versprachen.

Aufgrund solcher Überlegungen ist es nur folgerichtig, der Frage nachzugehen, ob der Konsument seine Entscheidungen so trifft, daß er aus seiner Kaufkraft den größtmöglichen Nutzen zieht. Ein unübersehbares Güterangebot, bedeutende Qualitätsunterschiede, breite Sortimente und weitreichende Produktdifferenzierungen erschweren eine rationale Konsumwahl oder machen diese sogar ganz unmöglich. Sie überfordern die Masse der Konsumenten weitgehend, was für sie aber nicht durchwegs negativ zu sein braucht.

Im Anschluß an solche und ähnliche Feststellungen fordern linksorientierte Kreise und Systemveränderer die Abschaffung der Marktwirtschaft. In Wirklichkeit ist aber das Gegenteil angezeigt, nämlich eine Verbesserung der marktwirtschaftlichen Rahmenbedingungen, und zwar auch für die Werbung. Letztlich ist es nur so möglich, eine allfällige Ausbeutung von Konsumenten durch Produzenten erfolgreich zu bekämpfen. Vorrangiges Ziel ist die Stärkung des Wettbewerbs, was leistungsgerechte Preise und eine für die Konsumenten verbesserte Güterversorgung zur Folge hat. Im weiteren sind schädliche Auswirkungen, d. h. soziale Kosten einzelner Erzeugnisse ihren Verursachern, also den Produzenten, anzulasten. Dann orientiert sich die Produktions- und Preispolitik an den volkswirtschaftlichen Kosten und wird wohlfahrtsgerecht gestaltet. *Die volle Internalisierung externer Kosten ist nichts anderes als eine Privatisierungsmaßnahme zur Stärkung der Marktwirtschaft.*

Die Marktwirtschaft kennt grundsätzlich sowohl eine Konsumenten- als auch eine Produzentenfreiheit. Im Rahmen der geltenden Gesetze entscheiden die Produzenten frei, was sie wo, wann und wie herstellen und welche Produktionsfaktoren sie dazu verwenden wollen. Im marktwirtschaftlichen Idealfall setzen sie die Ressourcen so ein, daß die größtmögliche soziale Wohlfahrt verwirklicht wird. Abweichungen von diesem Optimum bedeuten Nutzeneinbußen oder Verluste oder, noch konkreter, eine Verschwendung von Produktivkräften: Die Erzeugungsfreiheit wird in der Regel entsprechend den tatsächlichen Absatzmöglichkeiten genutzt. Das Handeln der Unternehmen wird letztlich durch den Markt gerechtfertigt bzw. sanktioniert. Indessen ist das privatwirtschaftlich bestimmte Gewinnstreben – wie schon betont – marktwirtschaftlich zu korrigieren: Einerseits sind externe Kosten den Verursachern anzulasten, andererseits müssen externe Erträge mit Subventionen abgegolten werden. Erst dann sind die zusätzlich zum Wettbewerb entscheidenden marktwirtschaftlichen Rahmenbedingungen erfüllt. Der Staat hat dafür zu sorgen, daß die marktwirtschaftlichen Kräfte sich systemgerecht entfalten können.

Es ist durchaus verständlich, daß Produzenten vorrangig über Ressourcen im Hinblick auf mögliche Gewinne und auf den Nutzen für die Konsumenten verfügen. In der Regel ist die Zusammensetzung der gesamtwirtschaftlichen Erzeugung daher eher produzentenorientiert und auch mit bedeutenden sozialen Kosten verbunden. Ein typisches Beispiel ist die Automobilindustrie: Da der Autofahrer die hohen sozialen Kosten des Individualverkehrs nur teilweise trägt, ist das Autofahren zu billig und entsprechend die Nachfrage nach Autos zu hoch, wodurch diese Industrie überdimensioniert ist und Volkswirtschaften wie die der USA oder der Bundesrepublik Deutschland in ihre Abhängigkeit gebracht hat. Zu erwähnen ist aber auch die chemische Industrie, die nicht nur dringlich benötigte Erzeugnisse herstellt und sich lange kaum um die von ihr verursachten Umweltschäden gekümmert hat. Man darf ferner auch die Fehlinvestitionen der Privatwirtschaft, die auf Prestigedenken, persönlichem Machtstreben und Entscheidungen aufgrund einer verfehlten Einschätzung der Zukunft beruhen, nicht vergessen. In gesamtwirtschaftlich bedeutenden Branchen ist dies von so großer Tragweite, daß sie vielfach wegen beschäftigungspolitischen Zwängen gesellschaftlich sanktioniert werden und den geschilderten Teufelskreis von Subventionen, Staatsbeteiligungen und Verstaatlichungen verursachen können. In solchen Fällen muß die Gesellschaft die Fehlleistungen der Produzentenfreiheit mittragen, ohne an den Entscheidungen beteiligt zu sein. Hier zeigt es sich erneut, welche strategische Bedeutung richtigen marktwirtschaftlichen Rahmenbedingungen zukommt. *Die Produzenten leisten nicht selten hartnäckigsten Widerstand, wenn der Staat sich im öffentlichen Interesse bemüht, die Marktwirtschaft zu stärken.*

Im Zeitalter des Massenkonsums, das vom Drang nach wachsenden Umsätzen und Marktanteilen geprägt ist, haben die Produzenten die Lebensdauer der Erzeugnisse systematisch gesenkt. Diese verkürzten Erneuerungszyklen erinnern an den saisonalen Wechsel der Mode. Ohne jegliche Rücksicht auf knappe Ressourcen zu nehmen, griff die Wirf-es-weg-Produktion, von den USA herkommend, auf die europäischen Industrieländer über. Sie ist nicht nur mit einer großen Verschwendung von Arbeitskräften und Rohstoffen, sondern auch mit einem lästigen Konsumanreiz und einem davon ausgehenden Erwerbszwang verbunden. Derartige Erscheinungen wären weitgehend vermeidbar und würden es erlauben, die Lebensbedingungen angenehmer zu gestalten. Je länger je mehr sollte man sich fragen, ob es noch zu verantworten ist, daß die Automobilkonzerne jährlich neue Modelle herausbringen, welche die letztjährigen Autos veraltet oder unmodern erscheinen lassen und ihren Verkauf nicht nur nahelegen, sondern auch bewirken, obwohl dies weder ökonomisch noch technisch angezeigt ist. Den Modellwechsel hat die Automobilbranche offenbar von der Haute Couture übernommen, die ihre Veränderungen so ausgeprägt gestaltet, daß die alten Bestände weggeworfen werden. Einem ähnlichen Rhythmus unterliegen auch andere dauerhafte Konsumgüter wie Haushaltsmaschinen, Möbel, Kameras oder die elektronische Unterhaltung. Je mehr sich solche Trends durchsetzen, desto rascher werden die Märkte mit verbilligten Erzeugnissen überschwemmt, die eine raschere Erneuerung erfordern und dem Gebot der Wirtschaftlichkeit widersprechen.

Die Industriegesellschaft strebt auf den Erschöpfungszustand der nicht-regenerierbaren Ressourcen zu und schafft so schwerwiegende Zukunftsprobleme. Insbesondere in den Preisen der

Massenprodukte der Konsumgesellschaft spiegeln sich die häufigen Knappheitsverhältnisse – wenn überhaupt – nur sehr beschränkt wider. In dem Maße, wie sie nicht in die Kaufentscheide der Verbraucher eingehen, erfolgen zukunftsgerechte Reaktionen in Konsumwahl und Produktion nur stark verzögert oder gar zu spät. In extremen Versorgungssituationen wird der Staat dazu aufgerufen, unerwünschte Auswirkungen der Produzentenfreiheit zu kompensieren, abzubauen oder gar zu beseitigen. Dazu sind namhafte Mittel erforderlich, die für andere Zwecke fehlen und einen unmittelbaren (Konsum-)Verzicht breiter Bevölkerungskreise erzwingen. Setzt der Staat nicht marktkonforme Rahmenbedingungen, so bezahlen die Konsumenten letztlich die Zeche für Fehlleistungen dieser Produzentenfreiheit.

Die Massen-Konsumgesellschaft forciert den Absatz von Gütern des nicht-lebensnotwendigen Bedarfs nach allen Regeln der Kunst. *Wir alle arbeiten inzwischen für Konsumgüter und Dienstleistungen, die unseren Lebensstandard nur noch unwesentlich oder überhaupt nicht mehr verbessern.* Empirische Untersuchungen zeigen nämlich, daß die Lebensqualität in den hochentwickelten Industrieländern in den sechziger Jahren nicht mehr zugenommen hat und in den siebziger Jahren sogar gesunken ist. Zwar prahlen wir weiterhin mit einem wachsenden Angebot an Gütern und Diensten, indessen ist dieses Wachstum mit Umweltschäden und anderen sozialen Kosten verbunden, zu deren Milderung und Beseitigung progressiv wachsende Aufwendungen erforderlich sind. Dafür müssen wir vermehrt arbeiten und laufen – je länger je mehr – Gefahr, den Lebensstandard nur noch mit wachsenden Opfern aufrechterhalten zu können. Die Industriegesellschaft ist in bezug auf ihre Produktion an einem (Wende-)Punkt angelangt: »Weniger wäre mehr«, d. h. erhöhte Rücksichtnahme auf Energie, Rohstoffe und soziale Kosten würde sich immer mehr lohnen.

Produzenten beuten die Konsumenten auch im Rahmen der Politik der Strukturerhaltung aus. Die Versorgungssicherheit eines Landes mit Nahrungsmittel, Rohstoffen und Energieträgern erfordert die Förderung bestimmter Betriebs- und Branchenstrukturen zur Gewährleistung einer inländischen Mindestproduktion. Damit sind in der Regel umfassende Einkommensgarantien verbunden. Die Industrieländer sichern ihrer Landwirtschaft Einkommen zu, die sich nach denjenigen der Industrie richten, was als Paritätsanspruch bekannt ist.

Die Strukturerhaltungspolitik zielt auf die Vermeidung oder Beseitigung von Engpässen in lebenswichtigen Versorgungsbereichen ab. Dazu übernimmt der Staat selbst oder mit Hilfe privater und öffentlicher Organisationen die Produktion zu (voll) kostendeckenden Preisen und setzt sie zu Marktpreisen ab. Decken diese die Produktionskosten nicht, so erfolgt der gesetzlich verankerte Einkommensausgleich über Subventionen bzw. Einkommenstransfers an die ausgleichsberechtigten Unternehmen und Branchen. Erfahrungsgemäß befreien Einkommensgarantien die Produzenten vom Druck der Leistungssteigerung, während die Konsumenten meist höhere Preise bezahlen als im Falle einer Versorgung nach den Spielregeln der freien Konkurrenz; sie werden entsprechend von den Produzenten ausgebeutet.

Zur Vermeidung oder Beseitigung von Versorgungsengpässen arbeitet der Staat mit Erhaltungssubventionen und Steuervergünstigungen, wie verminderte Steuersätze, Steuerbefreiungen und Sofortabschreibungen. Eine solche Politik hat erfahrungsgemäß zur Folge, daß einzelne Unternehmen, ja sogar ganze Branchen die gesamtwirtschaftlichen Strukturwandlungen aufhalten. Damit bindet sie Arbeitskräfte und Kapital, die anderswo einen höheren Ertrag abwerfen würden. Nicht anders zu beurteilen sind im weiteren Maßnahmen zur Erhaltung kleiner Betriebsgrößen, die mit überdurchschnittlichen Kosten produzieren und die Erzeugnisse unnötig verteuern. Diese Politik erfolgt unter Vernachlässigung der Wirtschaftlichkeit und bei bewußtem Verzicht auf die offensichtlichen Vorteile durchrationalisierter mittlerer und größerer Betriebe.

Erhaltungssubventionen bewirken meist eine Angleichung, Stabilisierung oder Verbesserung von Produzenteneinkommen, nicht aber eine effizientere Versorgung. *Es ist hinreichend bekannt, daß mächtige Interessengruppen über Subventionen, Wettbewerbsbeschränkungen, staatlich kontrollierte Preise und Einfuhrkontingente bedeutende Einkommensvorteile erreichen können.* Nicht nur deshalb ist es unbedingt erforderlich, die Subventionen auf ihre Zielkonformität und -wirksamkeit hin zu überprüfen und die nötige Konsequenzen zu ziehen. Indessen ist die jahrzehntelange Erfahrung ernüchternd: So ist es schwierig oder gar unmöglich, einmal eingeführte Subventionen abzubauen oder abzuschaffen, da die Solidarität der Subventionsempfänger außergewöhnlich stark ist. Interessenvertreter stimmen deshalb nicht für die Verminderung oder Abschaffung von Subventionen anderer Gruppen, weil sie befürchten, daß dann ihre eigenen Subventionen angetastet oder gestrichen werden. Die Subventionsempfänger betrachten ihre Vergünstigungen rasch als Dauerleistung und sind – je länger je weniger – bereit, die von ihnen erwarteten oder erwünschten Verhaltensänderungen zu verwirklichen. So vermag es nicht zu erstaunen, daß Subventionen sich als stumpfe Waffe zur Vermeidung oder Beseitigung von Überversorgungen erwiesen haben. Ihre volkswirtschaftlichen Nachteile belasten die Konsumenten, die mehr bezahlen und weniger erhalten.

Die Strukturerhaltungspolitik wird auch von Arbeitnehmern und Gewerkschaften begrüßt. Die Arbeitnehmer erhoffen von ihr sowohl die Möglichkeit zur lebenslänglichen Ausübung ihres Berufes als auch die permanente Beschäftigung am gleichen Arbeitsplatz und Wohnort. Eine derartige Zementierung der Wirtschaftsstruktur verhindert den wachstumsnotwendigen und -erforderlichen Strukturwandel. Strukturkrisen werden nicht behoben, sondern erhalten und verschärft, so daß gravierende volkswirtschaftliche Verluste nicht ausbleiben können. Es werden Produktionskapazitäten aufrechterhalten, die selbst versorgungspolitisch nicht mehr zu rechtfertigen sind. Um diese abzubauen, werden Stillegungssubventionen gewährt, nachdem solche Kapazitäten mit Subventionen aufgebaut und erhalten wurden. So entsteht ein Teufelskreis von Subventionen an Produzenten, die mit der Versorgungssicherheit letztlich wenig zu tun haben und sich vor allem als handfeste Einkommensverbesserungen ohne entsprechende Gegenleistung zugunsten von Unternehmen und Branchen entpuppen.

Die Versorgungssicherheit hat sich schon öfters als eine protektionistische Falle erwiesen: Leistungsschwache und bedrohte Wirtschaftszweige fordern leichtfertig staatlichen Schutz gegen die ausländische Konkurrenz. Sie behaupten dabei, die Erhaltung ihrer Produktionskapazitäten liege im nationalen Interesse, und es gelingt ihnen nicht selten, den Eindruck zu erwecken, sie seien unschuldige Opfer internationaler Entwicklungen. Von da aus ist es nicht mehr weit bis zum totalen Angriff auf den Freihandel, den sie mit dem Argument der Erhaltung der Funktionsfähigkeit der Binnenwirtschaft für Zeiten erschwerter Zufuhr aus dem Auslande einschränken oder gar ausschalten wollen. Spielen auch noch sicherheitspolitische Faktoren eine Rolle, so ist es nicht mehr schwierig, protektionistische Maßnahmen durchzusetzen. Indessen ist die nationale Sicherheit nur ein Vorwand, hinter dem sich feste Gewinn- und Einkommensziele verstecken. Dies wird aber insbesondere von Unternehmern, Managern und Branchen nicht zugegeben, denen es schwerfällt einzugestehen, daß sie wegen eigener Versäumnisse nicht (mehr) konkurrenzfähig sind. Je intensiver Schutzmaßnahmen ergriffen werden, desto mehr wird die Mißwirtschaft begünstigt, die wachsende Verluste und eine weiter sinkende Konkurrenzfähigkeit zur Folge hat. Je mehr sich solche Trends durchsetzen, desto schwieriger ist es für den Staat sich zurückzuziehen. Dieser kann sich gezwungen sehen, sich an nicht-konkurrenzfähigen Unternehmen zu beteiligen, um so angeblich das öffentliche Interesse wahrzunehmen. Eine solche Politik der Strukturerhaltung ist äußerst kostspielig und muß letztlich von breiten Bevölkerungskreisen getragen werden, was sie entsprechend ausbeutet.

Als Paradebeispiel der Ausbeutung von Konsumenten durch Produzenten gilt die Agrarpolitik der hochindustrialisierten Länder, die sich durch eine Überproduktion an landwirtschaftlichen Erzeugnissen auszeichnet. Milchschwemme, Butterberge und zuviel Fleisch kennzeichnen die »moderne« Landwirtschaftspolitik, die sich in eine Reihe von Widersprüchen wie folgt verwikkelt hat:

Die Überschüsse stammen von einem Subventionssystem, das sich an den produzierten Mengen orientiert: Je mehr ein Landwirt erzeugt, desto intensiver profitiert er vom Subventionssegen. Indessen erlauben Sättigungserscheinungen im Nahrungsmittelkonsum kaum noch, zusätzliche Agrarerzeugnisse abzusetzen. Solange der Staat den Landwirten kostendeckende Preise sowie eine Abnahme- und Absatzgarantie unabhängig von der Nachfrage gewährt, wird die Landwirtschaft nicht veranlaßt, ihre Erzeugung zu drosseln oder gar einzuschränken. Im Gegenteil: Sie produziert immer mehr und setzt dazu zunehmend Kunstdünger und Schädlingsbekämpfungsmittel ein. Daraus konnte nur ein Überschuß an Agrarerzeugnissen resultieren, der zur Vermeidung einer Nahrungsmittelvernichtung dennoch abgesetzt werden muß. Zur Absatzförderung werden Verwertungssubventionen eingesetzt, welche die Preise senken und den Verbrauch fördern. Je erfolgreicher diese Subventionspolitik ist, desto eher ist ein zusätzlicher Absatz an Agrarprodukten möglich. Dies regt die Erzeugung an und löst erneut produktionsbedingte Subventionen in Milliardenhöhe aus, welche die Konsumenten belasten.

Infolge inländischer Absatzschwierigkeiten versuchen Überschußländer ihre Agrarerzeugnisse im Ausland abzusetzen. Nicht selten werden die Exporte durch Verwertungssubventionen gesenkt, um konkurrenzfähig zu sein. Dazu sind Steuergelder erforderlich, die in der Regel weitgehend von den Konsumenten getragen werden und sie ausbeuten.

Beliebt sind auch Einfuhrbeschränkungen, die der heimischen Produktion gegen die (leistungsfähigere) Auslandskonkurrenz einen zusätzlichen Schutz gewähren. Nicht selten kommt es auch zu Einfuhrverboten, welche die Auswahl und die Qualität der Nahrungsmittel zum Nachteil der Konsumenten vermindern. Die Verbraucher sehen sich im Interesse der Landwirtschaft gezwungen, inländische und daher meist teurere Nahrungsmittel zu konsumieren.

Mehr als bedenklich ist die Verschwendung von Arbeit und Kapital bei der Herstellung von Nahrungsmitteln, die keinem echten Bedarf entsprechen und deshalb überflüssig sind. Dies beeinträchtigt die Produktion dringend benötigter Erzeugnisse und vermindert den Wohlstand. Die Intensivierung der landwirtschaftlichen Erzeugung mit Kunstdünger und Schädlingsbekämpfungsmitteln hat eine wachsende Umweltbelastung zur Folge. Diese ist um so bedenklicher, als die Gefahr einer irreparablen Störung des ökologischen Gleichgewichtes besteht.

Internationale empirische Untersuchungen ergeben, daß die Kosten der Erhaltung und Förderung der Landwirtschaft asoziale Auswirkungen haben: Die kleinen und mittleren Landwirte profitieren weit weniger von produktionsabhängigen Subventionen als die Großbetriebe. Je höher das landwirtschaftliche Einkommen, desto größer ist der Anteil der Subventionen, was die Einkommensverteilung ungleichmäßiger gestaltet. Opfer der verfehlten Agrarpolitik sind letztlich die Konsumenten und demnach vorrangig die breiten Einkommensschichten. Finanziert werden die Subventionen schwergewichtig mit Konsum- und Einkommensteuern, welche auch unterdurchschnittliche Einkommen belasten. Aufgrund der Überwälzung dieser Abgaben auf die Konsumgüterpreise werden die unteren und breiten Einkommensbezieher zu Steuerträgern. Da sie einen größeren Teil ihres verfügbaren Einkommens für Konsumausgaben verwenden als mittlere und hohe Einkommensschichten, werden sie überproportional belastet.

Die Ausbeutung der Konsumenten durch die Produzenten erfolgt in vielfältiger Art und Weise: Vorerst opfern sie bedeutende Einkommensbestandteile für die Finanzierung von produktionsabhängigen Subventionen. Sodann werden sie zwecks Verbilligung von Nahrungsmittelpreisen zur Kasse gebeten. Anschließend werden sie von der landwirtschaftlichen Überproduktion benachteiligt, weil diese Einschränkungen in anderen Branchen erzwingt: Die Konsumenten werden nicht nur schlechter und teurer versorgt, sie kommen auch für die finanziellen Aufwendungen einer verfehlten Agrarpolitik auf. Dies geschieht im wesentlichen deshalb, weil wir der Landwirtschaft offenbar nicht zumuten können, ihre Überproduktion abzubauen und vermehrt auf die berechtigten Interessen der Konsumenten Rücksicht zu nehmen. Die landwirtschaftlichen Interessenvertreter weigern sich auch versorgungspolitische Ziele anzuerkennen, die von ihnen Umstellungen und Verzichte verlangen. Solange sie sich im Hinblick auf eine bedarfsgerechte Versorgung mit Nahrungsmitteln nicht kooperativer zeigen, werden sie sich den Vorwurf gefallen lassen müssen, sie beuten die Konsumenten aus. Es ist abzusehen, daß die Ausbeutung der Konsumenten sich künftig noch verschärfen oder gar gesellschaftspolitisch unerträgliche Dimensionen annehmen wird. *Wir sind bereits soweit, daß subventionierte Nahrungsmittel in großem Stile verfüttert und zu Schleuderpreisen exportiert werden.* In der Landwirtschaft sind geschlossene Produktionskreise entstanden, die sich völlig unabhängig von den Konsumenten am Leben erhalten, jedoch weiterhin von ihnen finanziert werden. Darüber hinaus gewinnt die Vernichtung von Nahrungsmitteln langsam aber sicher an

Bedeutung, was ebenfalls öffentliche Finanzmittel verschlingt. Es ist daher offensichtlich, daß die Ausbeutung der Konsumenten durch eine verfehlte Agrarpolitik die Grenze zum Skandalösen überschritten hat.

Ausbeutung der Eigentümer

Auf welche Art und Weise Kapital durch Arbeitnehmer, Gewerkschaften und durch eine sozialorientierte Gesetzgebung ausgebeutet wird, haben wir bereits erfahren. Im Vordergrund stand dabei der Sozialstaat, der letztlich auf eine Belastung von Eigentümern und Beziehern hoher Einkommen angelegt ist. Es kommt hinzu, daß diese soziale Schichten im Laufe der letzten Jahrzehnte u. a. durch unzureichende Pachten, unbefriedigende Mieten, hohe Steuern auf Einkommen und Vermögen, aber auch aufgrund der Überwälzung mannigfaltigster Lasten wie beispielsweise des Umweltschutzes oder gesundheitspolizeilicher Maßnahmen sowie durch den Lohnkostendruck und staatlich vorgeschriebene Preise geschädigt wurden. Diese und weitere erfolgreiche Ausbeutungsversuche haben insbesondere die Eigentümer in einem Ausmaß geschröpft, daß ihre Investitions- und Risikobereitschaft in manchen Industrieländern nachhaltig geschwächt wurde.

Eigentümer von Grund und Boden, welche diesen nicht selbst bewirtschaften und verpachten, erzielen inzwischen äußerst bescheidene Erträge. Diese unerfreuliche Entwicklung geht im wesentlichen auf die geringe Ertragskraft landwirtschaftlicher Betriebe zurück, die auch noch starke jährliche Schwankungen aufweist. Landwirte, die keinen eigenen Hof besitzen, gelten als benachteiligt. Sie können nicht die Pachten bezahlen, die sich mit den Erträgen anderer Anlagen, wie z. B. Staatsanleihen, messen können. Dies trifft auch für jene Länder zu, die der Landwirtschaft Einkommen, wie sie in der Industrie erzielt werden, zusichern. Überfordern Eigentümer die Pächter finanziell, so müssen letztere ihren Beruf nicht selten aufgeben. Daraus können folgerichtig nur Pachten resultieren, die für Kapitalanlagen uninteressant sind.

Die Landwirtschaft sieht sich mit einer zunehmenden Intensität staatlicher Vorschriften zum Schutze der Pächter konfrontiert. Daraus resultiert ein Übergewicht der Pächter gegenüber Eigentümern. Ähnlich wie in anderen Bereichen schreitet hier die sozialorientierte Einschränkung der Verfügungsfreiheit der

Eigentümer munter voran. Derweil leiden landwirtschaftliche Betriebe sowohl unter hohen und wachsenden Unterhaltskosten als auch unter einem permanenten Bedarf an Ersatzinvestitionen. Die landwirtschaftliche Erzeugung nimmt zunehmend industriellen Charakter an, was sie kapitalintensiver macht und der Verpachtung Schwierigkeiten bereitet. Gleichzeitig werden davon unabhängig Vermögensteuern fällig, während die bescheidenen Erträge zusammen mit anderen Einkünften eine hohe Belastung durch die progressive Einkommensteuer erfahren. Was nach der Bezahlung aller Steuern an Erträgen übrig bleibt, ermöglicht im wesentlichen nur noch reichen Personen, Eigentümer landwirtschaftlicher Betriebe zu sein. Die Abdeckung nicht selten auftretender Verluste setzt nämlich große Einkommen aus anderen Quellen und die Verfügbarkeit über entsprechende Vermögen außerhalb der Landwirtschaft voraus.

Keineswegs rosiger sind die Verhältnisse im heutigen Mietwesen. *Die Vermietung von Wohnungen gehört längstens nicht mehr zu den interessanten Geschäften.* In verschiedenen Ländern wird eine Eigennutzung berechnet, die als Bestandteil des steuerbaren Einkommens eine erhebliche Belastung durch die Einkommensteuer auslöst. Die Eigentümer von Wohnungen und Einfamilienhäusern bezahlen dafür Einkommensteuern, daß sie vom diesem Eigentum selbst Gebrauch machen.

Indessen wäre es unehrlich zu verschweigen, daß das Mietwesen nicht frei von Mißbräuchen ist. Dabei ist die Position der Mieter um so schwächer, je knapper das Wohnungsangebot ist. Es ist aber nicht zu übersehen, daß ein feingewobenes Netz von Gesetzen und Verordnungen Vermieter und Eigentümer derart stark sozial verpflichtet, daß sie ohne weiteres ausgebeutet werden können. Der Kündigungsschutz läuft nicht selten auf ein lebenslängliches Wohnrecht hinaus. Im Extremfall nehmen alte Leute als Wohnungsmieter jüngere Familienmitglieder in ihre Mietwohnung auf, damit diese nach ihrem Tod als rechtmäßige Mieter anerkannt werden. In diesem Fall liegt ein vererbliches Wohnrecht vor, das den Erwerb von Wohnungen weitgehend überflüssig macht. Da der Eigentümer den Nachweis des Selbstbedarfs eher selten zu erbringen vermag, stellt eine rechtswirksame Kündigung wohl die Ausnahme dar. Inzwischen ist auch die Nichtbezahlung vertraglich vereinbarter Mieten kein ausreichender Kündigungsanlaß. Eine rechtskräftige Kündigung ist in der Regel nur möglich, wenn die betroffenen Mieter ihnen zusagende Wohnungen gefunden haben. Somit ist es leicht, die Wohnungssuche so zu verschleppen, daß den Eigentümern die Lust vergeht, sich länger bei ihren unerwünschten Mietern um eine Räumung zu bemühen. Kommt es trotzdem zur Freigabe einer Wohnung, so befindet sich diese meist in einem Zustand, der erhebliche Neuerungskosten notwendig macht. Je unangenehmer Mieter sind und je geringer ihre Einkommen dem Eigentümer erscheinen, desto eher wird er auf die Bezahlung von Schadenersatz verzichten. Der Eigentümer wird letztlich froh sein, derartige Mieter los geworden zu sein.

Immobilien erfordern laufende Erneuerungen und sind infolgedessen mit bedeutenden Unterhaltskosten verbunden. Mieterschutz und Mietzinskontrollen erschweren die Überwälzung solcher Ausgaben auf die Mieter entscheidend. Die Industrieländer praktizieren eine ausgefeilte Mietzinsüberwachung, die ein wesentliches Element unserer eigentümerfeindlichen Sozial- und Gesellschaftspolitik ist. So werden Höchstmieten je Wohnungseinheit festgesetzt, damit die Mietausgaben einen bestimmten Prozentsatz des verfügbaren Einkommens nicht überschreiten. Mietzinserhöhungen sind im allgemeinen bewilligungspflichtig und ohne den Nachweis wertsteigernder Aufwendungen und von Zinserhöhungen kaum möglich. Diese Bewilligungspraxis macht es schwierig oder gar unmöglich, selbst Unterhaltskosten auf die Mieter zu überwälzen. So schmälern diese Lasten einen finanziellen Ertrag, der ohnehin die Renditen anderer Kapitalanlagen erheblich unterschreitet. Es kommt hinzu, daß es keine Vermietungsgarantie und infolgedessen auch keine gesicherten Minimalerträge gibt. Dies ist im Hinblick darauf zu betonen, daß Einkommensausfälle von Arbeitnehmern durch die Arbeitslosenversicherung kompensiert werden. Während das Mietereinkommen auf jeden Fall abgesichert ist, müssen die Immobilieneigentümer für Ausfälle allein aufkommen.

Mietzinskontrollen erfolgen weitgehend unabhängig von der Lage am Wohnungsmarkt. Da der Mieterschutz die marktwirtschaftlichen Spielregeln mißachtet, darf es nicht überraschen, daß nicht mehr Wohnungen in der erwünschten Menge, Größe und Qualität gebaut und vermietet werden. Gegen die angeblichen und tatsächlichen Auswüchse des Mieterschutzes kämpft der Staat seit Jahrzehnten mit bedeutenden Subventionen: Er gewährt großzügig zinsgünstige Darlehen sowie Zuschüsse zur Förderung des Wohnungsbaus. Vorrangiges Ziel ist dabei die Verbilligung der Mieten zugunsten der unteren Einkommensschichten. Dies wird mit Steuern finanziert, so daß die Subventionsempfänger die Steuerzahler ausbeuten.

Der Mieterschutz hat im weiteren marktwirtschaftlich verwerfliche Auswirkungen auf den Kapitalmarkt. Die Zinsen für Wohnbaukredite sind nämlich weitgehend verpolitisiert: Solange den breiten Einkommensschichten keine Mietzinserhöhungen zugemutet werden dürfen, kommen die Marktkräfte auf dem Wohnungsmarkt nicht voll zum Zuge. Im Wirtschaftsaufschwung werden marktgerechte Zinserhöhungen zunächst verhindert und in einer konjunkturellen Spätphase nur stark abgeschwächt zugelassen. In diesem Fall können die Zinsen die privaten Investitionen und den Konjunkturverlauf nicht wirksam beeinflussen. Dies fördert in der Hochkonjunktur die Geldentwertung. Werden die Mieten dem Index der Lebenshaltungskosten angepaßt, so erfolgen Mieterhöhungen automatisch. Gibt der Staat dazu allerdings kein grünes Licht, so werden die Eigentümer erneut durch höhere Zinslasten und stagnierende Mieteinnahmen ausgebeutet.

Sowohl im Konjunkturabschwung als auch in der Rezession fördert der Staat Zinssenkungen über die Marktkräfte hinaus, was die Mieter begünstigt. Je tiefer die Zinsen bei der Überschreitung der konjunkturellen Talsohle liegen, desto rascher steigen sie beim freien Spiel von Angebot und Nachfrage. Indessen rufen steigende Zinsen und Mieten die Mieterverbände und ihre politischen Interessenvertreter auf den Plan. Die interventionistische Manipulierung von Zinsen benachteiligt auf Dauer den Wohnungsbau und zieht weitere Staatseingriffe nach sich. In dem Maße, wie die Eigentümer nicht wunschgemäß sich von Immobilien trennen können, bleiben sie Gefangene jener sozialorientierten Gesetzgebung, die sie über unzumutbare Mietverträge und -erträge ausbeutet. Die Entwicklung verläuft so, daß letztlich nur noch Genossenschaften oder öffentliche Wohnbaugesellschaften Wohnungen bauen und vermieten. Die Bürokratie wird sich dann erneut einen wichtigen Bereich unserer hochentwickelten Volkswirtschaften einverleibt haben. Ist es einmal soweit, so werden Wohnungen nach Parteizugehörigkeit und politischen Beziehungen zugeteilt und der Mißwirtschaft und Korruption ist Tür und Tor geöffnet.

Für die Öffentlichkeit unbemerkt schreitet die Entwertung von Liegenschaften durch Maßnahmen privater und öffentlicher Entscheidungsträger voran. Die dabei auftretenden externen oder sozialen Kosten wären an sich ihren Verursachern anzulasten. Liegen Immobilien beispielsweise im Einflußbereich von Flughäfen, Autobahnen oder verkehrsreichen Straßen, so erleiden die Eigentümer meist empfindliche Verluste, die von niemandem ausgeglichen werden. Im Extremfall werden solche Immobilien von Mietern und Käufern gemieden oder lediglich zu Schleuderpreisen gemietet bzw. gekauft. Nicht häufiger beeinträchtigen Emissionen industrieller und gewerblicher Betriebe die Umwelt- und Wohnqualität. Direkte Folgen sind Veränderungen der sozialen Struktur von Wohn- und Geschäftsquartieren. Diese senken das Einkommensniveau und lassen auf Dauer Armenviertel entstehen, wie man sie von den amerikanischen Großstädten her kennt. Erfahrungsgemäß dürfen die geschädigten Eigentümer keine Staatshilfen erwarten und tragen die von andern verursachten Kosten in ihrem ganzen Umfang selbst. Dies kann so weit gehen, daß Vermögen ganz verloren und Eigentümer finanziell ruiniert werden.

Doch damit nicht genug: Die Eigentümer müssen weitere vom Gesetzgeber aufgebürdete Kosten tragen. Die gesundheitspolizeilichen Vorschriften mögen zwar zu Recht verschärft werden, es ist aber bedenklich, die Mehrkosten ausschließlich den Eigentümern aufzubürden. In dem Maße, wie diese nicht mit Subventionen an Eigentümer ausgeglichen oder Mieterhöhungen zugelassen werden, entsteht eine zusätzliche Ausbeutung. Weitere aktuelle Beispiele sind die Denkmalpflege und Stadterneuerungsprogramme mit ihren einschneidenden Auflagen zu Lasten der Eigentümer. Je schwerer diese wiegen, desto wahrscheinlicher ist es, daß im privaten Wohnungsbau nur noch reiche Bauherren, Banken oder Versicherungen – wenn überhaupt – investieren und für die Gemeinschaft hohe Kosten übernehmen. Infolgedessen sollten Mieter, Mieterorganisationen und Linksparteien sich nicht weiter darüber beklagen, der Immobilienbesitz konzentriere sich auf immer weniger Personen. Setzen sich die aktuellen Trends fort, so kann sich jeder glücklich schätzen, der keine Immobilien zu vermieten hat. Es ist gleichzeitig aber auch illusorisch, eine Politik der breiten Streuung von Eigentum zu verlangen.

Die Eigentümer leiden – je länger je mehr – an den finanziellen Folgen eines ausgeklügelten Systems von Vermögen- und Einkommensteuern; können diese Abgaben nicht aus laufenden Erträgen bezahlt werden, so greifen sie die Substanz an, was ohnehin schon durch Vermögensteuern geschieht. Es müssen aber noch weitere öffentliche Abgaben berücksichtigt werden: Die viel diskutierte und umstrittene Gewerbesteuer ist in enger Verbindung mit der persönlichen Einkommensteuer zu beurteilen, da sie zusammen mit anderen Abgaben exorbitante Belastungen ergibt, so daß die Gewerbetreibenden schwergewichtig für den Fiskus arbeiten.

Unerfreulich ist die Situation auch bei der Gewinn- oder Körperschaftsteuer, wenn die schon beim Unternehmen belasteten Gewinne bei der Ausschüttung zusätzlich durch die Einkommensteuer dezimiert werden. Die jahrzehntelangen Bestrebungen zur Beseitigung der Doppelbesteuerung haben bis jetzt noch nicht in allen Ländern zu dem gewünschten Erfolg geführt. Prohibitiv und infolgedessen volkswirtschaftlich schädlich, ist vor allem die Progression der Einkommensteuer. Ihre Höchstsätze haben längstens die 50-Prozent-Schwelle überschritten und nähern sich in linksregierten Ländern der 100-Prozent-Marke. Dies verdanken wir der sozialistischen Politik der »Gleichmacherei«, der »Armut für alle« lieber als »Wohlstand für alle« ist, solange in den hochentwickelten Wohlfahrtsstaaten noch »Reiche« leben.

Eine interessante Angelegenheit ist die Besteuerung der sogenannten Eigenmiete: Zwar entspricht dies dem Leistungsfähigkeitsprinzip, doch ist die Eigentumsfeindlichkeit nicht zu übersehen. Wohnt jemand in den eigenen vier Wänden und verfügt er nicht über ein ausreichendes Einkommen zur Bezahlung der Einkommen-, Liegenschaft- und Vermögensteuern, so muß er auf sein Vermögen zurückgreifen. Dies ist besonders für Rentner ärgerlich, die lebenslang für ein Eigenheim gespart haben, um im Alter billig zu wohnen. Für bedeutende Bevölkerungskreise sind Altersrenten die einzige Einkommensquelle, weshalb die öffentlichen Abgaben sie finanziell durchweg überfordern. Die Besteuerung der Eigenmiete ist auch letztlich deshalb so asozial, weil sie die unteren Einkommensschichten entschieden stärker trifft als die höheren Einkommen.

Vermögensteuern werden nach dem Slogan »die Reichen sollen zahlen« erhoben, sie beuten aber auch kleine Vermögen aus. Die Vermögensteuer schont selbst ertraglose Vermögen nicht und ist auf die Auszehrung der Vermögenssubstanz angelegt. Linkspolitiker prangern Millionäre an, die keine Einkommensteuern bezahlen und übersehen allzu gerne, daß Vermögensmillionäre durchaus keine Einkommen beziehen und auch Verluste erleiden (können). In dem Maße wie Kapitalverluste nicht von der Steuer abgesetzt werden dürfen, zahlt jemand auch dann Einkommensteuern, wenn er zwar Einkommen, z. B. als Selbständiger, erzielt, aber gleichzeitig noch größere Kapitalverluste macht. Liegenschaftsteuern belasten Vermögen bekanntlich unabhängig von ihren Erträgen und nehmen auf die persönliche Leistungsfähigkeit überhaupt keine Rücksicht. Ferner werden auch Vermögenszuwächse, wie z. B. die Aufwertung von Grund und Boden, öfters erheblich belastet. Dies kann so weit gehen, daß selbst (noch) nicht realisierte Kapitalgewinne der Besteuerung unterworfen werden. Ob ein Vermögenszuwachs oder -verlust vorliegt oder nicht, steht erst beim Verkauf fest. Äußerst problematisch ist schließlich die Bewertung von Vermögen, wo der Ermessensspielraum sehr groß ist. Verwerflich sind Neubewertungen mit dem Ziele, die »besitzende Klasse« unabhängig von ihrer steuerlichen Leistungsfähigkeit zur Finanzierung von Staatsausgaben heranzuziehen. Eine solche Politik ist in den hochentwickelten Industrieländern schon lange im Gange. Sie wird auf Dauer das produktive, d. h. in Unternehmen angelegte Vermögen, zum Nachteil aller schmälern oder gar zerstören.

Die Grunderwerb- oder vergleichbare Steuern beim Grundstückskauf halten einer finanzwissenschaftlichen Überprüfung nicht stand. Die Grundbuchkosten werden davon unabhängig bezahlt, womit ein Argument zugunsten der Grunderwerbsteuer entfällt. Der Ertrag der Grunderwerbsteuer wird nämlich nicht zur Deckung von Erschließungskosten verwendet. Zusätzlich zu diesen Zweckentfremdungen vermag es auch nicht zu überzeugen, wenn diese Abgabe mit der besonderen Leistungsfähigkeit von Personen gerechtfertigt wird, die Grund und Boden erwerben. Es handelt sich dabei lediglich um einen Wechsel in den Besitzverhältnissen, der über die Einkommen und Vermögen von Käufern und Verkäufern keinen Aufschluß erteilt. Käufe von Grundstücken und Häusern können schließlich auch mit Krediten finanziert werden. In dem Maße, wie die Käufer dazu aber eigene Mittel einsetzen, haben sie darauf schon zumindest Einkommen- und Vermögensteuern bezahlt.

Die Eigentümer können auch im Rahmen von Tarifverhandlungen ausgebeutet werden. Lohnerhöhungen beeinträchtigen die Gewinne; sie verlangen Opfer von den Unternehmen und Aktionären. Erfahrungsgemäß konzentrieren sich die Gewerkschaften auf den Anteil der Löhne und Gehälter am Volkseinkommen, d. h. auf die Lohnquote. Diese bewegt sich in den hochentwickelten Ländern zwischen 60 und 70 Prozent. An ihr messen die Gewerkschaften meist den verteilungspolitischen Erfolg oder Mißerfolg. Sie vergrößert sich, wenn die (Geld-) Löhne rascher als die Arbeitsproduktivität – Produktion je Arbeiter (Arbeitsstunde) – zunehmen. Die Gewerkschaften versuchen Löhne und Gehälter zu erzwingen, welche die Gewinnquote fühlbar senken. Indessen ist diese Lohnpolitik im wesentlichen als gescheitert zu betrachten: Die langjährigen Bemühungen der Gewerkschaften zur Ausbeutung der Unternehmer mit Hilfe einer aggressiven Lohnpolitik haben sich, gemessen an den Veränderungen der Einkommensverteilung, als ernüchternder Fehlschlag erwiesen.

Die Absurdität der gewerkschaftlichen Lohnpolitik äußert sich einmal darin, daß die Lohnquote während wirtschaftlicher Einbrüche steigt und in der Talsohle von Rezessionen oder Depressionen am größten ist; sie ist lediglich ein Reflex des Konjunkturverlaufes: Während die Löhne nicht mehr nach unten flexibel sind bzw. stagnieren oder gar zunehmen, bilden sich die Gewinne rasch zurück. Streben die Gewerkschaften eine größtmögliche Lohnquote an, so müßten sie sich Arbeitslosigkeit wünschen. *Die Lohnquote ist für die einzelnen Arbeitnehmer eine völlig uninteressante Größe.* Entscheidend kann für sie nur die Lohnsumme oder der Kuchen sein, der auf die Arbeiterschaft verteilbar ist. In diesem Falle rücken die Löhne je Arbeiter oder je Arbeitsstunde, d. h. die spezifischen Lohnkosten oder Lohnstückkosten, in den Mittelpunkt des Interesses.

Erzwingen Gewerkschaften über den Produktivitätsfortschritt hinausgehende Lohnerhöhungen, so reagieren die Unternehmen zwecks Erhaltung ihrer Gewinne mit Preiserhöhungen. Erreichen sie dieses Ziel, so sieht die Einkommensverteilung wie vor der Lohn- und Preisrunde aus; sie hat sich nicht verändert. Auf die Preiserhöhungen antworten die Gewerkschaften allerdings mit neuen Lohnforderungen und setzen die Lohn- und Preisspirale wieder in Bewegung. Zwar vermag dies die Einkommensverteilung langfristig kaum zu verändern, ist aber jeweils mit einer Geldentwertung verbunden, die auch sozial unerwünscht ist. Die entsprechenden internationalen empirischen Untersuchungen weisen regelmäßig eine konstante Lohnquote aus, die als Mißerfolg der gewerkschaftlichen Lohnpolitik interpretiert werden kann: Sie ist weitgehend unwirksam und daher überflüssig. Erzwungene Lohnerhöhungen über den Produktivitätsfortschritt hinaus verbessern die Einkommenssituation der Arbeitnehmer nicht. Bei Vollbeschäftigung werden die exzessiven Lohnkosten überwälzt und treffen die Arbeitnehmer als Konsumenten. In Zeiten von Arbeitslosigkeit bewirken sie schwergewichtig die Wegrationalisierung von Arbeitsplätzen.

Da Reallohnverbesserungen über den Produktivitätsfortschritt hinaus nicht erzwungen werden können, sollten die Gewerkschaften daraus sinnvolle Konsequenzen ziehen. In dem Maße nämlich, wie in einzelnen Branchen überdurchschnittliche Lohnsteigerungen durchgesetzt werden, resultieren daraus für die Arbeitnehmer anderer Wirtschaftsbereiche lediglich unterdurchschnittliche Lohnerhöhungen, so daß die Betroffenen von ihren bessergestellten Kollegen ausgebeutet werden. Offensichtlich ist die Binsenwahrheit in Vergessenheit geraten, daß Vorteile für die einen mit Benachteiligung für die anderen verbunden sind. Schließlich wird ein gegebenes Arbeitseinkommen lediglich innerhalb der Gruppe der Arbeitnehmer umverteilt.

Vermag eine aggressive Lohnpolitik die Lohnquote aber doch anzuheben, so werden die Gewinne und Einkommen von Selbständigen und Unternehmen entsprechend geschmälert. In diesem Fall bezahlen die Arbeitnehmer mehr Lohn- und Einkommensteuer, während die Bezieher von Gewinneinkommen entsprechend entlastet werden. Im Zuge dieser Entwicklung werden breite Bevölkerungskreise und insbesondere die Arbeitnehmer stärker in die Finanzierung von Staatsleistungen zu ihren Gunsten eingespannt. Es zeigt sich also, daß die forcierte gewerkschaftliche Lohnpolitik ihr Ziel auch in diesem Fall weitgehend verfehlt. Die Arbeitnehmerorganisationen sind daher gut beraten, wenn sie mehr gesamtwirtschaftliche Verantwortung übernehmen, denn sonst provozieren sie letztlich vermeidbare Staatseingriffe in die Tarifautonomie. Löhne und Gehälter sind nämlich der überragende volkswirtschaftliche Kostenfaktor und infolgedessen von höchster Relevanz und Brisanz. Verstößt die gewerkschaftliche Lohnpolitik nämlich gegen die mehrheitlich anerkannten wirtschaftspolitischen Ziele, wie z. B. die Preisstabilität, so ist der Staat zur Wahrung des öffentlichen Interesses verpflichtet, zielwidrige Ergebnisse von Tarifverhandlungen nicht nur zu korrigieren, sondern auch nötigenfalls zu verhindern. Angesichts einer geballten Gewerkschaftsmacht kann eine Preisüberwachung ebenso wie bei privaten auch bei öffentlichen Monopolen angezeigt sein. Dies leitet aber bereits zur interessanten Problematik der sogenannten »kontrollierten Preise« über.

In unserer Marktwirtschaft gibt es bedeutende Bereiche, die keine freie Preisbildung kennen. Der Staat überwacht und dirigiert die Preisentwicklung laufend. Solche Eingriffe beschränken sich nicht auf private und öffentliche Monopole, der Staat beeinflußt auch die Preise weiterer Unternehmen und von ganzen Branchen. Anlaß dazu gaben vorrangig verteilungspolitische Ziele: So entspricht es den politischen Machtverhältnissen, daß Preise sich nicht nach Angebot und Nachfrage bilden, sondern künstlich zugunsten der breiten Einkommensschichten niedrig gehalten werden. Selbstverständlich geht dies auf Kosten der Gewinne, was die Eigentümer entsprechend ausbeutet. Können sich diese erfolgreich wehren, indem sie die Lohnkosten drücken, so sind die Arbeitnehmer, in deren Interesse die Preisüberwachung erfolgt, die Leidtragenden.

Öffentliche Unternehmen machen meist keine Gewinne, sondern Verluste, die mit Steuern abgedeckt werden. Je mehr der Staat dazu Verbrauchsteuern einsetzt, die auf die Konsumenten überwälzt werden, desto stärker tragen die durch Verbilligungen begünstigten Einkommensschichten die davon verursachten

Finanzierungslasten. In der Öffentlichkeit wird ihnen aber dauernd vorgegaukelt, daß sie bevorzugt oder kostenlos mit bestimmten Gütern und Leistungen versorgt würden. Ihre politischen Interessenvertreter nehmen indessen die tatsächlichen Verteilungswirkungen nicht zur Kenntnis. Konkurrieren private und öffentliche Unternehmen miteinander, so werden erstere im Wettbewerb benachteiligt, was sich in Mindererlösen und tieferen Gewinnen äußert. Können private Anbieter auf Dauer nicht mithalten, so konzentriert sich die Versorgung immer mehr auf öffentliche Unternehmen, die erwiesenermaßen weniger effizient arbeiten und daher den Wohlstand allgemein beeinträchtigen.

Die Preisüberwachung gibt es u. a. im Energiesektor, bei öffentlichen Verkehrsträgern, im Gesundheitswesen, aber auch für zahlreiche Güter des lebensnotwendigen Bedarfs. Der Spielraum der freien Preisgestaltung und der Gewinnerzielung ist stark eingeschränkt. *Die Verpolitisierung der Preise ist zum konstitutiven Wesensmerkmal der westlichen Wohlfahrtsstaaten geworden.* Dieses sozial zu stark eingebundene Wirtschaftssystem beutet die Eigentümer zunehmend aus. Es bedarf keiner hellseherischen Gaben für die Feststellung, daß die Staatsbürokratie zu einem dominierenden Element in der Marktwirtschaft geworden ist. Es ist sogar zu befürchten, daß Systemveränderer zumindest vorläufig ihre Hoffnungen auf die Ablösung eines weitgehend noch freien Wirtschafts- und Gesellschaftssystems durch Planwirtschaft und Sozialismus nicht aufgeben müssen.

Die Wirtschaft beutet die Umwelt aus

Unter dem Ausdruck Umwelt faßt man sowohl die natürlichen Ressourcen als auch die produzierten, d. h. künstlichen, Güter zusammen. Die Umwelt im weitesten Sinne – auch als Ökologie bekannt – beinhaltet Rohstoffe, Energieträger, das Wasser, die Luft, den Boden, die Tier- und Pflanzenwelt sowie die menschenbezogenen Umweltbedingungen. Die Beziehungen zwischen der Umwelt oder Natur einerseits und der produzierenden Wirtschaft andererseits haben sich seit der ersten industriellen Revolution um die Mitte des 18. Jahrhunderts grundlegend verändert.

Die vorindustrielle Periode, die sehr lange gedauert hat, zeichnet sich durch ein stabiles Gleichgewicht zwischen natürlichen und produzierten Gütern aus. Umweltschäden bildeten die Ausnahme, so z. B. das Abholzen ganzer Landstriche für den Schiffsbau. Die Regenerationsfähigkeit des ökologischen Systems reichte zur Beseitigung von Umweltschäden, oder anders ausgedrückt, zur Wiederherstellung des alten ökologischen Zustandes aus.

Im Zuge der fortschreitenden Industrialisierung von der industriellen Revolution bis zu den fünfziger Jahren hat eine starke Verlagerung zu Lasten der Umwelt und zu Gunsten der produzierten Güter stattgefunden. Es wird von niemandem ernsthaft bestritten, daß während dieser Entwicklungsphase das Hineinwachsen der Wirtschaft in die Welt der freien Ressourcen, die weitgehend kostenlos genutzt werden konnten, ihren Abschluß gefunden hat. Die Ausbeutung der Umwelt machte sich zunehmend bemerkbar und leitete in den sechziger Jahren eine dritte Phase ein. Die Umwelt wurde zu einem knappen Faktor, der nur noch mit progressiv wachsenden Kosten ausgebeutet werden kann. Das beispiellose Wirtschaftswachstum der Nachkriegszeit beanspruchte insbesondere die nicht regenerierbaren Ressourcen in einem Umfang, der nicht mehr ohne sicht- und fühlbare Opfer künftiger Generationen bleiben wird.

Die intensive Ausbeutung der weltweiten Ackerflächen bescherte uns ab den siebziger Jahren gravierende Welternährungsprobleme; diese wurden in ihrer vollen Tragweite erst spät erkannt. Zuvor dominierte die Überzeugung, im Zuge der grünen Revolution werde es möglich, der Unterernährung weltweit Herr zu werden, so daß es »nur noch« um die Verteilung von Agrarprodukten zwischen den reichen und den armen Ländern gehe.

Ab 1972 machten sich aber u. a. als Folge ungünstiger Klimaentwicklungen in der UdSSR, in Indien und in der Sahelzone katastrophale Nahrungsmittelengpässe bemerkbar. Diese verursachten starke Preissteigerungen und eine finanzielle Überförderung der armen Länder. Im Jahre 1974 beurteilte die Welternährungskonferenz von Bukarest die mittelfristigen Aussichten der weltweiten Versorgung mit Nahrungsmitteln wieder günstiger. Immerhin rechnete sie weiterhin mit ernsthaften Versorgungsproblemen in den Entwicklungsländern, weil diese finanziell nicht in der Lage seien, die Überschußproduktion der hochentwickelten Industrienationen aufzukaufen.

In der Perspektive des Jahres 2000 kommt den verfügbaren Ackerflächen, die gegenwärtig lediglich zur Hälfte genutzt werden, entscheidende Bedeutung zu. Die Urbarmachung der anderen Hälfte ist mit hohen Investitionen für Rodungen, Bewässerung und Düngung verbunden. Diese Kosten sind so groß, daß es oft wirtschaftlicher ist, die schon bebauten Flächen intensiver zu bewirtschaften. In großen Krisengebieten, wie z. B. Asien, sind der Erweiterung der Anbauflächen aber enge Grenzen gesetzt. Erschwerend kommt hinzu, daß die Weltbevölkerung rascher als die Nahrungsmittelproduktion wächst. *Setzt sich das gegenwärtige Bevölkerungswachstum fort, so ist schon vor dem Jahre 2000 mit einer hoffnungslosen Landknappheit zu rechnen.* Der vermehrte Einsatz von Kunstdünger und Schädlingsbekämpfungsmittel ist aufgrund seiner ökologischen Schäden äußerst problematisch und stößt bereits jetzt vielfach an die Grenzen des Tolerierbaren. Als Ausweg bietet sich daher die extensivere Bewirtschaftung an. Werden aber zusätzliche Anbauflächen beansprucht, so wird das Gesetz wachsender Kosten wirksam, die nicht leicht zu verkraften sind.

Das starke Bevölkerungswachstum der letzten 200 Jahre wird auf die spektakulären Fortschritte der landwirtschaftlichen Erzeugung, die nachhaltige Verbesserung der allgemeinen

Hygiene, pharmazeutische Produkte und smit auf die industrielle Revolution zurückgeführt. Das Bevölkerungs- und Wirtschaftswachstum zehrte nicht nur an den regenerierbaren, sondern auch an den nicht-regenerierbaren Ressourcen. Die weltweiten Vorräte an Erdöl, Erdgas, Kohle und Metallen werden in den nächsten Jahrzehnten sich der Erschöpfung nähern. Die Wirtschaft verbraucht Rohstoffe und Energie, die nicht vermehrbar sind. Ihre Ausbeutung rächt sich in dem Maße, als es nicht rechtzeitig gelingt, Ersatzprodukte zu entwickeln.

Der First Annual Report of the Council on Environmental Quality (Washington) sagte 1970 die Erschöpfung einiger nicht-regenerierbarer Rohstoffe schon in diesem Jahrhundert voraus. In dieser Studie wird die Ansicht vertreten, es gäbe nicht mehr viele Gebiete, in denen die Suche nach Mineralien noch aussichtsreich sei; der Verlaß auf Neuentdeckungen sei langfristig unklug. In einer umfassenden Beurteilung der Versorgungslage muß man aber auch Rohstoffreserven mit niedrigem Metallgehalt, potentielle Neuentdeckungen und Ersatzerzeugnisse einbeziehen. Erfolgt dies unter Berücksichtigung der seit 1970 eingetretenen Veränderungen, so erhöhen sich die bekannten und geschätzten Reserven an wichtigen Metallen wie Eisenerz, Aluminium, Kupfer, Blei, Zink, Mangan, Kobalt oder Nickel derart, daß die Angaben des Annual Report als völlig überholt gelten dürfen. Berücksichtigt man ferner den voraussichtlichen technologischen Fortschritt bei der Gewinnung von Metallen sowie die Möglichkeiten, die in der Forcierung der Wiedergewinnung (Recycling) stecken, so ist kostbare Zeit bis zu einer beängstigenden Verknappung oder gar Erschöpfung der Rohstoffvorkommen gewonnen. Wächst der Verbrauch an Rohstoffen aber künftig ähnlich wie in der Nachkriegszeit, so vermag selbst eine drastische Verbesserung des Recycling die Rohstoffvorräte nur unwesentlich zu schonen. Die weltweite Versorgung mit Rohstoffen bleibt demnach weiterhin vorrangiges Zukunftsproblem.

Große Hoffnungen und viel Phantasie haben die auf dem Meeresboden lagernden Metallreserven geweckt. So meldete das deutsche Industriemagazin 1973, im Meer seien bei Kupfer das 150fache, bei Nickel das 1500fache, bei Mangan das 4000fache und bei Kobalt das 5000fache der bekannten kontinentalen Reserven vorhanden. Im weiteren soll es auf dem Meeresboden riesige Eisenerzvorkommen geben. Indessen gilt es abzuwarten, ob die Bemühungen zur Gewinnung dieser Metalle sich erfolgreich erweisen werden, bevor man sie konkret auf der Habenseite verbucht.

Vorerst sind rechtliche Regelungen erforderlich, da die Vorkommen sich zumindest außerhalb der Hoheitszonen der einzelnen Länder befinden. Kommt es zu einer Ausbeutung, so beherrschen die Supermächte USA und UdSSR und, mit Abstand, einige andere Länder dank weltweit operierenden Flotteneinheiten die Szene. Die USA sind – als weltgrößter Verbraucher von Metallen – in den achtziger Jahren ohnehin von wachsenden Importen abhängig und sehen sich gezwungen, ihre ökonomischen, politischen und militärischen Strategien auf die Beschaffung der benötigten Rohstoffe auszurichten. Es ist daher voraussehbar, daß die Ausbeutung von Rohstoffvorkommen – je länger je mehr – in die globale Machtpolitik einbezogen wird. Dabei ist es nicht unwichtig, daß die führenden multinationalen Rohstoffunternehmen ihren Sitz meist in den USA haben. In dem Maße, wie die USA und die UdSSR die Ausbeutung der Rohstoffe im Griff haben, sind sie ohne weiteres imstande, die übrigen rohstoffverbrauchenden Länder über Verknappungen und Preiserhöhungen auszubeuten.

Im Bestreben, eine gerechte weltweite Verteilung der Rohstoffe zu erreichen und eine kontinuierliche Versorgung zu gewährleisten, steht für die Rohstoffgewinnung ein weltweites Managementsystem für Mineralien im Vordergrund. Dieses erstreckt sich auf Neuentdeckungen und ihre Finanzierung, die Reservehaltung sowie Vereinbarungen zwischen Produzenten und Verbrauchern. Rohstoffabkommen sind schon deshalb unentbehrlich, weil die Vorräte an nichtregenerierbaren Rohstoffen sich in der Regel auf wenige, rohstoffreiche Entwicklungsländer konzentrieren. Je wirksamer diese Länder die Mengen und Preise beeinflussen können, desto wahrscheinlicher sind Preiserhöhungen, Angebotsverknappungen, aber auch Versorgungskrisen. Hingegen sind die Voraussetzungen dazu bei den meisten Rohstoffen weniger günstiger als beim Erdöl, das 1973 von den erdölproduzierenden Ländern (OPEC) erfolgreich als politische Waffe eingesetzt wurde. Die Kartellisierungsversuche bei Kupfer (CIPEC) und Bauxit (IBA) haben sich bisher als wenig erfolgreich erwiesen. Diesen Produzenten fehlen ausreichende finanzielle Reserven, um einen Rohstoffkrieg mit den Verbraucherländern durchstehen zu können. Auf Dauer scheinen die Aussichten dieser Länder, die Industrienationen mit Hilfe übersetzter Preise auszubeuten, günstiger zu sein.

Der 1972 veröffentlichte erste Bericht des Club of Rome (COR) zur Lage der Menschheit konfrontierte die Weltöffentlichkeit eindringlich mit den Problemen von Wirtschaftswachstum und erschöpfbaren Ressourcen. Ein computergesteuertes Weltmodell ergab, weshalb Zusammenbrüche schon im nächsten Jahrhundert möglich sind: Die Erschöpfung von Rohstoffen und Energiequellen sowie die wachsenden Umweltbelastungen sind die entscheidenden Faktoren. Inzwischen wurden verschiedene Schwachstellen solcher Modellabläufe aufgedeckt: Unzulässig erscheint die Extrapolation der Entwicklung 1900 – 1970 bis zum Jahre 2000. Bezüglich des Zusammenhangs zwischen Wirtschaftswachstum und Umweltschäden konnte bisher weder empirisch noch theoretisch nachgewiesen werden, daß die Umwelttechnik langsamer voranschreitet als zur Sicherung des ökologischen Gleichgewichts erforderlich ist. Man gewinnt den Eindruck, daß die technologischen Zukunftsmöglichkeiten kraß unterschätzt wurden.

In den siebziger Jahren veröffentlichte der Club of Rome eine Reihe von Zusatzberichten zur Lage der Menschheit. Darin nahm er selbst wesentliche Korrekturen an den ursprünglichen Berechnungen und Vorstellungen vor. Der weltweite Forschungsstand zwingt uns momentan nicht, jene Variante zu akzeptieren, wonach die Menschheit bei Fortsetzung des (exponentiellen) Wirtschaftswachstums langfristig nicht überleben kann. Die wiederholten Behauptungen und Voraussagen in bezug auf die Überschreitung der Grenzen des Wachstums beruhen offensichtlich auf zu pessimistischen Annahmen. Es wäre aber auch völlig verfehlt, das Problem der Erschöpfung der Ressourcen auf einfache Art und Weise wegdiskutieren zu wollen. Auch ein Null-Wachstum beansprucht erschöpfbare natürliche Ressourcen, und es wird langfristig unausweichlich, das menschliche Leben und damit die Weltbevölkerung den verfügbaren regenerierbaren Ressourcen anzupassen. Solange wir diesen nicht einzuschlagen bereit sind, beuten wir die nicht-regenerierbaren Rohstoffe – zur Herstellung nicht nur dringend benötigter Konsum- und Investitionsgüter – zu Lasten künftiger Generationen aus: *Wir leben auf Kosten unserer Nachkommen und beuten sie aus, bevor sie geboren wurden.*

In den Auseinandersetzungen mit den Grenzen des Wachstums dominiert eindeutig der Konflikt Umweltschutz und Wirtschaftswachstum. Niemand bestreitet grundsätzlich, daß die Umweltqualität im Laufe der stürmischen Wirtschaftsexpansion der Nachkriegszeit abgenommen hat. Indessen wurden in den siebziger Jahren die technologischen Möglichkeiten zur Verhinderung und Beseitigung von Umweltschäden erheblich unterschätzt. Allzulange beherrschen unrealistische Vorstellungen über die Kosten des Umweltschutzes die Szene. So entstand der Eindruck, die Industrieländer könnten einschneidende Maßnahmen zur Verbesserung ihrer Umweltbedingungen finanziell nicht verkraften. Untersuchungen u. a. der Organisation für wirtschaftliche Zusammenarbeit und Entwicklung (OECD) aus dem Jahre 1972 zeigen aber, daß die Kosten des Umweltschutzes nur im Falle der Chemie fünf Prozent der jährlichen Produktionskosten überschreiten. Deshalb ist es durchaus möglich – wenn der politische Wille dazu besteht –, die Umweltbedingungen entscheidend zu verbessern. Ab den sechziger Jahren wurde das Umweltproblem auch von der Industrie zunehmend erkannt. Da sie darin eine gewinnträchtige Zukunftschance erblickte, hat sie die Umwelttechnik rasch vorangetrieben. In dieser Branche entstanden Arbeitsplätze in gesamtwirtschaftlich gewichtigem Ausmaße. Das qualitative Wachstum wurde nachhaltig gefördert. Trotzdem müssen wir immer mehr arbeiten, um die von uns verursachten Umweltschäden zu mildern oder zu beseitigen. So besteht ein (Teufels-)Kreis der Selbstausbeutung, in dem wir wegen der Ausbeutung der Umwelt uns auch selbst ausbeuten.

Auf Grenzen wird weiteres Wachstum am ehesten aufgrund einer nicht reibungslosen Energieversorgung stoßen. Wegen Engpässen ist in den achtziger und noch mehr in den neunziger Jahren eine rasche Ablösung von Erdöl und Erdgas durch die Kernenergie zu erwarten, falls die Kohle die in sie gesetzten Hoffnungen nicht zu erfüllen vermag. Je länger wir unter solchen Bedingungen mit dem Bau der erforderlichen Kernkraftwerke abwarten, desto problematischer werden die Anpassungen an neue Energieträger sein.

Die Zukunft wird auch bei ausreichender Energieversorgung nicht ohne große Schwierigkeiten verlaufen. Der Energieverbrauch stößt nämlich von der Umweltbelastung her auf lokale, regionale, aber auch weltweite (Ober-)Grenzen. Zwar ist dies grundsätzlich unbestritten, die Ansichten über deren Höchstwert gehen aber erheblich auseinander. Sicher ist lediglich, daß in naher Zukunft weder regional noch weltweit Obergrenzen erreicht werden dürfen. Lokal wurden sie in vielen Fällen, wie der Smogalarm in Großstädten zeigt, bereits überschritten.

Im Laufe der Rezession ab Mitte der siebziger Jahre, die uns Arbeitslosigkeit, Strukturkrisen und Sorgen in bezug auf die Wachstumsaussichten bescherte, haben die Auseinandersetzungen über die Grenzen des Wachstums an Schwung verloren. Von tatsächlich angestrebten Wachstumsbegrenzungen oder gar von einem Null-Wachstum ist nicht mehr ernsthaft die Rede. Im Gegenteil, die Regierungen der westlichen Industrieländer befürworten vorrangig wirtschaftspolitische Strategien und Maßnahmen zur Senkung der Arbeitslosigkeit und zur Förderung des wirtschaftlichen Wachstums. Sie tun dies in der festen Überzeugung, die Erhaltung der sozialen Sicherheit und die Wiedererlangung der Vollbeschäftigung seien nur bei einem beschleunigten Wirtschaftswachstum möglich.

Die Weltwirtschaft hat in den siebziger Jahren die Erdölkrise von 1973 erstaunlich gut verdaut. Es vermag daher nicht zu überraschen, daß Gefahren, die uns von der Energieversorgung her drohen, eher verharmlost werden. Ein Engpaß, z. B. in der Erdölversorgung, würde unsere Situation schlagartig und grundlegend verändern. Deshalb ist es heute realistisch, von einer beklemmenden Ruhe vor dem Sturm zu sprechen. Je reibungsloser die Zukunft aber verläuft, desto eher vergessen wir, daß wir die erschöpfbaren Ressourcen – offenbar heimlich, still und leise – ausbeuten; es wird sie später einfach nicht mehr geben. Selbst der weitverbreitete Optimismus, die westlichen Industrienationen würden auch in Zukunft Schwierigkeiten ohne weiteres meistern können, ändert grundsätzlich nichts an der Tatsache der Ausbeutung unserer Umwelt. Je länger wir mit marktwirtschaftlichen Kurskorrekturen bei der Ausbeutung erschöpfbarer Ressourcen abwarten, desto schwieriger werden künftige Bewährungsproben und weltweite Krisen zu überstehen sein.

Zwar mag es uns paradox erscheinen – periodische Engpässe und vorübergehende Krisen in der Rohstoffversorgung zwingen uns aber –, erhöhte Anstrengungen zu einem wirtschaftlichen, d. h. sparsamen Einsatz erschöpfbarer Ressourcen zu unternehmen, vermehrt Ersatzprodukte zu entwickeln und zu verwenden. An einer reibungslosen Rohstoffversorgung dürfen wir – in unserem ureigenen Interesse – vorrangig gar nicht interessiert sein. Sie schläfert uns vielmehr ein und gibt denjenigen, die nicht bereit sind, über Tage und Monate hinaus in die Zukunft zu blicken und zu disponieren, dauernden Anlaß zur Behauptung, sämtliche Probleme könnten dank unserer flexiblen und fortschrittlichen Wirtschaftssysteme ohne weiteres gelöst werden. Treten Engpässe und Krisen aber tatsächlich auf, so reden sich die gleichen Kreise damit heraus, man hätte dies ohnehin nicht voraussehen können.

Wir sollten uns über steigende Rohstoffpreise nicht nur aufregen: Im wesentlichen sind sie das Spiegelbild der fortschreitenden Verknappung oder gar Erschöpfung von Ressourcen. Voraussichtlich werden nur höhere Preise uns veranlassen, sorgfältiger mit Rohstoffen umzugehen und ihre Substitution voranzutreiben. Es ist unbedingt erforderlich, dem Wettbewerb freien Lauf zu lassen und die Rohstoffpreise nicht künstlich niedrig zu halten, da die Erschöpfung der weltweiten Vorkommen so verzögert werden kann. Steigende Preise haben allerdings unvermeidliche Einkommens- und Wohlstandsverzichte zugunsten der Rohstoffproduzenten zur Folge. Es ist vorauszusehen, daß wir von ihnen – nicht ganz zu Unrecht und in unserem *langfristigen Interesse* – ausgebeutet werden.

Die Erdölländer beuten die Industrienationen aus

Die Erdölkrise vom Herbst 1973 beendete eine jahrzehntelange Ausbeutung der Erdölländer durch die großen Erdöl-Multinationalen, welche die Industrieländer mit zu billigem Erdöl versorgt haben. Die Ölgesellschaften konnten zumindest bis Ende der sechziger Jahre nach Belieben schalten und walten, hatten sie doch Scheichs, Könige und Schahs, die im Namen des Volkes einsame Entscheide treffen konnten, völlig im Griff. Die reichen Erdölländer am Persischen Golf, Libyen und damalige Kolonialländer wie Algerien oder Nigeria, befanden sich noch in der vorindustriellen Phase. Ihr Finanzbedarf war infolgedessen äußerst bescheiden und konzentrierte sich im wesentlichen auf die Deckung des Verwaltungsaufwandes und die privaten Bedürfnisse der Herrscher.

Während des stürmischen Wirtschaftswachstums der Nachkriegszeit bewegten sich die Erdölpreise auf einem tiefen Niveau: Das zu billige Erdöl verdrängte die übrigen Energieträger. Der Beitrag der Kohle zum progressiv wachsenden Energiekonsum war lange rückläufig und erreichte Anfang der siebziger Jahre einen historischen Tiefpunkt. Zechen wurden sozusagen am laufenden Band geschlossen, da keine Aussicht bestand, daß die Kohle auf absehbare Zeit hinaus konkurrenzfähig werden könnte. So erlahmte die Forschung und Entwicklung im Kohlenbereich; Bestrebungen zur Kohleverflüssigung und zur Gewinnung von Treibstoff oder Elektrizität aus Kohle wurden weitgehend aufgegeben.

Das billige Erdöl wurde zur entscheidenden Ursache eines beispiellosen Autobooms. Die westlichen Industrieländer begannen damit, sich autogerecht zu organisieren. Die Städte breiteten sich lawinenartig in der Kulturlandschaft aus. Das Auto verdrängte dabei den öffentlichen Verkehr in alarmierendem Ausmaße. Das heutige Verkehrssystem ist derart einseitig und für die Zukunft präjudizierend entwickelt, daß nur noch Engpässe und Krisen in der Erdölversorgung entscheidende Kurskorrekturen erwarten lassen. Unsere Zivilisation hängt inzwischen an einem dünnen Faden, der jederzeit am Persischen Golf durchgeschnitten werden kann. Zwar ist dies heute in der vollen Tragweite zumindest den Eingeweihten bewußt. Wir stecken aber den Kopf im Vertrauen in den Sand, irgendwie werde sich letztlich alles zum Guten wenden.

Das billige Erdöl verleitete allzu lange dazu, das meist in Koppelproduktion anfallende Erdgas abzufackeln und nicht zu verwerten. Diese gigantische Verschwendung stellte für die Erdölländer während Jahrzehnten einen schweren Einnahmenausfall dar. So haben die Industrieländer nicht nur mit zu billigem Erdöl, sondern auch mit dem Erdgas vor allem Nordafrika und den Mittleren Osten ausgebeutet. Mit dieser billigen Energie haben wir unseren Wohlstand beispiellos vermehren können, begaben uns dabei aber in eine lebensgefährliche Abhängigkeit der inzwischen reich gewordenen Energieländer.

Zwar erfolgte die Gründung der Iranischen Erdölgesellschaft und Verstaatlichung im Jahre 1953 überraschend, indessen wurde diesem Phänomen damals keine besondere Bedeutung beigemessen. Es dauerte dann bis Ende der sechziger Jahre, bis ein gewisser Oberst Gaddafi die Initiative an sich riß und zusammen mit anderen arabischen Erdölländern aus der OPEC ein schlagkräftiges Anbieterkartell machte. Damit wurde das Ende der Periode des billigen Erdöls eingeleitet. Die westlichen Industrienationen haben dies nicht rechtzeitig erkannt und auf den Zerfall der OPEC gesetzt. 1973 wurde das Erdöl zum ersten Mal als politische Waffe eingesetzt, wobei es entscheidend ist, daß Saudi-Arabien als größte Erdölmacht mitmachte. Damals kostete ein Barrel Erdöl kaum 3 US-Dollar, inzwischen sind es mehr als 30 US-Dollar. Eigentlich müßte man König Feisal von Saudi-Arabien weiter dankbar sein, daß er die Erdölkrise von 1973 ermöglichte, da wir ohne diese Erfahrung nichts unternommen hätten, um die Erdölabhängigkeit allmählich zu senken und Alternativenergien zu entwickeln. Im Herbst 1973 wurde der Spieß umgekehrt, indem eine historische Phase der Ausbeutung der Industrieländer über steigende Erdöl- und Erdgaspreise begann, deren wirkliches Ausmaß uns im Laufe der achtziger Jahre voll bewußt werden dürfte.

Die Erdölkrise von 1973 wurde zwar bis heute nicht ganz verdaut, indessen wurde sie in den letzten Jahren zunehmend bagatellisiert. Im Vordergrund standen Untersuchungen über die weltweiten Erdölreserven, und man erörterte mit Vorliebe technische Probleme, so z. B. in welchem Ausmaße Saudi-Arabien die Erdölproduktion steigern könnte, wenn – wie 1979 – der Iran vorübergehend als Lieferant ausfalle. Es wurde berechnet, ob und wie man die Fahrzeiten der Tanker vom Persischen Golf nach Westeuropa und Amerika verkürzen könne. Es wurde über den Erwerb von Großtankern durch die OPEC-Länder berichtet, was die Machtfülle der Erdölmultis einschränke. Zwar wird eine weltweite Versorgungsstörung von mehreren Monaten nicht ausgeschlossen, im Ernstfall jedoch vertraut man auf die Internationale Energieagentur (IEA). In bezug auf weitere Preiserhöhungen glaubt man, die Araber seien klug genug zu wissen, daß überzogene Erdölverteuerungen Wirtschaftseinbrüche und -krisen in den Industrieländern zur Folge hätten. Daran könnten die erdölexportierenden Länder ernsthaft nicht interessiert sein, weil sie dabei die im Westen getätigten Dollar-Investitionen gefährden würden. Man ist fest davon überzeugt, auch künftig werde sich alles im Rahmen des gängigen Systems, das von ökonomisch rational handelnden Menschen gesteuert wird, abspielen. Es ist dann nur noch ein Geldproblem, ob man das benötigte Erdöl erhält oder nicht.

Zwar ist Erdgas für die Energieversorgung nicht so wichtig wie Erdöl, dennoch gewinnt es aber laufend an Bedeutung. Zahlreiche Länder erblicken darin eine Alternativenergie zum Erdöl, was trügerisch ist: Erdgas ist nicht länger verfügbar als Erdöl. Die weltweiten Reserven konzentrieren sich schwergewichtig auf die OPEC-Länder. Für Westeuropa ist es nachteilig, daß die Sowjetunion in der Erdgasversorgung eine Art Schlüsselposition einnimmt. Für den eigenen Bedarf beziehen die Russen Erdgas aus dem Iran und liefern in einem Dreiecksgeschäft eigenes Erdgas nach Westeuropa. Die USA – politisch und militärisch aber ungleich stärker als Westeuropa – sind ebenfalls auf wachsende Erdgasimporte angewiesen: Im Falle von Versorgungsengpässen jedoch können die USA im Gegensatz zu Westeuropa wirksam Druck ausüben, was die Chancen, knappes Erdgas zu erhalten, erhöht. In dem Maße, wie dies den Amerikanern gelingt, kommen die Westeuropäer zu kurz. Die spektakulären Erdölpreiserhöhungen der letzten Jahre haben die Aufmerksamkeit vom Erdgas abgelenkt, dort sind aber noch größere Preissteigerungen zu verzeichnen und auch zu erwarten.

Die Forcierung von Kernkraftwerken ist seit Jahren die vorrangige Energiestrategie zum Abbau des Erdölanteils und zur Verbesserung der Versorgungssicherheit der westlichen Industrieländer. Allerdings wurde in den siebziger Jahren übersehen, daß die Beschaffung von Brennstoff für Kernkraftwerke ebenso mit Gefahren der Ausbeutung verbunden ist wie Erdöl und Erdgas. Entscheidend ist nämlich, daß Uran in speziellen, weltweit nur spärlich vorhandenen Anlagen zu Brennstoff aufbereitet wird. Im Westen haben die USA faktisch ein Monopol, weshalb Brennstoff nur bei Erfüllung der amerikanischen Forderungen erhältlich ist. In den letzten Jahren hatte Westeuropa unerwartet große Schwierigkeiten mit der Versorgung seiner Atomkraftwerke mit Brennstoff. Offenbar wurde leichtfertig vergessen, daß die Westeuropäer und Amerikaner nicht nur gemeinsame, sondern vor allem auch divergierende Wirtschaftsinteressen haben. Letztlich geht es um das lukrative Geschäft mit Kernkraftwerken, wobei die Amerikaner gegenüber der deutsch-französischen Konkurrenz ins Hintertreffen geraten sind. Sie sind deshalb bestrebt, ihre Position mit entsprechenden Bedingungen zum Bezug von Brennstoff für Kernkraftwerke zu verbessern, was die Westeuropäer benachteiligt. Die Amerikaner sind in der Wahrnehmung wirtschaftlicher Interessen nicht immer zimperlich. Zudem sind auch gravierende sicherheitspolitische Momente im Spiel: Für die Produktion von Atomwaffen ist spaltbares Material erforderlich. Es ist daher nicht verwunderlich, daß weder die USA noch die UdSSR an einer Weiterverbreitung von Atomwaffen interessiert sind.

Eine Ausbeutung der Industrienationen ist auch künftig über steigende Erdöl- und Erdgaspreise möglich. In dem Maße, wie wir mehr für unsere Energieversorgung bezahlen, steht uns weniger Kaufkraft für den privaten Verbrauch und für Staatsleistungen zur Verfügung. Die Energiepreise spiegeln aber nur noch teilweise die echten Konkurrenz- und Knappheitsverhältnisse wider, wenn die OPEC-Länder ihre Förderung bei steigenden Preisen drosseln oder gar senken. Damit setzen sie den Marktmechanismus weitgehend außer Kraft, bei dessen Wirksamkeit steigenden Preisen ein wachsendes Angebot entspricht. Darin ist der Kern der Ausbeutung der Industrieländer über die

Erdöl- und Erdgaspreise zu erblicken. Diese findet ihren Niederschlag in Petro-Dollars, die sich inzwischen auf Hunderte von Milliarden jährlich belaufen und die Industrienationen entsprechend belasten.

Hinsichtlich der Möglichkeiten, dieser Ausbeutung wirksam zu begegnen, unterliegt die breite Öffentlichkeit großen Illusionen. So wird empfohlen, zur Bezahlung des Erdöls die Notenpresse in Bewegung zu setzen, was die Amerikaner seit langem für die Finanzierung ihrer Energieimporte tun. Wer zur Bezahlung des Erdöls Dollars benötigt, kann dies mit einer Vermehrung der eigenen Währung ebenfalls mit der Notenpresse bewerkstelligen und in Dollars umtauschen. So einfach ist die Problemlösung aber nicht: Die erdölexportierenden Länder können sich nämlich erfolgreich dagegen wehren. Die Expansion der Industrienationen schlägt sich jeweils in höheren inländischen Inflationsraten nieder. In dem Maße, wie sich der Dollar entwertet, gleichen die OPEC-Länder diesen Kaufkraftverlust über steigende Erdölpreise aus. In diesem Fall vermögen wir uns der Ausbeutung nicht zu entziehen und müssen auch noch erhebliche Nachteile aus der hausgemachten Inflation in Kauf nehmen.

In Zusammenhang mit der Energieverteuerung wird immer wieder der Vorschlag unterbreitet, den Preisindex der Lebenshaltungskosten aufzuspalten und die Energiepreisentwicklung gesondert auszuweisen. So werde der Bevölkerung sichtbar gemacht, welche Opfer sie zugunsten der energiereichen Länder leiste. Dieses Ansinnen wird besonders von Gewerkschaften und Linksparteien heftig bekämpft, da sie weiterhin den vollen Teuerungsausgleich befürworten, um angeblich den Wohlstand nicht beeinträchtigen zu lassen. Freilich handelt es sich dabei um eine Selbsttäuschung: In dem Maße, wie gestiegene Energiekosten über höhere Löhne und Gehälter ausgeglichen werden, entstehen zusätzliche monetäre Einkommen oder Kaufmöglichkeiten. Das Güterangebot erhöht sich dabei aber nicht, weshalb die angewachsene Nachfrage Preissteigerungen nach sich zieht. Letztlich wird kein Land um die schmerzliche Erkenntnis herumkommen, daß steigende Energiepreise definitiv mit Einkommenstransfers an die energieproduzierenden Länder verbunden sind und wir den Gürtel entsprechend enger schnallen müssen. So ist es deshalb illusorisch – wenn nicht betrügerisch –, steigende Energiekosten mit Lohn- und Gehaltserhöhungen rückgängig machen zu wollen und zu tun, als ob nichts geschehen wäre. Die politisch Verantwortlichen müßten es nur zu gut wissen, daß solche Wohlstandsverluste nicht kompensiert werden können. Erst wenn sie der Bevölkerung klaren Wein einschenken, ist von ihr vermehrtes Energiesparen zu erwarten.

Ein Gegengewicht zur Ausbeutung über die Petro-Dollars erblicken manche im wachsenden Importbedarf der Erdölländer. Sie weisen gleichzeitig auf die bedeutenden Investitionen der OPEC-Länder in den Verbraucherländern hin. Ohne Zweifel profitieren die Industrienationen von ihren zunehmenden Exporten in energiereiche Entwicklungsländer, doch vorläufig belaufen sich diese lediglich auf einen Bruchteil der Erdöleinnahmen dieser Staaten. Selbst mittel- und langfristig bleibt das Importpotential der Erdölländer relativ bescheiden. Zudem zeigen die jüngsten Erfahrungen im Iran und mit weiteren OPEC-Ländern, daß Exporte für westliche Firmen auch verlustreich sein können.

Ein erhebliches Ausmaß haben die Investitionen von Erdölländer z. B. in den USA, in Großbritannien, in Frankreich und in der Bundesrepublik erreicht. Sie erstrecken sich auf Immobilien, Industriebeteiligungen, Aktien und auf Edelmetalle. In solchen Fällen äußert sich die Ausbeutung in einer Veränderung der Besitzverhältnisse zugunsten der Erdölländer, was für uns mit Verzichten verbunden ist. Die Erträge aus diesen und anderen Anlagen fließen nämlich den Investoren aus dem Morgenland zu.

Im Jahre 1973 haben wir erlebt, daß Erdöl – als politische Waffe eingesetzt – die westlichen Industrieländer für vielfältige Erpressungen und Ausbeutungen anfällig gemacht hat. Das Erdöl ist zunehmend unter den Einfluß linksgerichteter und revolutionär-orientierter Länder, wie z. B. Algerien, Irak, Iran oder Libyen geraten. Ihr wachsender Einfluß auf die OPEC zeigt sich im Nachgeben der kleinen Golfstaaten und inzwischen auch von Saudi-Arabien. Diese Länder sind offenbar nicht mehr bereit, die Erdölerzeugung zur ausreichenden Versorgung der Industrienationen zu erhöhen. Die OPEC-Länder wittern Morgenluft bezüglich der Durchsetzung ihrer politischen Ziele. Dies betrifft durchaus nicht nur den brüchigen Frieden im Nahen Osten zwischen Israel und Ägypten. Es ist denkbar, daß die mächtigsten Erdölländer im Rahmen des Nord-Süd-Konfliktes eine vermehrte Entwicklungshilfe zugunsten der armen Entwicklungsländer erzwingen und uns politische und militärische Konzessionen abverlangen, die unseren ureigenen Interessen zuwiderlaufen. Das Gefahren- und Krisenpotential erhöht sich schlagartig zu Lasten der Industrieländer, wenn die Golfstaaten und Saudi-Arabien unter den Einfluß von Linkskräften geraten; die Krise ist uns sicher, wenn in diesen Ländern ein politischer Umschwung zustande kommt.

Damit die Erdölversorgung nicht stockt oder vorübergehend aussetzt, kann man zwar Erpressungen nachgeben, es ist aber gefährlich anzunehmen, sämtliche Auseinandersetzungen und Konflikte würden auch künftig für die Industrieländer glimpflich verlaufen. Es ist zumindest fahrlässig, in den achtziger Jahren Versorgungskrisen auszuschließen. Wie rasch sich die Verhältnisse ändern können, hat der Umsturz im Iran gezeigt. Die Internationale Energieagentur verfügt zwar über einen Krisenplan für den Fall, daß die weltweite Erdölversorgung um wenigstens 7 Prozent abnimmt. Indessen erscheint es auch notwendig, daß wir uns geistig mit stärkeren Einbrüchen befassen und entsprechende Gegenmaßnahmen vorbereiten. Brauchbare Modellberechnungen ergeben, daß eine Versorgungslücke von 15 Prozent je nach Land mit Arbeitslosigkeit von (zusätzlich) 5 bis 10 Prozent verbunden ist. Eine Verminderung der Erdölversorgung gar um 25 Prozent läßt das Volkseinkommen um 15 bis 20 Prozent schrumpfen. Dann droht den Industrieländern eine Wirtschaftskrise wie in den 30er Jahren. Obwohl solche Szenarien den Verantwortlichen bekannt sind und in den achtziger Jahren größere Versorgungsengpässe zu erwarten sind, blieben Energiesparmaßnahmen in erheblichem Ausmaß bisher aus. Die Automobilindustrie weiß offenbar nichts Besseres zu tun, als regelmäßig mit optimistischen Prognosen über den Autoabsatz bis zum Jahre 2000 aufzutrumpfen, ohne sich zu fragen, ob es künftig genügend Benzin geben wird, um ihre Blechlawine am Rollen zu halten.

Je mehr sich in der Erdölversorgung Engpässe abzeichnen, desto stärker gerät das Erdöl in den Sog der Supermächte USA und UdSSR. Es ist realistisch gesehen unvorstellbar, daß die USA als weltweite politische und militärische Macht auf dringend benötigtes Erdöl zugunsten der Westeuropäer verzichten werden. Unter solchen Voraussetzungen kommen die größten Probleme auf Westeuropa zu, das für eine Ausbeutung durch die OPEC-Staaten besonders anfällig ist.

Das Dilemma einer vielfältigen Ausbeutungsgefahr durch die Erdölländer ist offensichtlich: Je langsamer die Preise anziehen, desto weniger bemühen sich die Industrieländer um den Abbau ihrer Erdölabhängigkeit. Zwar erleiden sie aufgrund steigender Preise wachsende Wohlstandsverluste, sie sind dabei aber einem geringeren Erpressungs- und Krisenpotential auf politischem, militärischem und ökonomischem Gebiet ausgesetzt. Am verhängnisvollsten erscheinen daher sinkende Erdölpreise, weil dies eine Lösung des Erdölproblems nicht nur verzögern, sondern wahrscheinlich unmöglich machen würde. So muß man wünschen, daß die Erdöl- und Erdgaspreise stetig und fühlbar anziehen und die Industrieländer veranlassen, Energie zu sparen und Erdöl durch Alternativenergie zu ersetzen. Im Zuge dieser Entwicklung nimmt die Ausbeutung der westlichen Industrienationen durch die Erdölländer ab.

Studenten beuten Lohnempfänger aus

Die Entwicklung des Erziehungs- und Bildungswesen zeigt geradezu erschreckend, wie fehlende marktwirtschaftliche Steuerungselemente eine Unter- oder Überversorgung mit Staatsleistungen zur Folge haben. Aus dem offensichtlichen Nachholbedarf der fünfziger Jahre machten Bildungsreformer und Politiker leichtfertig einen Bildungsnotstand und sprachen anschließend von einer Bildungskatastrophe. Eine breite Wählerschicht löste zusammen mit reichlich fließenden Steuereinnahmen eine anhaltende Forcierung der Bildungsaufwendungen aus. Ihren Höhepunkt erreichte die sogenannte Bildungswelle mit der weitverbreiteten, jedoch verfehlten Ansicht, die Wohlstandsgesellschaft sei auf einen möglichst hohen Prozentsatz der Bildungsausgaben am Volkseinkommen angewiesen. Voreilig wurden internationale Vergleiche gemacht, wobei die einzelnen Länder nach ihren Bildungsquoten geordnet wurden, um sie so als fortschrittlich oder zurückgeblieben einzustufen. Indessen haben angesehene Bildungsökonomen wie Edding oder Maddison empirisch nachgewiesen, daß zwischen Ausbildung und Arbeitsproduktivität kein direkter Zusammenhang bestehe. Eher sei es zutreffend, daß der tragbare Bildungsaufwand einer Volkswirtschaft die Produktivität bestimme. Trifft dies zu, so sind wir nicht deshalb so wohlhabend, weil wir in den letzten Jahrzehnten hohe Ausgaben für das Erziehungs- und Bildungswesen getätigt haben. Wir können uns diese leisten, weil wir wohlhabend sind.

Im Mittelpunkt der Bildungsreformen, die sich auf alle Stufen des Erziehungswesens vom Kindergarten bis zu den Universitäten erstreckt, steht das Ziel der Egalisierung der Startchance. Je besser die Ausbildung breiter Bevölkerungskreise ist, desto gleichmäßiger die Einkommensverteilung, lautet eine beliebte Argumentation. Mündige Bürger und Wähler helfen mit, die Demokratisierung aller Lebensbereiche voranzutreiben; sie sorgen für mehr persönliche Freiheit und soziale Gerechtigkeit, schützen uns gegen politische Manipulationen, widerstehen dem Leistungsdruck und gewährleisten ein tragfähiges Netz der sozialen Sicherheit. Im gleichen Zuge geht es um die Demokratisierung der Wirtschaft und für nicht wenige um Überwindung unseres freien Wirtschaftssystems, das ihnen seit langem ein Dorn im Auge ist.

Von der Bildungseuphorie profitierten zuerst die Hochschulen, die vor allem in der Bundesrepublik wie Pilze aus dem Boden schossen und jährlich Milliarden verschlangen. Der Zugang zu den Universitäten wurde durch drastisch verminderte Anforderungen an die Abiturienten erleichtert. Bestandteile dieser Bildungspolitik sind auch Bestrebungen zur Abschaffung von Leistungsausweisen, die Gewährung von eher großzügigen Stipendien und die unbegrenzte Studiendauer. Am verhängnisvollsten wirkte sich aber die ideologisch-bedingte Politik der Entkoppelung des Arbeitsmarktes oder der Beschäftigungsstruktur einerseits und der Ausbildungsrichtungen an den Hochschulen andererseits aus. *Linksgerichtete Bildungspolitiker lehnen eine am Bedarf der Wirtschaft orientierte Ausbildung grundsätzlich ab.* Die Beschäftigungsstruktur müsse sich nach dem Angebot an Arbeitskräften und den vorhandenen Qualifikationen richten. So konnte es nicht ausbleiben, daß immer mehr Studenten am tatsächlichen Bedarf der Wirtschaft vorbei ausgebildet wurden: Die Bildungswelle erzeugte je länger je mehr einen geschlossenen Kreis, indem die Hochschulabsolventen zum erdrückenden Anteil entweder im rasch wachsenden Bildungssektor oder im öffentlichen Dienst Unterschlupf fanden. Sie besetzten gut dotierte und praktisch nicht kündbare Lebensstellen und verursachen so eine hohe finanzielle Belastung auch für künftige Generationen. Inzwischen versperren sie selbst den bestausgewiesenen Bewerbern den Zugang zu qualifizierten Arbeitsplätzen. Heute ist das Bildungswesen weniger durchlässig als in den fünfziger Jahren. Der Aufstieg innerhalb der Berufs- und Einkommenshierarchie ist den Hochschulabsolventen unabhängig von ihrem Leistungsvermögen entscheidend verwehrt. Es kommt hinzu, daß die so Benachteiligten auch noch Steuern zur Erhaltung einer überdimensionierten Staatsbürokratie bezahlen müssen.

Die Reformpolitiker versprachen zwar eine »bildungsgerechte Beschäftigung«, vermitteln konnten sie aber keine »beschäftigungsgerechte Ausbildung«. Infolge finanzieller Engpässe bei der öffentlichen Hand kann der öffentliche Dienst keine weiteren

Hochschulabsolventen mehr aufnehmen. Inzwischen ist nicht einmal mehr der Ersatz der altersbedingten Abgänge gesichert. So wenden sich immer mehr Bewerber, die unbrauchbar ausgebildet wurden und daher zunehmend von zwar weniger, aber bedarfsgerechter ausgebildeten Arbeitskräften verdrängt werden, an die Privatwirtschaft. Je schwächer aber die Nachfrage nach Hochschulabsolventen, desto stärker ist man bestrebt, die Hochschulausbildung zu verlängern und »versteckte Arbeitslosigkeit« zu produzieren. Zwar entlastet dies die Arbeitslosenversicherung, hat aber höhere Bildungsausgaben und eine wachsende Verschwendung zur Folge.

Die strukturelle Arbeitslosigkeit der vergangenen Jahre ist vorrangig das Ergebnis der Entkoppelung des Bildungs- und des Beschäftigungssystems: Das Ungleichgewicht am Arbeitsmarkt zeichnet sich durch einen »Akademikerüberfluß« und eine »Facharbeiterlücke« aus. Im Zuge der Bildungswelle gewann aber auch das Recht auf Arbeit an Gewicht, das Gewerkschaften und Linksparteien als »Erhaltung des Arbeitsplatzes am bestehenden Arbeitsort« interpretieren. Unter solchen Bedingungen erstarren die ökonomischen Strukturen, so daß die wachstumsbedingten und erforderlichen Strukturwandlungen von Arbeitsmarkt und Gesamtwirtschaft aufgehalten werden. Daraus resultieren hohe volkswirtschaftliche Kosten – eines fehlgesteuerten Bildungssystems –, die letztlich von der Privatwirtschaft und den Steuerzahlern zu tragen sind. Die euphoristische Bildungsreform hat inzwischen ziemlich genau das Gegenteil dessen erreicht, was sie für erstrebenswert hielt. Das ökonomische und gesellschaftliche System ist in den siebziger Jahren (wieder) weniger durchlässig geworden. Gleichzeitig bestehen keine Aussichten, diese Tatsachen mittelfristig verändern zu können. Die kostspieligen Fehler der Bildungspolitik der sechziger und siebziger Jahre werden bis zum Ende dieses Jahrhunderts eine schwerwiegende Hypothek bleiben.

Das Kernstück der Bildungswelle ist die kostenlose Beanspruchung der Bildungseinrichtungen, deren Aufwand ausschließlich mit Steuern finanziert wird. Dazu gehört auch die Ausrichtung von Stipendien, die sich einer großen Popularität erfreuen, zur Deckung der laufenden Ausgaben der Studenten. Die Hochschulen sind nicht nur für die Reichen, d. h. für Abiturenten aus mittleren und hohen Einkommensschichten da; sie sollchen gleichermaßen den Bewerbern aus den unteren Einkommensklassen zugänglich sein. Besuchen Absolventen aus Arbeiterkreisen die Hochschulen, so können sie in der sozialen und ökonomischen Hierarchie aufsteigen. Breite Bevölkerungskreise profitieren dann auch vom höheren Bildungswesen. Da ihnen dazu die nötigen Einkommen fehlen, entschloß sich der Staat, die Leistungen des Erziehungswesens gratis abzugeben. Dabei wurde über die tatsächliche Verteilung der Finanzierungslasten offenbar nicht nachgedacht. Für jene, die davon nichts verstehen (wollen), galt es von vorneherein als ausgemacht, daß die Reichen die Steuern bezahlen und tragen. In diesem Fall kommen die oberen Einkommensschichten für die Finanzierung der Bildungsleistungen zugunsten der unteren Einkommensschichten auf. So kann man zwei Fliegen auf einen Schlag töten. Die »Armen« können das Bildungswesen zunehmend beanspruchen und werden so soziale Aufsteiger. Gleichzeitig wird es möglich, Einkommen dadurch umzuverteilen, daß die »Reichen« die Zeche bezahlen. In der Tat erwies sich dies als eine verhängnisvolle Illusion: Wir leiden heute – wie schon gesagt – unter einem Überfluß an Hochschulabsolventen, der inzwischen den sozialen und ökonomischen Aufstieg nahezu vollständig verunmöglicht. *Die (Folge-)Kosten der verfehlten Bildungspolitik belasten die breiten Einkommensschichten, also die Lohnempfänger*: Die Studenten beuten infolgedessen die Lohnempfänger aus; das ist die realistische Zwischenbialnz der Auswirkungen der Bildungseuphorie der sechziger und siebziger Jahre.

Unbestreitbar haben die intensiven Bildungsreformen den breiten Einkommensschichten den Zugang zu den Hochschulen erleichtert, indessen haben diese bisher davon nicht im erwünschten und erwarteten Ausmaße Gebrauch gemacht. Von empirischen Untersuchungen ist bekannt, daß neben dem Einkommen der Eltern auch das Milieu, in dem die Kinder aufwachsen, die Schwierigkeiten im Umgang mit Bildungseinrichtungen oder die Angst der Eltern, mit studierenden Kindern nicht mehr zurechtzukommen, davon abhalten können, von finanziellen Anreizen und Erleichterungen zu profitieren. So gesehen gibt die Erziehung den Ausschlag, in welchem Maße es gelingt, den Anteil der Studenten aus unteren Einkommensschichten zu erhöhen. Entscheidende Verbesserungen sind wohl nur über eine Generation hinweg, d. h. langfristig möglich. Als Zwischenbilanz ist zu vermerken, daß die Hochschulen weiterhin schwergewichtig von Absolventen aus mittleren und oberen Einkommensschichten frequentiert werden.

Die Kosten einzelner Ausbildungseinrichtungen der Universitäten zeichnen sich durch sehr große Unterschiede aus: Naturwissenschaftliche Berufe beanspruchen ein Vielfaches der Ausgaben für ein juristisches oder wirtschaftswissenschaftliches Studium. Am kostspieligsten ist die Ärzteausbildung, wofür der Staat nicht nur hunderttausende, sondern Millionen von Mark aufwendet. Je nach der Studienrichtung, die von den einzelnen Studenten eingeschlagen wird, verteilen sich auch die Vorteile aus der Beanspruchung der Bildungseinrichtung. Studieren z. B. vorwiegend Ärztekinder Medizin, so ziehen eben nicht breite Bevölkerungskreise Nutzen aus diesen kostspieligen Staatsleistungen. Nutznießer sind dann die oberen Einkommensschichten.

Nicht zu vergessen sind jene, die während ihres Studiums auf der Strecke bleiben. Zusätzlich zu diesen erfahrungsgemäß hohen Ausfallquoten sind die »ewigen Studenten« zu erwähnen, die Studienplätze ungerechtfertigt belegen. Im Extremfall läßt der Staat offenbar zu, daß Studenten auf seine Kosten das Leben an der Universität verbringen. Dieses Verhalten ist um so verwerflicher, je kostspieliger und knapper die Studienplätze sind. Sofern dies mit langjährigen Stipendien ermöglicht wird, ist die Grenze zum »skandalösen Finanzgebaren« überschritten.

Die Gewährung von Stipendien schneidet im Vergleich zur kostenlosen Beanspruchung von Bildungseinrichtungen dann besser ab, wenn sie einkommensbezogen gewährt werden. Hat der Vater eines Studenten ein bestimmtes Einkommen, so hat er selbst für seine studierenden Kinder aufzukommen. Absolventen aus unteren Einkommensschichten dürfen indessen mit existenzsichernden Stipendien rechnen. Sind diese später nicht zurückzubezahlen, bringen sie ihren Nutznießern in voller Höhe endgültige Vorteile. Im Falle von Darlehen entscheiden Verzinsung und Rückzahlungsbedingungen über die Auswirkungen auf die Begünstigten. Ermöglichte das Studium den sozialen Aufstieg mit einem Mehr-Verdienst gegenüber nichtakademischen Berufen – was an sich anzunehmen ist – so sind diese Vorzüge mit den finanziellen Belastungen von Darlehen zum Netto-Ergebnis zu saldieren. In der Regel darf man eine Bevorzugung der breiten Einkommensschichten durch Stipendien annehmen.

Sieht man nur diese Seite der Medaille an, so entsteht der Eindruck, die Bildungsreformen hätten die breiten Einkommensschichten in überragender Weise begünstigt. Berücksichtigt man indessen die Finanzierung der Bildungsausgaben, so ergibt sich ein stark verändertes Bild. In keinem Wirtschaftssystem sind letztlich Gratisleistungen möglich, da sämtliche Staatsleistungen nur über entsprechende öffentliche Einnahmen finanzierbar sind. Damit rückt die zentrale Frage nach den Steuerzahlern und Steuerträgern in den Mittelpunkt.

Der Wohlfahrtsstaat finanziert sich im wesentlichen mit der progressiven Einkommensteuer, der Umsatzsteuer und über die Gewinnbesteuerung der Unternehmen. In der Finanzwissenschaft wird davon ausgegangen, daß die Gewinn- und Umsatzsteuer bei normaler Konjunktur überwälzt werden, womit diese Abgaben die Konsumenten und damit vor allem die breiten Einkommensschichten belasten. Der Anteil der Verbrauchsausgaben am verfügbaren Einkommen ist in diesen Haushalten entschieden größer, als bei den Beziehern mittlerer und hoher Einkommen. Infolgedessen werden erstere von überwälzten Steuern stärker getroffen, weshalb man von regressiven oder asozialen Wirkungen spricht. Kernstück der progressiven Einkommensbesteuerung ist die Lohnsteuer, welche die Arbeitnehmer belastet. Sie ist unabhängig von der Progression meist die dominierende Einnahmequelle des Staates und bleibt vorwiegend bei den Lohnempfängern hängen. In welchem Maße die Progression die mittleren und hohen Einkommen schröpft, wird entscheidend von deren Überwälzungsmöglichkeiten bestimmt. Nicht zu vergessen sind die Steuerhinterziehung und die Steuerausweichung ins Ausland. Insbesondere sind aber die vielfältigen und gewichtigen Abzugsmöglichkeiten zu berücksichtigen.

Für die Steuerpolitik ist aber vor allem das ernüchternde Ergebnis empirischer Untersuchungen zur tatsächlichen Steuerlastverteilung relevant: Das aktuelle, sozialorientierte Steuersystem vermag die Einkommensverteilung nicht wesentlich zu verändern, ein Ergebnis, das weitgehend unabhängig von der

Gestaltung der Steuerpolitik zustandekommt. Der marktwirtschaftliche Mechanismus nimmt über die Überwälzung immer wieder Korrekturen vor und verteilt die öffentlichen Abgaben schwergewichtig auf die breiten Einkommensschichten, d. h. auf Lohnempfänger und Konsumenten. Diese finanzieren dann die angeblichen Gratisleistungen des Erziehungs- und Bildungswesens. Berücksichtigt man folgerichtig, daß die Nutznießer dieser Staatsleistungen sich überproportional auf mittlere und obere Einkommensschichten verteilen, so bringen die Lohnempfänger und Konsumenten für diese Kreise erhebliche Opfer. Die Bildungsreform ist aber mit dem Ziele angetreten, die breiten Einkommensschichten zu ihren eigentlichen Nutznießern zu machen. Indessen hat sie neben einer gigantischen Fehlleitung von Produktivkräften auch bewirkt, daß jene Personen, die tagtäglich arbeiten gehen, Studenten aus den oberen Einkommensschichten (mit-)finanzieren. Schwärmerische und weltfremde Bildungsreformer wollen und können offenbar nicht begreifen, daß alles seinen Preis hat und volkswirtschaftlich keine Gratisleistungen möglich sind. *Die Arbeitnehmer, die als Lohnempfänger und Steuerzahler auch von Studenten aus mittleren und oberen Einkommensschichten ausgebeutet werden, verdanken dies insbesondere den Linksparteien und anderen voreiligen Bildungsreformern.* Die kostenlose Beanspruchung der Bildungseinrichtungen erfolgt nämlich unabhängig vom Einkommen. Demgegenüber werden die Stipendien meist einkommensbezogen ausgestaltet, so daß die mittleren und oberen Einkommensschichten insofern benachteiligt sind, als sie keine öffentlichen Gelder beanspruchen können.

Insgesamt fällt eine Sozialbilanz der Bildungsreform äußerst ernüchternd aus, und es ist höchste Zeit, von den Illusionen der letzten Jahrzehnte Abschied zu nehmen. Der Überfluß an Akademikern, eine Ausbildung, die nicht dem Bedarf der Wirtschaft entspricht und erhebliche Einkommensverzichte von Lohnempfängern und Konsumenten zu Gunsten von Studenten sind gravierende Fakten, die durch nichts aus der Welt zu schaffen sind.

Im Extremfall hat die Bildungsreform ermöglicht, daß Töchter von Einkommensmillionären über ein medizinisches Gratis-Studium die Steuerzahler jährlich in Höhe von Hunderttausenden von Mark ausbeuten, ihre Ausbildung hinauszögern, anschließend heiraten und den Arztberuf – sofern sie das Staatsexamen bestanden haben – überhaupt nicht ausüben. Derart kostspielige Hausfrauen leistet sich nur eine Gesellschaft, die von Politikern regiert wird, die keinen Einblick in finanzielle und ökonomische Zusammenhänge haben. Indessen ließe sich die Reihe von höchst problematischen Gratis-Leistungen des Erziehungs- und Bildungswesens leicht fortsetzen. Entscheidend ist aber die Feststellung, daß es nie so weit hätte kommen müssen, wenn man den politischen Mut und die Einsicht aufgebracht hätte, die Hochschulausgaben mit kostendeckenden Gebühren und mit ausreichenden Darlehen an die Studenten zu finanzieren.

Studiengebühren gestalten die Kosten des Bildungswesens transparent und eignen sich als Steuerungsinstrument von Angebot und Nachfrage an den Hochschulen wie kein anderes Instrument. Das Bildungssystem wird nur dann auf den Bedarf der Wirtschaft abgestimmt und auch effizienter organisiert. Halten hohe Gebühren jemanden von der Wahl einer Studienrichtung ab und resultiert daraus ein Mangel an bestimmten Berufen, so kann der Staat die Ausbildungskosten mit gezielten Subventionen solange verbilligen, bis die Nachfrage nach den geforderten Studienplätzen die erwünschte Höhe erreicht hat. Diese Art der Förderung kann einkommensorientiert erfolgen, indem die Anwärter aus unteren Einkommensschichten die höchsten Subventionen erhalten. Beim Erreichen bestimmter Einkommensgrenzen kann er seine finanziellen Anreize aussetzen. In Analogie zu einer weitverbreiteten Stipendienpraxis können dann mittlere und obere Einkommensschichten nur noch sehr begrenzt oder gar nicht mehr von »Gratisleistungen« profitieren; sie müssen selbst voll für die von ihnen verursachten Kosten des Bildungswesens aufkommen. Unter solchen Voraussetzungen gibt es den geschilderten Fall der medizinstudierenden Millionärstöchter nicht mehr. Die Väter werden ihre Ausbildung persönlich und vollumfänglich finanzieren müssen.

Zwecks Finanzierung von Studiengebühren werden Darlehen an die Hochschulabsolventen gewährt, deren Rückzahlungs- und Verzinsungsbedingungen mannigfaltig variierbar sind. Darlehen haben den Vorteil, die Studierenden von der finanziellen Leistungsbereitschaft ihrer Väter unabhängig zu machen. So können sie nach Belieben in ihre berufliche Zukunft investieren. Als

Kostenträger wird ihnen zweifelsfrei an einem raschen und erfolgreichen Hochschulabschluß mehr gelegen sein als unter den gegenwärtigen Verhältnissen. Gebühren und Darlehen haben in Kombination mit einkommensbezogenen Anreizen und Vergünstigungen auf jeden Fall zur Folge, daß die Lohnempfänger in Zukunft nicht mehr Absolventen aus überdurchschnittlichen Einkommensschichten finanziell über Steuern unterstützen müssen. Sofern aber von ihnen bezahlte und getragene Steuern im Erziehungs- und Bildungswesen eingesetzt werden, geschieht dies nur noch zugunsten von Studierenden aus den breiten Einkommensschichten, denen sie selbst meist auch angehören. Eine solche Ausbeutung von Lohnempfängern durch Studenten dürfte für sie erträglicher sein.

Arbeitslose beuten die Beschäftigten aus

Die Arbeitslosigkeit nahm während der Rezession von Mitte der siebziger Jahre eine neue Dimension an; zur üblichen konjunkturellen Arbeitslosigkeit kam eine bedeutende strukturbedingte Entlassung von Arbeitskräften hinzu. Indessen blieb im Zuge der konjunkturellen Erholung eine hohe Sockelarbeitslosigkeit übrig, die in den westlichen Industrieländern auf zehn bis fünfzehn Millionen Arbeitslose veranschlagt wird. Diese unerfreuliche Entwicklung ist nicht zuletzt das Ergebnis der stark gesunkenen beruflichen und räumlichen Mobilität: Die Arbeitnehmer sind kaum noch bereit, Beruf und Wohnort zu wechseln. Unterstützt wird dieses Verhalten durch die Politik der Erhaltung von Arbeitsplätzen um jeden Preis, die Beeinträchtigung des wachstumsbedingten und -erforderlichen Strukturwandels sowie nicht zuletzt durch eine großzügige Handhabung der Arbeitslosenversicherung. Unter den aktuellen politischen Machtverhältnissen besteht wenig Aussicht auf eine grundlegende Veränderung bei den Faktoren, welche die Arbeitslosigkeit verursachen. Deshalb ist auch in den achtziger Jahren mit einer erheblichen konjunkturellen und strukturellen Unterbeschäftigung zu rechnen.

Wer als Arbeitsloser anerkannt wird, bezieht Arbeitslosenunterstützung. Entrichtet er während seiner Erwerbstätigkeit Beiträge an die Arbeitslosenversicherung, so erhält er sozusagen eigene Mittel zurück. Er lebt dann nicht von finanziellen Leistungen anderer Personen. Sofern er nicht freiwillig oder unrechtmäßig arbeitslos wurde, geht alles grundsätzlich in Ordnung. Leider ist dies aufgrund der Erfahrungen, insbesondere der letzten Jahre, nicht mehr der Fall. In zuverlässigen Zeitungen war wiederholt nachzulesen, in den westeuropäischen Ländern seien mehrere Millionen – man sprach gar von der Hälfte der Arbeitslosen – freiwillig arbeitslos. Sie ziehen die Arbeitslosengelder offenbar ihrem gewohnten Erwerbseinkommen vor. Nicht wenige Länder zahlen seit Jahren gesamtwirtschaftlich gewichtige Unterstützungen an Arbeitslose aus. Diese Mittel müssen von jemandem verdient werden, weshalb es sich lohnt, die Ursachen der Arbeitslosigkeit auszumachen. Dabei steht die freiwillige Arbeitslosigkeit im Mittelpunkt, die konsequent zu bekämpfen ist.

Allzulange wurde übersehen, daß die Überschreitung bestimmter Obergrenzen in der Einkommenssicherung eine zusätzliche, d. h. induzierte, Nachfrage nach Leistungen der Arbeitslosenversicherung auslöst. *Was vom einzelnen aus betrachtet rational erscheint, nämlich die Arbeitslosenversicherung möglichst intensiv zu beanspruchen, d. h. auszubeuten, ist gesamthaft mit erheblichen Zusatzbelastungen für die Gemeinschaft aller Beschäftigten verbunden.* Es ist unbedingt zu verhindern, daß freiwillig Arbeitslose ihre erwerbstätigen Kollegen ausbeuten. Daher dürfen die Leistungen der Arbeitslosenversicherung hinfort nicht so hoch angesetzt werden, daß Beschäftigte einen Anreiz haben, arbeitslos zu werden oder zu bleiben.

Ob jemand als arbeitslos gilt oder nicht, hängt von der gesetzlichen Umschreibung der Arbeitslosigkeit ab. Es ist naiv anzunehmen, daß alle Arbeitslose ohne eigenes Zutun in diese Situation geraten oder das Opfer einer falschen Beschäftigungspolitik geworden seien. Das Problem der freiwilligen Arbeitslosigkeit wird nicht dadurch gelöst, daß man nicht wagt, über die Ursachen der Arbeitslosigkeit zu sprechen, etwa weil dies für die Gewerkschaften unzumutbar ist oder es sich um ein soziales Ärgernis handelt. In Wirklichkeit eröffnet die gesetzliche Definition der Arbeitslosigkeit einen großen Interpretations- und Handlungsspielraum. Wer diesen geschickt auszunützen versteht, der kann sich durchaus arbeitslos machen. Dies ist zweifelsfrei eine harte Feststellung, weshalb sie nun im einzelnen zu begründen ist.

Einmal ist es möglich, die Kündigung durch den Arbeitgeber in vielfältiger Art und Weise zu provozieren: Wer eine schlechte Arbeitsmoral hat, durch öftere Abwesenheit jeder Art glänzt, am gewerkschaftlich anerkannten Standard gemessen, unbefriedigende Arbeitsleistungen erbringt oder gar seine Kollegen gegen den Arbeitgeber aufhetzt, der erreicht nicht selten seine Entlassung. Dies ist wohl am ehesten bei rückläufiger Konjunktur und anhaltenden Absatzschwierigkeiten seitens der Unternehmen zu erwarten.

Ist jemand als Arbeitsloser vermittlungsfähig, so gibt die Zumutbarkeit des neuen Arbeitsplatzes im allgemeinen den Ausschlag, wie lange er arbeitslos bleibt. Allerdings gehen die Ansichten über die Zumutbarkeit eines Wechsels stark auseinander, wie die Praxis von Arbeitsämtern und Gewerkschaften zeigt. Ist jemand nicht bereit, den Beruf zu wechseln, und besteht er darauf, daß der neue Arbeitsplatz ihm nicht zumutbar sei, so vergrößern sich seine Chancen, arbeitslos zu bleiben, entscheidend. Hat er sich aber umschulen lassen, so treten neue Schwierigkeiten auf, wenn der neue Beruf am Arbeitsmarkt nicht gefragt ist. Im Falle einer höheren Qualifikation von Arbeitslosen spielt die Bezahlung am neuen Arbeitsplatz eine ausschlaggebende Rolle. Weit verbreitet ist die Vorstellung, daß Einkommenseinbußen nicht zumutbar seien. In dem Maße, wie die Betroffenen an dieser Version festhalten, dauert die Arbeitslosigkeit an und kann sich auf Jahre erstrecken. Dann ist es nicht unwichtig, ob Arbeitslosengelder zeitlich beschränkt oder unbeschränkt ausgerichtet werden. Im Falle einer Höchstdauer der Leistungen wird ein erheblicher Druck ausgeübt, einen neuen Arbeitsplatz zu akzeptieren, weil Arbeitslose sonst von der Fürsorge abhängig werden. Zahlreiche Personen schrecken immer noch vor einem Gang zur Fürsorge zurück, was wohl noch aus der Zeit des unerfreulichen Armenwesens stammt.

Die geringe räumliche Mobilität ist meist ebenso gravierend wie die Abneigung, sich beruflich zu verändern. Es sind zahlreiche Fälle bekannt, daß Arbeitslose sich erfolgreich weigerten, eine Distanz von 30 bis 50 Kilometer zwischen Wohnung und Arbeitsplatz zu akzeptieren. Nicht selten bleiben Personen, insbesondere in großstädtischen Ballungsräumen, lieber arbeitslos, als eine größere Fahrzeit zu Arbeitsplätzen, die ihrer Ausbildung entsprechen, in Kauf zu nehmen. Mehr Verständnis ist aber für die Weigerung aufzubringen, auch noch den Wohnort zu wechseln. Damit sind bedeutende Nachteile verbunden, so u. a. der lästige Schulwechsel der Kinder, der Verlust der vertrauten Umgebung, die Risiken des neuen Arbeitsplatzes sowie nicht voraussehbare Probleme am neuen Wohnort. Zu Recht befürchten Arbeitslose, der Wohnortwechsel gewährleiste ihnen den Arbeitsplatz nicht auf Dauer. Doch letztlich ist die geringe berufliche und räumliche Mobilität Ursache für einen bedeutenden Teil der Arbeitslosigkeit und setzt den Bemühungen ihrer Überwindung sehr enge Grenzen.

Die Arbeitslosigkeit wird verlängert, wenn jemand tatsächlich krank ist oder sich krank stellt. Der erste Fall kann eintreten, wenn der Verlust des angestammten Arbeitsplatzes jemanden psychisch bedrückt und ihn infolgedessen auch physisch krank werden läßt. Leider gibt es aber auch Arbeitnehmer, die deshalb nicht vermittlungsfähig sind, weil sie von einer Krankheit in die andere fliehen, um so keinen neuen Arbeitsplatz annehmen zu müssen. Solche Fälle sind zwar für die konjunkturelle Arbeitslosigkeit nicht typisch, es gibt sie aber in der Tat. Man soll sie deshalb nicht verschweigen, weil es sich um eine sozial-verwerfliche Ausbeutung jener Arbeitnehmer handelt, die als Erwerbstätige die Arbeitslosenversicherung finanzieren.

Weit häufiger kommt es vor, daß Arbeitslose regelmäßig die Arbeitslosenunterstützung beziehen und gleichzeitig schwarz arbeiten und daher Doppelverdiener sind. Die Schwarzarbeit hat aber noch Ursachen, die in keinem Zusammenhang mit der Arbeitslosenversicherung stehen. In Ländern mit prohibitiven Steuern und Soziallasten kann es sich lohnen, auf Arbeitslosengelder zu verzichten und ausschließlich von Schwarzarbeit zu leben. Ist jemand nicht offiziell erwerbstätig, so entfallen diese öffentlichen Abgaben. Er verdient schon bei der Hälfte der üblichen Arbeitszeit zufriedenstellend. Wird Schwarzarbeit nach Akkordsätzen entlohnt, so fördert dies außergewöhnlich stark die Arbeitsmoral und -intensität. Arbeitslose sind sozusagen (Eigen)Unternehmer oder Selbständige, bleiben dabei von öffentlichen Belastungen verschont, welche die Unternehmer zu tragen haben. Schwarzarbeiter beuten die ordnungsgemäß Erwerbstätigen aus, da sie weder die Arbeitslosenversicherung noch die Staatskassen alimentieren.

Zentrales Anliegen ist eine Ansetzung der Leistungen der Arbeitslosenversicherung, die keinen Anreiz bietet, arbeitslos zu werden. Arbeitslos zu sein ist nämlich um so attraktiver, je interessanter die Schwarzarbeit und je größer die berufsbedingten Auslagen sind, die ja bei einem Arbeitslosen entfallen. Solange es keine zuverlässigen Erfahrungswerte über Einkommen aufgrund von Schwarzarbeit gibt, bewegt sich die Arbeitslosenversicherung diesbezüglich im luftleeren Raum. Indessen lassen sich die berufsbedingten Ausgaben durchaus in Erfahrung bringen. Zu berücksichtigen sind im weiteren Einkommen aus Überstunden, indem man nur Einkommen aufgrund der normalen Arbeitszeit anrechnet. In Abzug zu bringen sind zusätzlich zu den (entfallenen) Berufsaufwendungen sämtliche Steuererleichterungen von Arbeitslosen. Dann erst stehen die Höchstleistungen der Arbeitslosenversicherung als Prozentsatz des vor der Arbeitslosigkeit erzielten Bruttoeinkommens fest. Damit ist aber noch nicht sichergestellt, daß niemand freiwillig arbeitslos wird. Offen bleibt auch noch die Lösung der heiklen Aufgabe der geldmäßigen Bewertung der Freizeit eines Arbeitslosen. In diesem Fall erscheint eine allgemeine anerkannte Regelung aussichtslos zu sein.

In den meisten Industrieländern liegen die finanziellen Leistungen der Arbeitslosenversicherung über jener Obergrenze, die man zur Vermeidung von freiwilliger Arbeitslosigkeit nicht überschreiten darf. Es wäre folgerichtig, die Ansätze entsprechend zu vermindern. Doch dazu bieten weder Arbeitnehmer noch Gewerkschaften ihre Hand und halten somit die Ausbeutung der Beschäftigten durch Arbeitslose aufrecht. Die Arbeitslosigkeit ist auch davon abhängig, welchen politischen Einflüssen die Arbeitsämter ausgesetzt sind und wie sie die einschlägigen Gesetze auslegen und anwenden. Es versteht sich von selbst, daß linksorientierte Bürokraten – wohlverstanden bei gleichen Gesetzen – jemanden eher als arbeitslos akzeptieren als konservativ denkende und handelnde Angestellte und Beamte.

Ebenso wichtig ist aber auch die Finanzierung der Arbeitslosenversicherung: Je weniger die jeweils zuständige Behörde an der Finanzierung der Arbeitslosengelder beteiligt ist, desto großzügiger geht sie mit öffentlichen Mitteln um. Sie kann sich nämlich beliebt machen, ohne die entsprechenden finanziellen Konsequenzen tragen zu müssen. In der Praxis wäre Entscheidendes gewonnen, wenn diejenigen, welche die Entscheidungen fällen, sich fühlbar an der Finanzierung beteiligen müßten. Dann erst wird eine unmittelbare Verbindung zwischen Entscheidungsträger und Finanzierung hergestellt, die heilsame Auswirkungen auf die Arbeitslosenversicherung und die Erwerbstätigkeit hat. Als Vorteil kommt hinzu, daß lokale Arbeitsämter die persönlichen Verhältnisse von potentiellen und tatsächlichen Arbeitslosen kennen und infolgedessen am ehesten einen angemessenen Entscheid fällen können.

Die Praxis der Arbeitslosenversicherung, das Verhalten politischer Parteien, der Gewerkschaften aber auch der Arbeitnehmer ist entscheidend von Illusionen über die Auswirkungen der Finanzierung der Arbeitslosengelder geprägt: Finanziert sich die Arbeitslosenversicherung mit Steuern, so ist folgende Lastverteilung zu beachten: Gewinn- und Umsatzsteuern werden in normalen Zeiten überwälzt; die Lohnsteuer wird indessen von den Erwerbstätigen getragen. In diesem Fall sind letztlich die Lohnempfänger und Konsumenten Steuerträger und kommen für steuerfinanzierte Arbeitslosenunterstützung auf. Dieser Einkommensverzicht zugunsten von Arbeitslosen ist aber nichts anderes als eine Ausbeutung. Diese ist sozial unerträglich oder gar skandalös, wenn freiwillige Arbeitslose unterstützt werden.

Es ist aber auch nicht auszuschließen, daß die Arbeitslosenversicherung sich bei Wirtschaftseinbrüchen verschuldet, um so ihren laufenden Finanzbedarf zu decken. Zwar regt dies die Nachfrage an und ist konjunkturpolitisch positiv, indessen sind die Darlehen zu verzinsen und zu tilgen. Zwar werden dadurch Finanzierungslasten in die Zukunft verschoben, es ist aber lediglich eine Zeitfrage, bis dafür zusätzliche Steuern oder Beiträge an die Arbeitslosenversicherung fällig werden.

In der Regel finanziert sich die Arbeitslosenversicherung mit Beiträgen von Erwerbstätigen und Unternehmern, die vielfach je zur Hälfte aufgebracht werden. Die Abgaben der Arbeitgeber haben die gleichen Auswirkungen wie die bereits erörterten Arbeitgeberbeiträge an andere Sozialversicherungsträger: Letztlich belasten sie in irgendeiner Art und Weise schwergewichtig die Beschäftigten. Infolgedessen müßten diese an einer niedrigen Arbeitslosenzahl brennend interessiert sein. Wenn die Erwerbstätigen regelmäßig die Finanzierungslasten der Arbeitslosenversicherung als Einkommens- und Wohlstandsverzichte tragen müssen, ist es nur folgerichtig, von eingefleischten Illusionen Abschied zu nehmen und die Arbeitslosenversicherung ausschließlich mit Beiträgen der Beschäftigten zu alimentieren. Erst dann sind die Kosten dieses Trägers der sozialen Sicherheit transparent. Diese Finanzierungsvariante ist am ehesten in der Lage, insbesondere die freiwillige Arbeitslosigkeit einzudämmen. Es ist überfällig, zur Kenntnis zu nehmen, daß dies im ureigenen Interesse der Beschäftigten liegt, weil sie von ihren arbeitslosen Kollegen weniger ausgebeutet werden. An Arbeitslosigkeit kann letztlich niemand ernsthaft interessiert sein: Jede nicht geleistete Arbeitsstunde hat einen Produktionsausfall und damit weniger Konsum und Investitionen zur Folge. *Die hohe Sockelarbeitslosigkeit unserer Zeit wird aber erst mit der völligen Preisgabe der Politik der Arbeitsplatzerhaltung um jeden Preis sinken und allmählich verschwinden können.* Diese Ausbeutung der Beschäftigten läßt sich nur fühlbar abbauen oder gar beenden, wenn wir dem Strukturwandel der Wirtschaft freien Lauf lassen und irreführende Illusionen über die tatsächliche Verteilung der Finanzierungslasten nach dem Motto »die anderen bezahlen« überwinden.

Rentner beuten die Erwerbstätigen aus

Die Altersvorsorge nahm in der Nachkriegszeit einen außergewöhnlichen Aufschwung, der inzwischen einen volkswirtschaftlich besorgniserregenden Stand erreicht hat und als Kernstück unseres überdimensionierten Wohlfahrtsstaates gilt. Die Finanzlasten der Altersversicherung belaufen sich in den hochentwikkelten Ländern auf zwischen 10 und 15 Prozent des Erwerbseinkommens. Der Ausbau dieses Sozialversicherungsträgers erfolgte ohne Rücksichtnahme auf die Langzeitwirkungen und wurde in den siebziger Jahren zu einem zentralen Sozial- und Wirtschaftsproblem von Gegenwart und Zukunft.

Die Finanzierung der Altersversicherung kann nach zwei grundlegend verschiedenen Verfahren durchgeführt werden, die in der Praxis meist in vermischter Form auftreten: Gilt das Deckungskapitalverfahren, so zahlen die Versicherten während ihrer Erwerbstätigkeit Beiträge an die Altersversicherung. Die Festsetzung dieser Einzahlungen richtet sich nach den später auszurichtenden Renten. In diesem Fall kommt jeder selbst für seine Altersvorsorge auf, wozu private Versicherungen vollauf genügen. Der Staat führte die obligatorische Altersversicherung deshalb ein, weil auf freiwilliger Grundlage keine ausreichende Vorsorge insbesondere in den unteren Einkommensschichten zustandekam.

Die meisten Wohlfahrtsstaaten ziehen aber das Umlageverfahren vor, wonach die Leistungen der Rentenversicherung mit Einnahmen des gleichen Jahres gedeckt werden. In jenen Ländern, in denen das Deckungskapitalverfahren bevorzugt wird, gewinnen Elemente des Umlagerverfahrens aber laufend an Bedeutung, und es ist abzusehen, wann die Umlagevariante dominiert. Die Renten werden zwar mit zweckgebundenen Beiträgen von Arbeitgebern, Arbeitnehmern und auch mit Subventionen finanziert; hierbei handelt es sich aber durchweg um Abgaben mit Steuercharakter. So ist es sachgerecht, im gleichen Zuge von Steuern und Soziallasten zu sprechen, die zusammen die fiskalische Belastung eines Landes ergeben.

Je weniger das Deckungskapitalverfahren mit seiner individuellen Kontenführung zum Zuge gelangt, desto stärker werden Einkommen von den oberen zu den unteren Einkommensschichten umverteilt. Die Soziallasten von Rentnern werden von der aktiven Bevölkerung übernommen, was einer Ausbeutung der Erwerbstätigen durch die Rentner gleichkommt. Diese äußert sich in der Differenz zwischen der nach der Pensionierung erhaltenen Rentensumme und den eigenen Beiträgen im Laufe der Erwerbstätigkeit. Das Ausbeutungselement ist inzwischen sehr vielfältig und zur entscheidenden Schwäche der Altersvorsorge geworden.

Der Staat sorgt nicht erst heute für Personen vor, die das selbst tun können oder es bereits getan haben. Diese zusätzliche Vorsorge ist ordnungspolitisch verwerflich; der Staat beschränkt sich nämlich nicht auf seine subsidiäre Funktion. *Das liberale Subsidiaritätsprinzip ist offenbar in Vergessenheit geraten, es sollte aber erneut zum tragenden Grundsatz nicht nur der Altersvorsorge, sondern der ganzen Sozialpolitik werden.* Nur so wird der Staat mit dem überdimensionierten Finanzbedarf der sozialen Sicherheit fertig werden können. Er muß sich darauf beschränken, nur jenen unter die Arme zu greifen, die bei Ausschöpfung der eigenen Möglichkeiten sich im sozial erwünschten Ausmaß nicht helfen können.

Die staatliche Altersvorsorge zeichnet sich durch auffallende Überversorgung, d. h. unnötige Mehrfachversicherungen aus. Nicht selten beziehen mittlere und hohe Einkommensschichten zusätzlich zu ihren privaten Versicherungsleistungen auch von der staatlichen Altersvorsorge Geldmittel, die sie für ihren Lebensunterhalt nicht benötigen und in voller Höhe zur Bank tragen. Haben sie selbst nicht entsprechende Beiträge an die staatliche Rentenversicherungen bezahlt, so beuten sie Erwerbstätige aus unteren Einkommensschichten aus. Überversicherungen fördern zwar die Kapitalbildung; legen die Versicherungen aber diese Gelder »mündelsicher« u. a. in Staatsanleihen und Immobilien an, so entziehen sie der Privatwirtschaft Risikokapital. Dies beeinträchtigt gewerbliche und industrielle Investitionen und ist auf Dauer wachstums- und -wohlstandsschädigend. In diesem Ausmaße beuten die Versicherungen unser Wirtschaftssystem aus.

Gilt das Subsidiaritätsprinzip, so darf der Staat nicht mehr als für die breiten Einkommensschichten existenzsichernde Renten gewähren. Dazu dürfen die Höchstrenten die Durchschnittseinkommen der privaten Haushalte nicht übertreffen. Entscheidend ist indessen die bedarfsgerechte Ansetzung der Mindestrenten. Dies hat aus sozialen Motiven unabhängig von individuellen Beiträgen an die Altersversicherung und vom zuletzt bezogenen Bruttoeinkommen zu geschehen, damit niemand durch das Netz der Altersvorsorge fällt. Die Altersvorsorge weist in manchen Industrieländern noch immer gravierende Lücken auf: Ein bedeutender Prozentsatz der Rentner verfügt nicht einmal über ein existenzsicherndes Einkommen und ist deshalb auf die Fürsorge angewiesen. Je mehr Überversicherungen auftreten, desto beschränkter sind die finanziellen Möglichkeiten der Beseitigung von Unterversorgungen. In diesem Fall werden tatsächlich Hilfebedürftige von Personen mit (zu) hohen Renten ausgebeutet. Eine derartige Pervertierung der Altersversicherung ist asozial und infolgedessen abzubauen oder zu beseitigen. Dies kann derart geschehen, daß die staatliche Altersversicherung Renten nur an jemanden ausbezahlt, der kein existenzsicherndes Einkommen aus anderen Quellen bezieht. Im Rahmen der äußerst beliebten und stark verbreiteten Volkspension erhalten auch Personen mit überdurchschnittlichen und hohen Einkommen Leistungen der Rentenversicherung. Versorgungsgerecht ist aber nur eine einkommensorientierte Altersversicherung. Solange der Bedarfsnachweis als sozialpolitischer Rückschritt empfunden wird, ist diese Variante nicht realisierbar.

Im Laufe der letzten Jahrzehnte wurden Renten vorerst der Teuerung oder Geldentwertung und später auch dem (realen) Wachstum der Wirtschaft angepaßt. Die meisten hochentwickelten Industrieländer kennen dynamisierte Renten, die automatisch auf Inflation und Wirtschaftswachstum reagieren. Mit dieser Flexibilität können die Rentner mit dem Erwerbseinkommen Schritt halten und ihre Position in der Einkommenshierarchie festigen. Die dynamischen Renten sind inzwischen unantastbar geworden, hingegen sind sie schon in den achtziger Jahren in den meisten Fällen nicht mehr gesichert. Seit Mitte der siebziger Jahre verschlechtern sich die ökonomischen und finanziellen Grundlagen von Altersvorsorge und Wohlfahrtsstaat laufend und erfordern einschneidende Reformen. Ursachen dafür sind die Bevölkerungsstagnationen, das verminderte Wirtschaftswachstum, die Überalterung der Bevölkerung und zu hohe Rentenerwartungen in der Zukunft. Dies alles läuft auf eine wachsende Ausbeutung der Erwerbstätigen durch die Rentner hinaus. Die Erwerbstätigen werden treffend als die Lastesel unserer Gesellschaft bezeichnet. Es ist überfällig zu fragen, wann sie nicht mehr bereit sind, diese Soziallasten zu tragen.

Zahlreiche Hochrechnungen zur künftigen Entwicklung der Rentenversicherung weisen überzeugend nach, daß weder eine weitere Anhebung der Renten noch ihre Beibehaltung finanziell unter allen Umständen möglich sind. In den kommenden Jahren wird es zu heftigen Auseinandersetzungen und politischen Konfrontationen bezüglich der Altersvorsorge kommen. Indessen werden die Reformaussichten zunehmend schlechter, weil der Prozentsatz der Rentner an der Zahl der Wahlberechtigten zunimmt und die Rentner sich zu wehren wissen, wenn ihre Renten angetastet werden. Vor allem die Linksparteien werden sich dankbar der Rentneranliegen annehmen und nicht auf die veränderten Voraussetzungen der Altersvorsorge Rücksicht nehmen. Sogar die CDU/CSU hat sich in diese Richtung geäußert und darauf hingewiesen, die dynamische Altersrente sei ihr Verdienst. Die Rentner erhalten auch von jenen Wählern Unterstützung, die in absehbarer Zeit Rentner werden. Zwar mögen diese Kreise noch 10 bis 15 Jahre beitragspflichtig sein, sie wollen aber sicher sein, ungeschmälerte Renten zu erhalten. Bezieht man auch noch die junge Bevölkerung bis achtzehn oder zwanzig Jahren, die nicht wahlberechtigt sind, in die Überlegung ein, so gewinnen die Rentner zusammen mit Wählern über 50 Jahren einen starken politischen Einfluß und können sogar eine Wählermehrheit zusammenbringen. Man bewegt sich keineswegs im spekulativen Bereich, wenn man den Spielraum für Reformen der Altersversicherung als sehr beschränkt einschätzt.

Die Relation zwischen Erwerbstätigen und Rentnern verschlechtert sich schon seit langem: Früher kamen auf einen Rentner vier bis fünf Erwerbstätige. Im Jahre 2000 müssen zwei Erwerbstätige einen Rentner mitversorgen. Infolgedessen ist es geradezu fahrlässig anzunehmen, die Renten der neunziger Jahre seien problemlos gesichert. Es ist eher zutreffend, daß die Erwerbstätigen sich dann weigern werden, die von der Rentenversicherung benötigten Beiträge zu bezahlen. Voraussichtlich werden sie von der Ausbeutung durch die Rentner genug haben und konsequent Rentenkürzungen und einschneidende Finanzierungsreformen durchzusetzen versuchen.

Die Zukunftsforscher stimmen darin weitgehend überein, daß wir in den achtziger Jahren nicht mehr das Wirtschaftswachstum der Periode 1950 bis 1975 erleben werden. Der aufgeblähte Wohlfahrtsstaat, der großzügig weder finanzierte noch verdiente Zukunftsleistungen verspricht, weigert sich davon Kenntnis zu nehmen, daß der zu verteilende Kuchen nur noch – wenn überhaupt – bescheiden wächst. Das magere Wirtschaftswachstum ist auf eine stagnierende Bevölkerung und einen sinkenden Anteil der Erwerbstätigen an der Wohnbevölkerung zurückzuführen. In diesem Fall können die hochentwickelten Industrieländer nur noch im Ausmaße ihres Produktivitätsfortschritts wachsen.

Höhere Beiträge an die Rentenversicherung erweisen sich volkswirtschaftlich – je länger je mehr – als untragbar: Die Soziallasten der Unternehmer vermindern die Gewinne in dem Maße, wie sie auf die Konsumenten nicht überwälzbar sind und beeinträchtigen entsprechend die privaten Investitionen. Dies ist mit einem verminderten Wirtschaftswachstum und Wohlstandseinbußen verbunden. Am stärksten ist aber der Druck auf die Selbständigen, die Arbeitgeber- und Arbeitnehmerbeiträge an die Rentenversicherung bezahlen müssen. Zu dieser Doppelbelastung kommen prohibitive Steuern hinzu. Wen vermag es zu erstaunen, daß nicht wenige Selbständige sich vorzeitig aus dem Erwerbsleben zurückziehen oder gutbezahlte Bürokraten werden. Dieser Verlust an privater Initiative ist mehr als bedauernswert, denn er höhlt die unternehmerische Substanz und damit das marktwirtschaftliche System aus und zerstört die Grundlagen des Sozial- und Wohlfahrtsstaates. Inzwischen ist unser (noch) freies Wirtschaftssystem durch unzumutbare Steuern und Soziallasten besorgniserregend gefährdet. *Ein zentrales Zukunftspostulat ist die Rationalisierung des Sozialstaates, d. h. der Abbau von Überversicherung bei gleichzeitiger Beseitigung von Lücken in der Altersversorgung.* Als Faustregel sollte gelten, daß die gesetzliche Rentenversicherung Leistungen nur noch an Personen und Haushalte gewährt, die keine existenzsichernde Einkommen aus anderen Einkommensquellen beziehen und auch nicht über entsprechende Vermögen verfügen. Käme dieser Grundsatz tatsächlich zum Zuge, so wird die Rentenversicherung entscheidend entlastet. Die dabei freiwerdenden Finanzmittel erlauben eine ausreichende Aufbesserung der Mindestrenten zugunsten unterdurchschnittlicher Einkommensschichten. Es ist finanziell auch möglich, nicht rentenberechtigte Personen in die Altersversorgung einzubeziehen. Die Volkspension, bei deren Geltung jeder unabhängig von seinem Einkommen eine Mindestrente erhält, ist als Kompromißlösung aufzufassen, weil dem Subsidiaritätsprinzip einkommens- bzw. bedarfsorientierte Leistungen entsprechen. Je länger wir aber grundlegende Reformen ablehnen, desto schmerzlicher wird die spätere unvermeidliche Redimensionierung des Sozialstaates ausfallen. Das Hindernis auf dem Wege zur Rationalisierung des Sozialstaates sind allgemein verbreitete Illusionen über die Finanzierungswirkungen der Rentenversicherung.

Je mehr sich die finanzielle Lage der Rentenversicherung zuspitzt, desto stärker werden die Arbeitgeber in die Finanzierung der Renten eingespannt. Doch es wird offenbar übersehen, daß sie sich von diesen Opfern in verschiedener Hinsicht entlasten können. Dann sind es erneut die Erwerbstätigen und Konsumenten – Rentner sind Nur-Konsumenten –, die über erhöhte Preise die überwälzten Arbeitgeberbeiträge tragen. Gelingt es hingegen den Unternehmern, zusätzliche Soziallasten abzuwehren, so springt der Staat mit steuerfinanzierten Subventionen an die Rentenversicherungen in die Lücke ein. Über die großen Steuern wissen wir aber, daß sie, weitgehend überwälzt, sich in grober Vereinfachung etwa proportional auf die Einkommen verteilen, d. h. keine fühlbaren Korrekturen der Einkommensverteilung bewirken. In diesem Fall werden die Erwerbstätigen am stärksten betroffen, weil sie zusätzlich zu überwälzten Konsum- und Gewinnsteuern auch noch in erheblichem Umfange Lohn- und (veranlagte) Einkommensteuern bezahlen und tragen. Damit zeigt es sich erneut, daß die Erwerbstätigen aufgrund des Umlageverfahrens zur Finanzierung der Altersvorsorge von den Rentnern ausgebeutet werden.

Internationale empirische Untersuchungen ergeben regelmäßig, daß die übliche Finanzierung der Altersversicherung mit Arbeitgeberbeiträgen und Steuern die Arbeitseinkommen kaum umzuverteilen vermögen. Dieser gigantische verteilungspolitische Leerlauf ist auf politische Versprechungen zurückzuführen, wonach die Kosten von Sozialleistungen zugunsten der breiten Einkommensschichten von den Reichen getragen werden, was in Wirklichkeit, u. a. wegen marktwirtschaftlichen Korrekturen, nur sehr beschränkt zutrifft. Daher ist es nur folgerichtig zu empfehlen, von der Illusion der Gratisleistungen Abschied zu nehmen und die Finanzierung der Altersrenten den Erwerbstätigen allein zu überlassen. Dann werden die vollen Kosten der Altersvorsorge transparent und erweisen sich als wirksames Instrument der Gestaltung der Altersversicherung. Im Zuge der Realisierung solcher Finanzierungsreformen ist es aber notwendig, Lohnempfänger und Selbständige entsprechend den auf sie zukommenden Zusatzbelastungen durch die Rentenversicherung steuerlich zu entlasten.

Zentrales Element sämtlicher Reformen ist die Rückkehr zum Deckungskapitalverfahren, damit die Erwerbstätigen während ihrer aktiven Lebensphase Beiträge an die Rentenversicherung in einem Ausmaße bezahlen, die zur Deckung ihrer späteren Rentenbezüge voll ausreichen. Nur so kann die Ausbeutung der Erwerbstätigen durch die Rentner beendet werden. Allerdings wird es immer einen bedeutenden Prozentsatz von Personen geben, die wegen ungenügender Einkommen nicht soviel Beiträge an die Rentenversicherung leisten können, wie zur Ausrichtung existenzsichernder Renten erforderlich wäre. In solchen Fällen hat der Staat subsidiär einzugreifen und von den leistungsfähigen Einkommensschichten mehr Beiträge anzufordern als zur Finanzierung ihrer Renten erforderlich ist. Hält sich die Politik der Altersvorsorge nicht an diesen Grundsatz, so hat sie zwangsweise eine Verschwendung von Produktionsfaktoren und verteilungspolitische Leerläufe zur Folge. Offenbar fühlt sie sich im Dunst sozialpolitischer Illusionen immer noch wohl und beutet dabei Erwerbstätige und Konsumenten aus. Da schließlich die Politiker solche Zustände jahrzehntelang geduldet und genährt haben, ist es nun selbstverständlich an ihnen, die Ausbeutung der Erwerbstätigen durch Rentner allmählich abzubauen und schließlich zu beenden.

Die Versicherungen beuten das Wirtschaftssystem aus

Wir verdanken unseren beispiellosen Wohlstand vorrangig den investitions- und risikofreudigen Unternehmern, die seit der industriellen Revolution Ersparnisse und Kapital – ohne sich von potentiellen Verlusten abschrecken zu lassen – in die Privatwirtschaft investierten. Dieser Pioniergeist hat uns innerhalb von 200 Jahren von der Erfindung der Dampfmaschine bis zur Gegenwart in eine Entwicklungsphase geführt, die von den Verketzern des freien Wirtschaftssystems als Spätkapitalismus bezeichnet wird. Dahinter versteckt sich die Voraussage und Hoffnung, der Kapitalismus werde in absehbarer Zeit überwunden und durch ein sozialistisches Wirtschaftssystem abgelöst. Indessen hat sich die freie Marktwirtschaft stets als äußerst anpassungs- und entwicklungsfähig erwiesen; sie dürfte auch künftig sich in ähnlicher Art und Weise erhalten und fortentwickeln. Dazu ist es allerdings entscheidend, daß die Investitions- und Risikobereitschaft nicht erlahmt und das erforderliche Risikokapital bereitgestellt wird.

In den letzten Jahrzehnten, und insbesondere seit der Rezession Mitte der siebziger Jahre, hat sich ein ausgeprägtes Sicherheitsdenken und -streben verbreitet. Dieses drückt sich u. a. in einer starken Expansion privater und gesetzlicher Versicherungen aus und beansprucht einen wachsenden Prozentsatz der Ersparnisse von privaten Haushalten und Unternehmen. Je stärker dieser Trend – letztlich zur absoluten Absicherung gegen finanzielle Folgen von Wechselfällen des Lebens – sich fortsetzt, desto weniger (Risiko-)Kapital steht für private Investitionen und somit auch für technische Neuerungen in der (Privat-)Wirtschaft zur Verfügung.

Wir leben in den achtziger Jahren in einer historischen Umbruchs- und Übergangsphase mit einem gigantischen Investitionsbedarf in neue, das künftige Wachstum tragende Branchen, wie z. B. zur Gewinnung von Alternativenergien, für die Entwicklung neuer Verkehrssysteme, den Umweltschutz und für einen sparsameren Einsatz von Rohstoffen und Energiequellen. Stellen wir das dazu notwendige Risikokapital nicht bereit, so hemmen wir das Wachstum des Einkommens je Einwohner, d. h. unseres Wohlstandes. Wir werden dann zunehmend Mühe bekunden, die Kosten der Verbesserung der allgemeinen Lebensbedingungen, d. h. des qualitativen Wirtschaftswachstums, zu tragen. So sehen wir uns letztlich unweigerlich mit der Alternative konfrontiert: noch mehr an finanzieller Sicherheit für die einzelnen oder wachsender Wohlstand dank einer anhaltend hohen Investitions- und Risikobereitschaft. Entscheiden wir uns für mehr soziale Sicherheit, so müssen wir uns zusätzlich gegen finanzielle Folgen der Wechselfälle des Lebens versichern und bewegen uns auf lange Sicht auf eine Rentnergesellschaft zu. Diese zeichnet sich nicht (mehr) durch eine hochleistungsfähige gewerbliche Wirtschaft, sondern durch die Dominanz privater und öffentlicher Dienstleistungen aus. Je stärker sich der industrielle und gewerbliche Sektor (relativ) zurückbilden, desto langsamer wachsen die Einkommen der privaten und öffentlichen Haushalte, was die finanzielle Voraussetzung für mehr Dienstleistungen verschlechtert. Auf die Dauer wird die Stagnation oder gar Schrumpfung industrieller und gewerblicher Branchen der alten Industrieländer auch den Dienstleistungssektor in Mitleidenschaft ziehen. Eine sinkende Leistungsfähigkeit des Staates, insbesondere im Erziehungs-, Gesundheits- und Verkehrswesen, wirkt sich negativ auf die allgemeinen Lebensbedingungen aus. Im Zuge dieser Entwicklung nimmt die internationale Konkurrenzfähigkeit der Wirtschaft ab oder geht sogar verloren. Zur Erhaltung der nun gefährdeten Arbeitsplätze ergreift der Staat kostspielige Maßnahmen, die langfristig – wie an anderer Stelle geschildert – eine weitverbreitete Mißwirtschaft und eine Ausbeutung von Arbeitnehmern und Konsumenten zur Folge hat.

Wir wenden uns nun der Frage zu, wie die Ausbeutung des freien Wirtschaftssystems durch Versicherungen zustandekommt. Verfolgt man die Expansion der gesetzlichen und privaten Versicherungen, d. h. des Sozialstaates, in den letzten Jahrzehnten, so entdeckt man in den meisten hochentwickelten Industrieländern gravierende Überversicherungen. Zugleich kennt aber der moderne Sozialstaat auch (noch) Lücken, d. h. Unterversicherungen.

Überversicherungen bedeuten, daß Personen sich finanziell stärker absichern, als zur Erhaltung ihrer materiellen Existenz erforderlich ist. Sie versichern sich gegen Einkommensausfälle, u. a. aufgrund von Arbeitslosigkeit, Krankheit, Invalidität und Alter so hoch, daß sie Versicherungsleistungen erhalten, die sie für den laufenden Bedarf nicht benötigen und entsprechend sparen können. Das nicht benötigte Geld wird zur Bank getragen und im Todesfall an die nächste Generation vererbt. Je größer das Erbe, desto geringer ist der Anlaß, über eigene Leistungen und insbesondere mit unternehmerischer Investitions- und Risikobereitschaft Einkommen zu erzielen. Man zieht es vor, als Rentner – und nicht als Unternehmer – sein Leben zu verbringen. Selbstverständlich ist dies keine Möglichkeit für breite Bevölkerungsschichten, entscheidend ist indessen, daß diese Alternative nicht nur von mittleren und großen, sondern auch von kleinen (Familien-)Unternehmen ergriffen wird. Doch dabei geht wertvolle und unersetzbare unternehmerische Substanz verloren, zumal es sich meist um echte Unternehmer und nicht (nur) um (Spitzen-)Manager handelt.

Überversicherungen treten aber auch auf, wenn jemand sich gegen Kosten von Wechselfällen des Lebens, wie z. B. aus Invalidität, Unfällen oder Krankheit unnötig absichert. Es ist zwar sinnvoll und in der Regel auch erforderlich, gegen Großrisiken gefeit zu sein; die ängstliche Absicherung gegen Bagatellfälle ist jedoch überflüssig und für die Versicherten weder finanziell noch wirtschaftlich interessant. Daraus resultiert nämlich eine weitgehend unnötige Beanspruchung von Leistungen des Gesundheitswesens, was letztlich den Interessen des einzelnen und der Volkswirtschaft zuwiderläuft.

Im allgemeinen nimmt man lediglich den Sozialstaat unter die Lupe, doch kennen auch andere wichtige Bereiche der hochentwickelten Volkswirtschaften unerfreuliche Tendenzen zu Überversicherungen. In der Bauwirtschaft, als tragende Branche der Gesamtwirtschaft, sichern sich Bauherren, Unternehmer, Ingenieure und Architekten – durchaus begreifbar – mit hohem finanziellem Aufwand massiv gegen alle erdenklichen Risiken ab. Dies hat zweifelsfrei eine Materialverschwendung zur Folge. Übertriebenes Sicherheitsdenken bewirkt überzogene Baunormen und die Übererfüllung an sich schon großzügig dimensionierter Vorschriften. Diese überflüssigen Kosten, denen kein unmittelbarer Nutzen gegenübersteht, müssen von Bauherren, Eigentümern und Mietern getragen werden. Das Geschäft machen dabei aber Versicherungen und Unternehmer, die im Auftragsverhältnis in der Bauwirtschaft Produktionsfaktoren verschwenden.

Der breiten Öffentlichkeit dürften auch noch weitere Überversicherungen nicht bekannt sein. Zahlreiche freie Berufe bzw. Selbständige, wie z. B. Ärzte, Anwälte, Wirtschaftsprüfer, Steuerberater, kleine Unternehmer und Gewerbetreibende müssen sich gegen Einkommensausfälle und Schadenersatzforderungen sehr hoch absichern. Dies erscheint ihnen deshalb angebracht, da auf sie Beträge zukommen können, die sie weder zahlenmäßig noch zeitlich zuverlässig abschätzen können. Infolgedessen erweisen sich zur eigenen Beruhigung größtmögliche Versicherungen notwendig, was aber meist kostspielige Überversicherungen bewirkt. Im Vordergrund stehen aber nicht so sehr die Alters- oder Krankenversicherungen, sondern vielmehr die Absicherungen gegen finanzielle Leistungen an Kunden. So können Ärzte, denen z. B. ein Kunstfehler vorgeworfen wird, sich unerwartet mit für sie ruinösen Forderungen von Patienten konfrontiert sehen. Um dagegen gefeit zu sein, müssen sie – je länger je mehr – Versicherungen abschließen, die sie nicht immer bezahlen können. Zwar ist dieses Phänomen (vorläufig) insbesondere für die Vereinigten Staaten typisch, wo Ärzte auf die Eröffnung einer Praxis verzichten oder eine solche aufgeben, weil sie sich potentiellen Finanzansprüchen von Patienten nicht gewachsen fühlen. Dabei geht es nicht nur um die Zahlungsfähigkeit im Ernstfall, sondern auch um den permanenten Streß, dem Ärzte und andere Selbständige aufgrund von möglichen und tatsächlichen Anklagen ausgesetzt sind. Wen erstaunt es noch, wenn qualifizierte Berufsleute sich dem öffentlichen Dienst zuwenden, um so ein ruhiges Leben führen zu können?

Überversicherungen bedeuten, daß zuviel Geld für Versicherungen ausgegeben wird, so daß entsprechend weniger Mittel zur Befriedigung anderer dringender Bedürfnisse zur Verfügung stehen. In Höhe solcher Verzichte kommt es zu einer Ausbeutung sowohl des Wirtschaftssystems, dem Risikokapital entzogen wird, als auch der Versicherten. Dazu ist festzustellen, daß die

Ursachen von Überversicherungen vielschichtig sind. Der materielle Wohlstand hat die einzelnen so sehr verwöhnt, daß sie unter keinen Umständen Einbußen erleiden möchten. Deshalb versichern sie sich großzügig und meiden – je länger je mehr – systematisch sämtliche Risiken, die fühlbare finanzielle und soziale Verluste bringen könnten. Mindestens so wichtig ist die Tatsache, daß der Staat sich inzwischen zu stark im Bereiche der sozialen Sicherheit engagiert hat. So sorgt er – in Verletzung des liberalen Subsidiaritätsprinzips – auch für Personen vor, die selbst vorsorgen können oder es aus eigenen Mitteln bereits getan haben. Auch Einkommensmillionäre sind gesetzlich versichert, obwohl sie in keiner Weise auf Leistungen der staatlichen Sozialversicherung angewiesen sind. Überversicherungen gibt es aber nicht nur in den hohen Einkommensschichten. Die mittleren Einkommen sind durchaus imstande, auf die gesetzlichen Versicherungen zu verzichten.

Das unkoordinierte Wachstum privater und öffentlicher Versicherungsträger dürfte auch künftig anhalten und die Überversicherungen mit ihren offensichtlichen individuellen und volkswirtschaftlichen Nachteilen fördern. Der Trend zur Rentnergesellschaft setzt sich also fort; immer mehr Personen rechnen damit, daß die anderen ihre Renten bzw. Leistungen erwirtschaften. Dies erweist sich jedoch zunehmend als unmöglich, doch wird die Illusion von Gratisleistungen der Sozialversicherungen weiterhin intensiv gepflegt.

Die privaten Versicherungen können sich zwar darauf berufen, die gesetzlichen Versicherungen hätten ihren Spielraum unnötig und ordnungspolitisch verwerflich eingeengt, sie sind aber trotzdem an den gegenwärtigen Überversicherungen nicht unschuldig. Vorweg ist allerdings unmißverständlich festzustellen, daß Versicherungen auf freiwilliger Basis abgeschlossen werden und solche Geschäfte sich grundsätzlich nicht von anderen privatwirtschaftlichen Aktivitäten unterscheiden. Schließt jemand Versicherungen so ab, daß er überversichert ist, so ist dies sein persönliches Problem. Was vom einzelnen aus zwar rational erscheint, kann volkswirtschaftlich aber durchaus unerwünscht sein. Die individuellen Entscheidungen von Millionen von (Über-)Versicherten können sich aber nicht nur auf das Risikokapital und auf den technologischen und wirtschaftlichen Fortschritt negativ auswirken, sie haben schlicht und einfach auch einen Fehleinsatz von Ressourcen zur Folge. In diesem Zusammenhang ist ein Phänomen wichtig, das bei den Angelsachsen als Moral Hazard bekannt ist. Hat jemand seine Beiträge an die Versicherungen bezahlt, so ist er selbstverständlich bestrebt, daraus den größtmöglichen Nutzen zu ziehen. Er wird sich folgerichtig überlegen, wie er die zahlreichen privaten und öffentlichen Versicherungen mit Einkommensforderungen und Kostenanlastungen ausbeuten kann. Dieses Ziel erreicht er u. a. über verlängerte und freiwillige Arbeitslosigkeit und Krankheit, vorzeitige Invalidität und Pensionierung, Überkonsum an Medikamenten oder überflüssige Ärztekonsultationen. Solche und andere Sozialfälle haben den Sozialstaat gravierend aufgebläht. In dem Maße wie die Versicherungen daran beteiligt sind, beuten sie durch Verschwendung von Ressourcen unser Wirtschaftssystem aus. Zweifelsfrei wäre es zu begrüßen, wenn die Versicherungen vermehrt Selbstbeschränkung üben und das Problem der Überversicherungen so lösen würden. Hier sollte der Staat mit gutem Beispiel vorangehen und sich auf das Subsidiaritätsprinzip besinnen: Dann greift er nur noch jenen unter die Arme, die selbst nicht ausreichend vorsorgen können oder vorgesorgt haben.

Überversicherungen sind nur eine von zahlreichen volkswirtschaftlichen Aspekten der Versicherungen, die es künftig vermehrt zu beachten gilt. Das Versicherungsprinzip beinhaltet, grob gesprochen, daß Personen während einer längeren, vertraglich vereinbarten Periode Beiträge an Versicherungen zahlen, um beim Eintreffen einer im voraus bestimmten persönlichen Situation von finanziellen Leistungen zu profitieren. Dies hat zur Folge, daß Versicherungen, insbesondere Lebensversicherungen und Pensionskassen, sich gezwungen sehen, enorme Finanzmittel (mündel-)sicher anzulegen. Entweder freiwillig oder durch Gesetz gezwungen, konzentrieren sich die Kapitalanlagen der Versicherungen auf Staatsanleihen, Hypotheken auf Liegenschaften und den Erwerb von (rentablen) Immobilien. In diesen Anlagebereichen geben die sogenannten institutionellen Anleger den Ton an, was aber auch für die Aktienmärkte zutrifft, wenn es den Versicherungen und Pensionsfonds erlaubt ist, Aktien zu erwerben. Zu Recht bevorzugen sie Aktien mit regelmäßigen und hohen Dividenden. Aktien von risikoreichen Unternehmen, die in vorderster Front der industriellen und technologischen Entwicklung stehen, werden gemieden. Es zeigt sich erneut, daß das Risiko(-kapital) zu kurz kommt.

Die angewachsene finanzielle und volkswirtschaftliche Bedeutung des Versicherungswesens hat inzwischen eine bedenkliche Konzentration der Verfügungsmacht über Kapitalien, insbesondere im Immobiliensektor, erreicht. Manager, die sich grundlegend von traditionellen Industrieunternehmern unterscheiden, handeln für Millionen von Versicherten, ohne von diesen als direkt Betroffene kontrolliert zu werden. Zwar existieren umfangreiche öffentliche Vorschriften, doch kommt trotzdem dem Ermessens- und Handlungsspielraum – wohl zu Recht – erhebliches Gewicht zu: Die Versicherungsmanager entscheiden – ohne individuelles Risiko – als Marktbeherrscher in den relevanten Anlagesektoren. Dabei verfügen sie – im Gegensatz zu anderen Investoren – über Kredite in nahezu beliebiger Höhe, da Versicherungen nicht bankrott gehen dürfen und können. Dies macht sie zu bevorzugten Kreditnehmern von Banken und anderen Anbietern von Geld und Kapital. Investieren sie in schlechtrentierende oder sogar verlustbringende Anlagen, so geht dies letztlich zu Lasten der Versicherten. Diese müssen spätestens bei der Verlängerung alter oder dem Abschluß neuer Versicherungen dafür höhere Prämien bezahlen. Droht die Zahlungsunfähigkeit aufgrund eines schlechten Managements von Versicherungen, so besteht kein Zweifel, daß der Staat zur Sanierung mit den erforderlichen Subventionen einspringt. Unabhängig davon gibt es ohnehin einen starken Trend zu wachsenden steuerfinanzierten Subventionen auch an private Versicherungen, um so die Versicherungsleistungen zugunsten der Nutznießer insbesondere aus unteren Einkommensschichten zu verbilligen.

Aufgrund der bisherigen Ausführungen ist es durchaus nicht voreilig festzustellen, daß dem Versicherungswesen ein Hang zur Überversicherung und Verschwendung von Ressourcen immanent ist: Die einzelnen versichern sich zu stark und müssen dafür anderswo entsprechend Verzichte leisten. *Die Verlagerung weg vom Risiko- zum Sicherheitskapital schwächt und bedroht sogar auf Dauer die Leistungsfähigkeit des freien Wirtschaftssystems.* Je mehr die Konzentration im Versicherungswesen sich fortsetzt und die Anhäufung von Kapital, insbesondere im

Immobiliensektor, beschleunigt wird, desto stärker nimmt der (sozial-)politische Druck zu, die privaten Versicherungen angeblich im öffentlichen Interesse zu verstaatlichen. Ist es soweit, so wird man die Überversicherten zusammen mit den Versicherungsmanagern ebenfalls zu den Totengräbern der Marktwirtschaft zählen müssen.

Im Laufe des Ausbaus des privaten Versicherungswesens hat sich der Staat zunehmend um den sozialen Ausgleich gekümmert und die Versicherungsleistungen mit massiven Subventionen verbilligt. In dem Maße, wie er dazu auf die Einkommensteuer zurückgreift, schaltet er schwergewichtig die mittleren und oberen Einkommensschichten in die Finanzierung der Versicherungsleistungen ein und macht sie zu Lasteseln der Sozialversicherung. In diesem Fall werden zahlungskräftige Einkommensschichten ausgebeutet, doch gelingt ihnen nicht selten die Überwälzung ihrer Steuern auf die breiten Einkommensschichten und damit auf die Konsumenten und Arbeitnehmer. Dabei werden diese zu Trägern jener Finanzlasten, die aus der Verbilligung der eigenen Versicherungsleistungen über steuerfinanzierte Subventionen resultieren. In diesem Fall liegt ein weiterer verteilungspolitischer Leerlauf vor, bei dem die Versicherten – ohne es zu wissen – sich selbst ausbeuten. In dem Maße, wie die Versicherungen das Wirtschaftssystem schwächen, erwachsen denselben Bevölkerungskreisen Wohlstandsverluste, die ihren Ursprung in Überversicherungen haben.

Ausbeuter im Gesundheitswesen

Das Gesundheitswesen zählt zu den schwer überschaubaren und äußerst komplexen Sektoren der hochentwickelten Industrieländer. Im Brennpunkt steht seit den sechziger Jahren die Kostenexplosion, die während der Rezession Mitte der siebziger Jahre vorübergehend zwar abflachte, inzwischen aber wieder eine steigende Tendenz aufweist. Die meisten modernen Krankheiten stehen in engem Zusammenhang mit dem stark angewachsenen Wohlstand. Gesundheitsschäden durch Alkohol und Nikotin, einseitige und übermäßige Ernährung, fehlende körperliche Betätigung, Streß, verschlechterte Umweltbedingungen, psychische Leiden und allgemeine Zukunftsangst gelten als Ursachen wachsender Kosten im Gesundheitswesen. Nicht wenige fliehen in Krankheiten, weil sie die vielfältigen und wachsenden persönlichen und sozialen Probleme nicht mehr zu meistern vermögen. Das Gesundheitswesen ist zum Sammelbecken mannigfaltigster Kosten geworden, deren Ursachen außerhalb dieses Bereiches liegen. Eingeweihte vermag es nicht zu erstaunen, daß hier Finanzmittel und Ressourcen in einem besorgniserregenden Ausmaße verschlungen werden. Es stellt sich ernsthaft die Frage, ob die absehbaren Anforderungen an das Gesundheitswesen auf Dauer überhaupt noch bezahlbar sind. Nicht zuletzt deshalb ist es nicht nur wichtig, sondern geradezu brisant, zu untersuchen, wer im Gesundheitswesen wen ausbeutet.

Das Gesundheitswesen ist, weil dort kein ausreichender Wettbewerb herrscht, ein für Ausbeuter aussichtsreiches Betätigungsgebiet. Preise und Tarife stehen unter einem starken politischen Einfluß, sie werden behördlich und vertraglich fixiert. Die Ärzte verfügen in der Regel über eine ausgeprägte Anbieterposition und können infolgedessen die Nachfrage bei Festpreisen selbst in hohem Maße beeinflussen. Aber auch zwischen den Krankenkassen gibt es kaum Preiswettbewerb. Ihnen kommt zudem eine außergewöhnliche Bedeutung beim Aushandeln von Tarifen und der Überwachung ärztlicher Leistungen zu. Defizitgarantien der öffentlichen Hand für Krankenhäuser leisten, zusammen mit der Subventionierung der Krankenkassen über

Steuergelder, einer Überversorgung und Unwirtschaftlichkeit im Gesundheitswesen Vorschub. Sowohl der Abbau dieser Subventionen als auch die Verstärkung des Wettbewerbs unter Einschluß der freien Preisbildung scheitern an der völligen Verpolitisierung des Gesundheitswesens. Eine Wende im Sinne durchgreifender Sanierungsmaßnahmen ist wohl nur bei weiter andauernden Engpässen in den öffentlichen Haushalten zu erwarten.

Um Ausbeuter im Gesundheitswesen zu entdecken, ist es zweckmäßig, das Verhalten der wichtigsten Kontrahenten, namentlich der Pharmaindustrie, der Produzenten medizinischer Ausrüstungen, von Krankenhäusern, Ärzten, Patienten und Krankenkassen unter die Lupe zu nehmen. Im weiteren wird man unter keinen Umständen auf Überlegungen zur Finanzierung des Gesundheitswesens verzichten dürfen. Auch hier gilt es von der Illusion Abschied zu nehmen, daß Gratisleistungen möglich seien. Nicht zuletzt ist festzustellen – ob dies ärgerlich ist oder nicht –, daß erneut Gesunde und Erwerbstätige als Lastesel unserer Gesellschaft gelten und im Gesundheitswesen von Kranken ausgebeutet werden. Skandalöse Züge nimmt diese Ausbeutung aber erst an, wenn freiwillig Kranke auf Kosten von tatsächlich Kranken und von Gesunden leben.

Die Pharmaindustrie sieht sich seit Jahren mit dem Vorwurf konfrontiert, sie erziele mit übersetzten Preisen zu große Gewinne, was sowohl die Versicherten als auch die Steuerzahler untragbar belaste. Insbesondere in industriefeindlichen Kreisen steht die Heilmittelindustrie aber nicht nur deshalb zuoberst auf der Abschußliste. In letzter Zeit ergaben einige (Muster-)Prozesse in Westeuropa den Nachweis, daß die Pharmapreise nicht zu hoch sind. Es kommt hinzu, daß die fetten Jahre der Pharmaindustrie weltweit der Vergangenheit angehören. In zahlreichen Ländern, so z. B. Frankreich, Italien oder Österreich, hat der intensivierte staatliche Dirigismus mit seinen übertriebenen Kontrollen und Preisvorschriften die Forschung und Entwicklung der Pharmaindustrie – letztlich wohl zum Nachteil der Patienten – erlahmen lassen. Mißbräuche in der Preisgestaltung, oder anders ausgedrückt, die Ausbeutung der Konsumenten durch die Pharmaproduzenten erfolgt – wenn überhaupt – nur noch auf Sparflamme. Gleichzeitig ist zu beachten, daß der Einfluß der

Ausgaben für Heilmittel auf die Kostenentwicklung im Gesundheitswesen von untergeordneter Bedeutung ist. Ihr Anteil an den Gesamtausgaben ist eher bescheiden. Indessen darf man vor allem die Langzeitwirkungen von Medikamenten nicht aus dem Auge verlieren. Es ist nämlich nicht zufriedenstellend voraussehbar, in welchem Ausmaße ein Überkonsum an Pharmaka auf Dauer die Kosten des Gesundheitswesens erhöht.

Die Kosten des Gesundheitswesens erhöhen sich auch infolge der zunehmenden Technologisierung der Medizin, insbesondere bei der Ausrüstung von Krankenhäusern und Ärztepraxen. In der Sprache des Ökonomen heißt dies, daß die Kapitalintensität der medizinischen Versorgung stark zugenommen hat. Im Mittelpunkt des Interesses steht hier die hochspezialisierte und daher kostspielige Medizin, deren Anwendung sich oft nur auf eine verschwindend kleine Minderheit von Patienten beschränkt. Vor allem hier – aber auch anderswo – geht es um ein vernünftiges und finanziell tragbares Verhältnis zwischen Aufwand und Heilerfolg. Letztlich stellt sich auch in der Medizin die Grundsatzfrage, ob man alle wissenschaftlichen Erkenntnisse und technischen Möglichkeiten in die Praxis umsetzen solle. Ist jeweils nur die beste medizinische Ausrüstung gut genug, oder lassen sich vertretbare Ergebnisse schon mit einem entscheidend geringeren technologischen Fortschritt verwirklichen? Kostspielige Ausrüstungen erfordern – einmal angeschafft – zwecks Rechtfertigung und Amortisation nach einer Mindestbeanspruchung. In diesem Fall ist die Gefahr groß, daß Patienten – ohne echten Bedarf – die medizinischen Apparaturen sozusagen durchlaufen müssen, damit die Ärzte zusätzliche Einkommen erzielen können. In dem Maße, wie dies zutrifft, werden Versicherte und Steuerzahler durch eine überflüssige Beanspruchung medizinischer Leistungen ausgebeutet. Am größten dürfte die Ausbeutung wohl in der »Spitzenmedizin« sein, wo die Könige der Medizin mit Ausrüstungen, die ihnen von der öffentlichen Hand bereitgestellt werden, fürstliche Einkommen realisieren. Ausgebeutet werden wir aber auch durch jene, welche die medizinische Technologie weiter vorantreiben, als zur Gewährleistung angemessener Erfolge erforderlich ist.

Zu den großen Brocken im Gesundheitswesen zählen die Krankenhäuser, in denen der größte Prozentsatz der Gesamtkosten zustande kommt. Erfahrungsgemäß belaufen sich die Betriebsausgaben auf 25 bis 30 Prozent der Investitionen, und dabei entfallen bis zu 80 Prozent auf die Bereitschaftskosten. Dies macht deutlich, mit welchen gravierenden finanziellen Auswirkungen Überkapazitäten in Krankenhäusern verbunden sind. Als Ausgebeutete gelten letztlich jene, welche die entsprechenden Finanzlasten in Form von Beiträgen an Krankenkassen und von Steuern zur Finanzierung von Investitionen und Subventionen tragen. Ausbeuter sind u. a. Politiker, Ärzte, Planer und Krankenhausmanager, die gemeinsam überdimensionierte und unzweckmäßig ausgestattete Krankenhäuser gebaut haben und anschließend betreiben.

Indessen führen Überkapazitäten selten zu Leerkapazitäten: Ist die Auslastung unbefriedigend, so kann man den Krankenhausaufenthalt verlängern, auf die ambulante zugunsten der stationären Behandlung verzichten, oder pflegebedürftige Personen nicht etwa in Altersheime, sondern in auslastungsbedürftige Krankenhäuser einliefern. Jene Entscheidungsträger, die an den Überkapazitäten schuld sind, sorgen gleichzeitig auch für die volle Auslastung der Krankenhäuser und beuten so Patienten und Steuerzahler zusätzlich aus. Eine hohe Auslastung von Krankenhäusern gilt in der Öffentlichkeit als Nachweis, daß die Dimensionierung und Ausstattung von Krankenhäusern einem dringenden Bedarf entspricht. Äußerst problematisch sind vor allem überdimensionierte Spezialkliniken, die nicht selten ebenso entbehrlich wie kostspielig sind.

Am Bau und Betrieb von Krankenhäusern sind zwar auch Krankenhausmanager mit ihrer bürokratischen Mentalität beteiligt, vorrangig interessieren uns aber die Ärzte. Sie sind nicht nur in den Krankenhäusern sozusagen die Drehscheibe des Gesundheitswesens. Vorerst interessiert das Verhalten von Ärzten in der eigenen Praxis. Dazu gibt es verschiedene wohl bekannte Klischees, die nach einer kurzen Schilderung zu würdigen sind: Die Einkommen von Ärzten gelten in der Öffentlichkeit – zu Recht oder zu Unrecht – als übertrieben hoch und daher als ausbeuterisch. Ökonomisch gesprochen sind die Ärzte in ihrem Einzugsgebiet in der Regel solange Monopolisten, als kein Ärzteüberschuß vorliegt und die Konkurrenz infolgedessen fehlt. Die Patienten sind ihnen dann als Nachfrager in jeder Beziehung unterlegen. Sie müssen den Arzt aufsuchen, wenn sie krank sind. Patienten beanspruchen die Ärzte weniger freiwillig, als vielmehr notgedrungen. Der Einkommenserzielung der Ärzte werden – jedenfalls bei Kassenpatienten – durch behördlich festgelegte Tarife und intensive Kontrollen durch die Krankenkassen Grenzen gesetzt. Berücksichtigt man die lange und kostspielige Ärzteausbildung und die hohen Steuern auf (Ärzte-)Einkommen, so ist es nicht gerechtfertigt, von vornherein generell von der Ausbeutung von Patienten durch Ärzte zu sprechen. In der Öffentlichkeit werden vorwiegend Spitzeneinkommen von Ärzten angeprangert, die nicht allein von ärztlichen Leistungen stammen, sondern das Ergebnis der serienmäßigen Abfertigung von Patienten in Minutenabständen sind. Doch gerade dies erweckt den Eindruck eines ausbeuterischen Strebens, das dem Ansehen des ganzen Ärztestandes nachhaltig oder sogar irreparablen Schaden zufügt.

Die Ökonomen interessieren sich im wesentlichen deshalb für die Ärzte, weil diese im modernen Sozialstaat eine strategische Position einnehmen. Ihre Entscheidungen haben sehr unterschiedliche und schwerwiegende Kostenfolgen. So entscheidet der Arzt u. a., ob jemand gesund oder krank ist, ob er arbeitsfähig oder -unfähig ist, ob er vorzeitig zu pensionieren ist, ob und zu welchem Prozentsatz er Invalide ist, ob ein längerer Erholungsurlaub angemessen ist und auch ob er in eine kostspielige Spezialklinik einzuweisen ist. Bei jeder Entscheidung ist ein bestimmter Träger der Sozialversicherung betroffen und muß die anfallenden Kosten weitgehend oder voll übernehmen.

Die Sozialleistungen beanspruchen in den hochentwickelten Industrieländern zwischen 25 und 40 Prozent des Volkseinkommens, weshalb die Ärzte, in bezug auf den Einsatz öffentlicher Gelder, eine ebenso große Rolle spielen wie die auf Gemeinde- oder Landesebene tätigen Politiker. Die Ärzte verdienen zwar bei jeder Entscheidung, die Kosten fallen aber nur sehr beschränkt bei ihnen an. Ihr Einkommen wächst mit der Zahl der behandelten Krankheitsfälle, was die Entscheidungsfreudigkeit zweifelsfrei fördert. Je großzügiger sie – gemessen am tatsächlichen Zustand der Patienten – untersuchen und verordnen, desto wahrscheinlicher kommt es zu einer Ausbeutung von Patienten und Kostenträgern im Gesundheitswesen. Um so mehr ist zu berücksichtigen, daß ärztliche Aktivitäten objektiv schwer zu beurteilen sind und es ausgeschlossen erscheint, die Ausbeutung zahlenmäßig zu erfassen. Nicht zuletzt deshalb können Moral und Verantwortungsbewußtsein des Arztes gegenüber Patienten und Krankenkassen nicht hoch genug veranschlagt werden. Diese Werte intensiv zu pflegen liegt sowohl im ureigenen Interesse der Ärzte als auch der Patienten und Kostenträger.

Nicht nur der Vollständigkeit halber ist festzustellen, daß Ärzte ihre Nachfrage weitgehend selbst verordnen können. Ist ein Arzt unterbeschäftigt und bezieht er infolgedessen ein unbefriedigendes Einkommen, so kann er seine Einnahmen auf verschiedene Art und Weise verbessern. Zusätzliche Patienten kann er sich bei einem überbeanspruchten Kollegen beschaffen, indem dieser keine neuen Kunden annimmt und sie an ihn überweist. Als behandelnder Arzt kann er (periodische) Untersuchungen häufiger als üblich vornehmen und somit technische Einrichtungen und Personal besser auslasten. Es ist auch nicht schwierig, laufende Behandlungen zu intensivieren und zu verlängern. Der Arzt kann die ambulante Behandlung auch dann noch fortsetzen, wenn er die Patienten ins Krankenhaus einliefern müßte. Diese und weitere Fälle zweifelhafter und unnötiger Verordnungen der Nachfrage durch Ärzte zeigen eindeutig, daß eine Ausbeutung von Patienten durch Ärzte – diese beziehen Einkommen für überflüssige Dienstleistungen – ohne weiteres möglich ist.

Die berufliche und soziale Stellung des Arztes ist nicht nur verantwortungsvoll, sondern auch in jeder Beziehung verlockend: Patienten kommen zu ihnen mit vielfältigsten Erwartungen und Problemen, die nicht selten wenig mit einer tatsächlichen Krankheit zu tun haben. In dem Maße, wie (objektive) Krankheiten psychisch bedingt sind, ist eine medikamentöse Behandlung kaum erfolgversprechend. Der Arzt hat bisweilen die unbequeme und undankbare Aufgabe, dem Patienten zu erklären, er sei physisch gar nicht krank. Im weiteren ist er öfters weder verpflichtet noch imstande, die seelischen Probleme von Patienten zu lösen und muß diese Art von Kranken an spezialisierte Kollegen weiterreichen. Patienten, die vor den Schwierigkeiten des Alltags und Lebens auf der Flucht in die Krankheit sind, hoffen vom Arzt als Kranke anerkannt zu werden. Vielfach erschöpfen sich Krankheiten darin, daß Personen ihre Gesundheit nicht akzeptieren und – wenn sie krank sind – nicht gesund werden wollen. Bei derart heiklen Fällen ist der ärztliche Ermessensspielraum sehr groß und es ist für den Außenstehenden schwierig oder sogar unmöglich, die tatsächliche Situation zu erfassen und sachgerechte Entscheidungen zu treffen.

Schwerwiegende finanzielle Folgen haben jene Fälle, bei denen zusätzlich zu Kostenabdeckung durch die Krankenkassen auch noch Einkommensausfälle u. a. in Form von Tagegeldern der Krankenkassen, Arbeitslosenentschädigungen, Invaliden- oder gar Altersrenten ersetzt werden müssen. Es zeigt sich, daß die Kette von Sozialversicherungsfällen mit einer Krankheit beginnt, sich als verlängerte Abwesenheit vom Arbeitsplatz fortsetzt, die Vorstufe der teilweisen oder vollen Invalidität erreicht und schließlich zum Vorläufer der Altersrente wird. Die Sozialversicherung ist erfahrungsgemäß äußerst subjektiv geprägt und räumt unvermeidlich dem Arzt eine strategische Position ein.

In der Hochkonjunktur treten mehrtägige Absenzen vom Arbeitsplatz häufig auf, doch bei verschlechterter Wirtschaftslage verlängert sich das Fernbleiben vom Arbeitsplatz nicht selten, und daran schließt sich der Versuch an, endgültig ein Sozialversicherungsfall zu werden. In der Regel geben dabei nicht medizinische Aspekte den Ausschlag, vielmehr handelt es sich um ein moralisches und soziales Problem. Selbst beim größten Verständnis für menschliche Schwierigkeiten und Unzulänglichkeiten darf man nicht auf den Hinweis verzichten, daß zahlreiche – auch gesunde – Patienten das Gesundheitswesen und damit seine Kostenträger ausbeuten. Solange die finanziellen Konsequenzen ihres verwerflichen Verhaltens nicht – entsprechend dem Verursacherprinzip – bei ihnen, sondern bei anderen anfallen, haben die Ausbeuter keine Veranlassung, sich anders zu verhalten und nicht auf Kosten anderer zu leben. Damit rückt die Finanzierung der Krankenkassen und des Gesundheitswesens in den Mittelpunkt des Interesses.

Krankenkassen sind zwar grundsätzlich eine segensreiche Einrichtung, da sie einkommensschwache Schichten vor untragbaren Kosten aus Unfällen, Krankheiten und Invalidität schützen, ihre Entwicklung und Auswirkungen erweisen sich zunehmend problematisch. *Die Krankenkassen sind seit Jahren auf dem besten Wege, zum strategischen Faktor des Gesundheitswesens zu werden.* Der wuchernde Interventionismus, hinter dem keine Konzeption steckt, schreitet zügig voran und beschert uns eine gefährliche Bürokratie. Die noch bestehenden Wettbewerbselemente werden fortlaufend durch politisch bestimmte Tarife und Preise, bis in die letzten Details gehende Vorschriften in bezug auf die ärztliche Behandlung sowie durch kassen-anerkannte Medikamentenlisten abgebaut und ausgemerzt. Die Krankenkassen führen ein weitgehendes Eigenleben; die von ihnen mitverursachten Kosten müssen aber von Versicherten, Arbeitgebern und von der öffentlichen Hand, die dazu auf die Steuerzahler zurückgreift, getragen werden.

Nicht zu übersehen ist aber auch das politische Gewicht der Krankenkassen, die sich auf einflußreiche Interessenverbände abstützen. Im Verein mit anderen sozial- und bürokratisch-orientierten Kräften sind sie durchaus in der Lage, das Gesundheitswesen noch stärker unter ihre Kontrolle zu bringen und eine ihnen passende Finanzierung durchzusetzen. Ein typisches Beispiel ist die laufende Verlagerung von Finanzlasten auf die Arbeitgeberbeiträge und auf steuerfinanzierte Subventionen. Je stärker die Kosten des Gesundheitswesens von den Versicherten ferngehalten werden, desto billiger erscheinen ihnen diese Leistungen. Dies hat unweigerlich eine Überbeanspruchung des Gesundheitswesens und eine entsprechende Ausbeutung der Kostenträger zur Folge. Es ist daher nachhaltig zu betonen, daß auch im Gesundheitswesen – selbst beim Nulltarif – keine Gratisleistungen möglich sind. Die eingehende Erörterung von Ausbeutungen in anderen Bereichen zeigte bereits, daß auf die Konsumentenpreise überwälzte Arbeitgeberbeiträge und steuerfinanzierte Subventionen zugunsten von Krankenkassen letztlich die Verbraucher treffen. Diese decken sich im wesentlichen mit den bei Krankenkassen Versicherten, weshalb sie nicht ungeschoren davonkommen und sich somit selbst ausbeuten.

Überversorgungen und damit zusammenhängende Ausbeutungen sind das Ergebnis eines individuell zwar verständlichen, sozial aber verwerflichen Verhaltens: Die Versicherten sind bestrebt – wenn die Beiträge an Krankenkassen einmal bezahlt wurden –, davon in größtmöglichem Umfange zu profitieren. Da sie diese Leistungen als kostenlos, d. h. gratis einschätzen und im Rahmen ihrer Beanspruchung zusätzliche finanzielle Vorteile, wie z. B. Arbeitslosenentschädigungen oder Tagegelder erzielen können, ist die Verlockung groß, sich ungerechtfertigt krank zu melden oder einen Krankheitsfall zu verlängern. Zwar erscheint dies den Versicherten erstrebenswert, ist jedoch mit unnötigen Kosten verbunden, die letztlich von der Gemeinschaft der Versicherten getragen werden müssen: Wer sich korrekt verhält, wird von den anders Denkenden und Handelnden ausgebeutet.

Nicht wenige Ausbeutungen im Gesundheitswesen können durch eine rigorosere Anwendung von Sozialgesetzen und einer sorgfältigeren medizinischen Praxis fühlbar abgebaut und sogar beseitigt werden. Ist man sich z. B. bewußt, daß zwischen 30 und 40 Prozent der ärztlichen Behandlungen aus Bagatellfällen bestehen, die weitgehend überflüssig und verwaltungsintensiv sind, so scheint die Ausdehnung der Selbstbeteiligung auf alle Bagatellfälle zwecks Eindämmung der Nachfrage im Gesundheitswesen angezeigt zu sein. Dies hätte auch eine volkswirtschaftlich fühlbare Senkung von krankheitsbedingten Arbeitsausfällen zur Folge. Dagegen wehren sich insbesondere politische Linkskräfte, die keine restriktive soziale Gesetzgebung und strengere Krankenhauspraktiken wünschen und die Einführung oder Erweiterung der Selbstbeteiligung ablehnen. Damit leisten sie der medizinischen Überversorgung mit den geschilderten negativen Auswirkungen auch auf andere Träger der Sozialversicherung Vorschub. Dies gilt zwar als fortschrittlich, sozial oder progressiv, in Wirklichkeit zahlen aber die Arbeitnehmer und Versicherten die Zeche einer offensichtlich illusionären Finanzierung der Krankenkassen und des Gesundheitswesens im allgemeinen.

Es wird gern verschwiegen, daß die Kosten des Gesundheitswesens letztlich und schwergewichtig von der erwerbstätigen Bevölkerung getragen werden müssen. Dazu kommen noch andere, gravierende Finanzlasten des Sozialstaates, die zusätzlich zur Bestreitung des eigenen Lebensunterhaltes und den hohen Steuern zu verkraften sind. Auf die Erwerbstätigen als sogenannte Lastesel unserer Gesellschaft werden auch künftig wachsende Kosten zukommen. Sie dürften in absehbarer Zeit nicht mehr bereit sein, diese zu übernehmen und zu tragen, da sie sich überfordert und schamlos ausgebeutet fühlen werden. Ist es soweit, so werden wir uns intensiv um den Abbau von Ausbeuterpositionen bemühen müssen, um damit den Zusammenbruch des Sozial- und Wohlfahrtsstaates zu vermeiden. Es ist überfällig von der Illusion Abschied zu nehmen, daß die zusätzliche Besteuerung von Reichen Gratisleistungen des Gesundheitswesens zugunsten der Armen möglich mache.

Die Armen beuten die Reichen aus

Diese Überschrift mag für jene überraschend oder gar ärgerlich sein, die weiterhin glauben, die Reichen würden die Armen ausbeuten. Sie verwechseln offenbar die Verhältnisse des 19. Jahrhunderts mit denen der Gegenwart: Als es (noch) keinen Sozialstaat gab, die Einkommensteuer natürlicher Personen nicht progressiv und Lohnverzichte zugunsten von Gewinnen und selbstfinanzierten Investitionen üblich waren, wurden Arme tatsächlich von Reichen ausgebeutet. Im Laufe eines Jahrhunderts hat sich die Situation – dank der Demokratisierung – derart grundlegend verändert, daß die unteren Einkommensschichten die Bezieher hoher Einkommen ohne weiteres ausbeuten können. Harmloser ausgedrückt bedeutet dies, daß Einkommen von oben nach unten umverteilt werden, was man als Einkommensumverteilung oder Redistribution bezeichnet. Die Verbesserung der Einkommensverteilung ist seit langem ein allgemein anerkanntes (wirtschafts-)politisches Ziel.

Es hieße Wasser in den Rhein tragen, sich um den Nachweis zu bemühen, daß die Arbeitnehmer aufgrund der Tarifverhandlungen inzwischen nicht (mehr) ausgebeutet werden können. *Die Gewerkschaften haben eine Position erlangt, die ihnen erlaubt, die Unternehmer auszubeuten.* Indessen ist zu wiederholen, daß die Verteilung zwischen Löhnen und Gehältern und den übrigen (Residual-)Einkommen sich in den letzten Jahrzehnten nur unwesentlich verändert hat; der Ausbeutung sind offenbar enge Grenzen gesetzt.

Was die Ausbeutung im Rahmen des Sozialstaates betrifft, gilt es einige Tatsachen zur Kenntnis zu nehmen: Seit den Bismarckschen Sozialgesetzen aus den achtziger Jahren des vorigen Jahrhunderts wurde der Sozialstaat zunächst allmählich und nach dem Zweiten Weltkrieg beschleunigt ausgebaut. Arbeitnehmer und Arbeitgeber haben solidarisch bzw. gemeinsam die Finanzierungslasten der zahlreichen Sozialversicherungsträger übernommen. Zwar vermag dies solange nichts über die tatsächlichen Kostenträger auszusagen, als die Überwälzung auf die Lebenshaltungskosten nicht berücksichtigt wird. In der Öffentlichkeit wird der Finanzierungsbeitrag der Arbeitgeber jedenfalls – ob sie ihn letztlich selbst tragen oder nicht – als solidarischer Akt empfunden. An der Finanzierung der Sozialwerke ist aber auch die öffentliche Hand mit steuerfinanzierten Subventionen beteiligt. Dies gilt als solidarisches Verhalten der Steuerzahler gegenüber den Nutznießern von Sozialleistungen.

Der moderne Sozialstaat finanziert sich im allgemeinen mittels Lohnprozenten, die nicht durchwegs Obergrenzen für die belasteten Einkommen kennen, so daß die überdurchschnittlichen Einkommen finanzielle (Zusatz-)Opfer zugunsten von Leistungen an durchschnittlichen Einkommen bringen. Die Finanzierung des Sozialstaates ist also mit einer erheblichen Einkommensumverteilung verbunden: Dies ermöglicht Staatsleistungen an untere Einkommensschichten, die sie sich aufgrund ihrer Einkommensverhältnisse nicht leisten könnten. In diesem Ausmaße bauten die Armen – durchaus legal – die Reichen aus, was auch bei den bereits erörterten Renten-, Arbeitslosen- und Krankenversicherungen weitgehend der Fall ist. Zwar gibt es noch andere Bereiche des Sozialstaates, die auf Ausbeutungspositionen hin zu durchsuchen wären, die bisher angestellten Überlegungen haben aber bereits die Grenzen des Sozialstaates schonungslos aufgedeckt und manche Illusionen in bezug auf die Umverteilung von Einkommen zerstört.

Fern von jeder Realität gipfelte die Reformeuphorie der sechziger Jahre in der Forderung nach der Egalisierung aller Einkommen. Dahinter steckt der Wunschtraum, jeder müsse unabhängig von seinen Leistungen gleich viel verdienen. *Die sozialistische Devise ist klar: Die Tüchtigen sind zu bestrafen, die Faulen sind zu belohnen.* Es wäre schade um die Zeit, sich auch noch um den Nachweis zu bemühen, daß eine Gesellschaft, die auf finanzielle Anreize verzichtet, weder Wohlstand noch einen leistungsfähigen Sozialstaat hervorzubringen vermag. Die Egalisierungsideologen würden zwar Armut für alle erreichen, doch würde die sozialistische Führungselite dafür sorgen, daß sie davon ungeschoren in Saus und Braus leben könnte. Dazu würde sie ohne schlechtes Gewissen die Armen ausbeuten und die Verhältnisse in der Sowjetunion wiederholen.

In den westlichen Industrieländern sind Egalisierungsbestrebungen und -tendenzen vorrangig im Abbau von Lohn- und

Gehaltsunterschieden zu beobachten. Typisches Beispiel ist der bei Tarifverhandlungen ausgehandelte Sockelbetrag für Lohnerhöhungen. Der Inflations- oder Teuerungsausgleich erfolgt bisweilen nur bis zu einem bestimmten (Höchst-)Einkommen. Darüberliegende Einkommen sind vielen ein Dorn im Auge, weshalb sie ihrer Meinung nach verschwinden müssen. Offenbar übersehen die Anhänger einer derart forcierten Politik der Einkommensumverteilung, daß die scharfe Progression der Einkommensteuer sich im luftleeren Raum bewegt, wenn man jene Einkommen nicht zustande kommen läßt, auf die sie die Hoch- und Höchstsätze anwenden wollen. Die unteren Einkommen sehen sich dann nämlich mit der überraschenden und unangenehmen Situation konfrontiert, daß sie ihre Staatsleistungen selbst finanzieren müssen. Sie können dann die Reichen nicht mehr ausbeuten, um auf diese Weise verbilligte Staatsleistungen zu erhalten. Infolgedessen haben wir alle nur eine Wahl: Entweder ertragen wir im Rahmen eines hohen Wohlstandes für alle, auch Reiche, oder wir leben in einer traurigen Gesellschaft von (nur) Armen.

Die Umverteilung segelt in der Öffentlichkeit unter der Fahne der (Steuer-)Gerechtigkeit. Ihr Kernstück ist die progressive Einkommensteuer, die auf dem Grundsatz der Leistungsfähigkeit beruht. Einer landläufigen Meinung entsprechend nimmt der Nutzen, den einzelne Personen aus ihren Einkommen ziehen, umso rascher ab, je höher das Einkommen steigt. Hält man ein gleiches (proportionales) Steueropfer aller Einkommensbezieher für gerecht – was im übrigen allgemein anerkannt ist – so ist es bei sinkendem Nutzen steigender Einkommen gerecht, Einkommen überproportional, d. h. progressiv steuerlich abzuschöpfen. In diesem Fall liefern die Reichen einen entscheidend höheren Prozentsatz ihrer Einkommen an die Staatskasse ab als die Armen. Man kann dies als solidarisches Verhalten der kleinen Minderheit von Reichen gegenüber der erdrückenden Mehrheit von Armen sehen. Faktisch besteht sie aber nur, wenn die Reichen ihre Steuern nicht auf Personen mit niedrigeren Einkommen abwälzen können. Es ist daher wichtig, zwischen Steuerträgern und Steuerzahlern zu unterscheiden. Dazu ist zu bemerken, daß die Finanzwissenschaft nicht zu Unrecht annimmt, die Einkommensteuer natürlicher Personen werde im allgemeinen eher weniger überwälzt, so daß es tatsächlich zu einer Einkommensumverteilung komme. Die Armen – als demokratische Wählermehrheit – bemühen sich also nicht vergebens, sich von der Finanzierung der eigenen Staatsleistungen zu entlasten: Sie beuten die Reichen aus.

Die landläufige Meinung, eine gerechte Einkommensbesteuerung erfordere einen progressiven Tarif, hält einer objektiven Beurteilung nicht stand. Schon im 19. Jahrhundert wurde der Nachweis erbracht, daß je nach dem Nutzen, den Einkommen einzelne Personen stiften, eine prozentual gleichbleibende, steigende oder sinkende Einkommensbelastung gerecht sein kann. Indessen ist die Finanzwissenschaft, da die Nutznießer von Einkommen zahlenmäßig nicht feststehen, nicht imstande, die Frage nach der Steuergerechtigkeit eindeutig zu beantworten. Deshalb ist über den Tarif und damit über die Progression der Einkommensteuer politisch zu befinden. Was die Wählermehrheit dazu meint, das gilt als Steuergerechtigkeit. Indessen darf man es sich nicht so leicht machen, denn letztlich kommt es auf die Voraussetzungen an, unter denen politische Entscheidungen – nicht nur über die gerechte Besteuerung – gefällt werden.

Im weiteren ist noch zu betonen, daß das Leistungsfähigkeitsprinzip der Besteuerung (theoretisch) nicht im Hinblick auf das Postulat der »Umverteilung von Einkommen von oben nach unten« konzipiert wurde. Gleichzeitig wurde eine Überwälzung der Einkommensteuer ausgeschlossen: In der klassischen Version verhalten sich alle Besteuerten rational und schöpfen infolgedessen in ihren wirtschaftlichen Aktivitäten jeweils sämtliche Möglichkeiten aus. Sie sind somit Gewinn- und Nutzenmaximierer. In diesem Fall müssen sie – aufgrund der Nicht-Überwälzbarkeit – die ihnen auferlegte Einkommensteuer voll selbst tragen. Demzufolge kann man die Steuerprogression nach einhelliger Ansicht der Finanzwissenschaft – streng genommen – nur noch mit dem Ziele der Verbesserung der Einkommensverteilung rechtfertigen.

Die auf dem Leistungsfähigkeitsprinzip und der Progression beruhende Besteuerung lehnt jede Bindung zwischen den Steuerzahlungen und den individuell empfangenen Staatsleistungen ab. Folgerichtig werden Steuern und Staatsleistungen völlig entkoppelt: Die hohen Einkommensschichten werden zur Finanzierung von Staatsleistungen zugunsten der unteren Einkommen herangezogen. Aufgrund dieser Entlastungen verbreitet sich allmählich die Vorstellung, die unteren Einkommensschichten könnten nahezu unbeschränkt und ohne dafür zu zahlen, in den Genuß von Staatsleistungen gelangen. Die Reichen sollen zahlen, so lautet ein verlockendes Postulat der Linken. Zu diesem Zweck wurde der Anteil der Einkommen-, Gewinn- und Vermögensteuern an den gesamten Steuereinnahmen laufend erhöht, die Progression der Einkommensteuer verschärft und großzügige Abzugsmöglichkeiten vom steuerlichen Einkommen gewährt. Diese konfiskatorische Steuerpolitik schröpft die Reichen solange, bis man aus ihnen keine zusätzlichen Steuern mehr herauspressen kann. Ist es soweit, so können wachsende Staatsleistungen zugunsten der unteren Einkommensschichten nur noch über Sondersteuern auf dem Verbrauch und über die Umsatzsteuer finanziert werden. Erfahrungsgemäß werden diese Abgaben im allgemeinen auf die Konsumentenpreise und damit schwergewichtig auf die unteren Einkommensschichten überwälzt. Diese tragen dann die Kosten der zusätzlichen Staatsleistungen, die ihnen zugute kommen, in hohem Maße selbst. Spätestens hier werden die Armen die Grenzen der Ausbeutung der Reichen zur Kenntnis nehmen müssen: Ihre Forderung, die Reichen sollen zahlen, entpuppte sich als ernüchternde Illusion. Je mehr der Staat auf Konsumsteuern angewiesen ist, desto geringer wird die Umverteilung von Einkommen. Allerdings ist es für die unteren Einkommensschichten nicht leicht, die Grenzen der Umverteilung zu akzeptieren, nachdem ihnen jahrzehntelang kostenlose oder billige Staatsleistungen nicht nur versprochen, sondern angeblich auch gewährt wurden. Dies erweckte auch entsprechende Zukunftserwartungen, die – trotz Rezession – immer noch weitverbreitet sind und glauben lassen, den Reichen könne man ohne weiteres zusätzliche Opfer abverlangen.

Die weitere Forcierung der Umverteilung von Einkommen ist künftig mit progressiv wachsenden volkswirtschaftlichen Nachteilen verbunden. Darunter leidet insbesondere die Investitions- und Risikobereitschaft der Unternehmungen, was unmittelbare Wohlstandseinbußen für alle zur Folge hat: Die privaten Investitionen sind nämlich der Motor der wirtschaftlichen Entwicklung, des Einkommens je Einwohner, d. h. des allgemeinen Wohlstandes. Erfahrungsgemäß beeinträchtigen hohe und wachsende Steuer- und Soziallasten insbesondere den Arbeitswillen und die Arbeitsleistung der Selbständigen, was auch den Wohlstand der anderen in Mitleidenschaft zieht. Geschwächt werden vorrangig aber auch risikoreiche Investitionen, die für die Durchsetzung technologischer Neuerungen erforderlich sind. Die daraus erwachsenden wirtschaftlichen Verluste treffen durchaus nicht nur die involvierten Unternehmen, sondern vermindern auch den Spielraum der Einkommensumverteilung. Nimmt die Umverteilungspolitik keine Rücksicht auf die wirtschaftlichen Initiativen, so gibt es immer weniger zu verteilen. Zwar werden dabei auch die Reichen geschädigt, Wohlstandseinbußen sind indessen für die Armen schmerzlicher und bewirken letztlich auch eine Selbstausbeutung. Dies hat ihren Ursprung in der forcierten und illusionären Umverteilungspolitik, die im Auftrage der erdrückenden Wählermehrheit aus unteren Einkommensschichten betrieben wird.

Als die Rezession Mitte der siebziger Jahre einsetzte, zeichneten sich rasch Engpässe in der Finanzierung von früher beschlossenen Staatsleistungen ab. Zu einer ausreichenden Wählermehrheit zugunsten einer Anpassung der Staatsleistungen an die laufenden Staatseinnahmen, d. h. an die Zahlungsbereitschaft der Steuerpflichtigen ist es bisher nicht gekommen. Mächtige Wählerschichten sind weiterhin überzeugt, die Staatsfinanzen könnten und müßten mit entsprechenden Opfern der Reichen saniert werden. Freilich ist es ohne weiteres möglich, die Reichen noch mehr auszubeuten. Dazu reicht ja die Mobilisierung der Wählermehrheit aus unteren Einkommensschichten aus. Die Reichen sind als kleine Minderheit der erdrückenden Mehrheit der Armen ausgeliefert, wodurch es möglich ist, erstere sogar hundertprozentig zu besteuern.

In der politischen Praxis wird die Suppe aber nicht so heiß gegessen wie gekocht: Zwar wurde die Progression der Einkommensteuer immer wieder verschärft und in zahlreichen Industrieländern auf exorbitante Spitzensätze ausgebaut. Im Zuge dieser Entwicklung wurden die Abzugsmöglichkeiten vom Bruttoeinkommen aber systematisch und kräftig erweitert. Nicht zuletzt deshalb wurde das Steuerrecht immer komplizierter. Empirische Untersuchungen zeigen, daß die sogenannte Abzugswirtschaft wichtiger geworden ist als die Progression. Infolgedessen gewinnt man den Eindruck, die Progression sei dazu da, eine sozial befriedigende Belastung der Reichen vorzutäuschen, die es aber wegen den vielfältigsten Abzugsmöglichkeiten faktisch nicht (mehr) gibt. Die Reichen konnten sich offenbar bisher erfolgreich gegen eine zu weitgehende Ausbeutung wehren, indem sie ausgiebig von den steuerlichen Abzügen Gebrauch machten. In welchem Ausmaße sie davon profitieren, ist wesentlich von ihren Informationen über das Steuerrecht abhängig. In dieser Beziehung schneiden die Reichen allerdings schon deshalb entschieden besser ab, weil sie tüchtige Steuerberater engagieren und bezahlen können.

Die Ausbeutung der Reichen durch die Armen wird aber auch durch die Steuerausweichung und Steuerhinterziehung begrenzt. Reiche können sich durchaus in Länder mit niedrigeren Steuern oder in Steueroasen absetzen. So entziehen sie sich der Ausbeutung durch die Armen, die nun selbst in die Lücke springen müssen, um staatliche Einnahmeverluste wettzumachen. Die angestrebte Ausbeutung der reichen endet dann in einer (Selbst-) Ausbeutung der Armen. Ähnliche Auswirkungen hat auch die Steuerhinterziehung, bei der sich Steuerpflichtige (illegal) von der Finanzierung von Staatsleistungen entlasten. Die Steuerhinterziehung wird vorwiegend durch die scharfe Progression und eine als ungerecht empfundene Belastung durch Einkommen-, Gewinn- und Vermögensteuern gefördert. Sie nimmt rasch zu, wenn sich die Überzeugung verbreitet, die Steuergesetzgebung sei ausschließlich auf eine Ausbeutung hoher Einkommen angelegt. Je mehr Reiche davon überzeugt sind, desto intensiver werden sie sich um legale und illegale steuerliche Entlastungen bemühen. *Je schlechter die Steuermoral und je erfolgloser die Bekämpfung der Steuerhinterziehung ist, desto mehr schneiden sich Arme, die Reiche ausbeuten wollen, ins eigene Fleisch und beuten sich selbst aus.*

Die Informierten beuten
das Steuersystem aus

Je besser jemand informiert ist, desto eher kann er Staatsleistungen beanspruchen und die Bezahlung von Steuern vermeiden. Erfahrungsgemäß haben Informierte mehr Übung im Umgang mit der Staatsbürokratie, was ihnen erlaubt, entsprechend von der vielfältigen Staatstätigkeit zu profitieren. Auch besteht ein enger Zusammenhang zwischen Ausbildung, Information, Einkommen und Vermögen einerseits und der Beanspruchung von Staatsleistungen und Steuervermeidungen andererseits. Zählt jemand nicht zur kleinen Gruppe der Wissenden und Informierten, so kann er nützliche Dienstleistungen gegen Entgelt selbstverständlich u. a. von Steuerberatern und Wirtschaftsprüfern kaufen. Informierte und Reiche können infolgedessen Ausbeutungen auf vielen Gebieten – z. B. durch Arme und Arbeitnehmer – verhindern oder zumindest mildern.

Empirische Untersuchungen, z. B. über die Nutznießer des höheren Erziehungs- und Bildungswesens, zeigen eindrücklich, daß beim Umgang mit Behörden und öffentlichen Einrichtungen das Einkommen und das Milieu eine ausschlaggebende Rolle spielen und daß daher die Vertreter der höheren Einkommensschichten begünstigt sind. Nicht zu übersehen sind die Vorteile, die Informierte aus der Beanspruchung von den mannigfaltigsten Leistungen des modernen Sozialstaates ziehen. Die Sozialgesetze sind derart kompliziert und für den »Normalbürger« undurchschaubar, daß zahlreiche nichtinformierte Hilfebedürftige an die ihnen zustehenden Sozialleistungen gar nicht herankommen. Je stärker die Sozialgesetzgebung ausgebaut wird, desto größer wird die Gefahr, daß die erwünschten Nutznießer des Sozialstaates zu kurz kommen. Ihnen müssen schließlich informierte Bürokraten unter die Arme greifen, was sie zusätzlich vom Staat und seiner Bürokratie abhängig macht. Ein typisches Beispiel ist das wuchernde Subventionswesen, das zahlreiche Ausbeutungsmöglichkeiten bietet, und dessen vollständige Ausschöpfung ein umfangreiches Wissen erfordert, das sich allerdings bezahlt macht. Einträgliche Bereiche sind die Landwirtschaft, die Förderung wirtschaftlich zurückgebliebener Regionen und Strukturverbesserungen, wo Subventionen großzügig fließen. Es wäre u. a. reizvoll zu untersuchen, welche Standort- und Produktionsbedingungen den Bezug von größtmöglichen Agrarsubventionen erlauben, leider ist es an dieser Stelle nicht möglich, eine solche »Subventionsfarm« ausfindig zu machen. Es ist nämlich höchste Zeit, sich der Ausbeutung des Steuersystems zuzuwenden.

Es ist allgemein bekannt, daß das Steuer- und Finanzrecht laufend komplizierter und undurchschaubarer wird. Darin kennen sich nur noch bestausgewiesene Steuerberater und Finanzbeamte aus; indessen ist gerade dies Voraussetzung für interessante Steuerersparnisse. Darüber sind Steuerberater oder Experten des Bundes der Steuerzahler am besten informiert; die nun folgenden Ausführungen können daher nur andeuten, welches Potential in der Ausbeutung des Steuersystems steckt.

Steuern kann man durch Verschiebungen von Einkommen und Gewinnen in Niedrigsteuerländer oder Steueroasen sparen. Einkommensteuerpflichtige Personen erreichen dies durch Verlagerung ihres Wohn- und Steuersitzes – durchaus legal – ins steuergünstige Ausland. Während sich dabei eher leicht lösbare Probleme stellen, ist die internationale Verlagerung von Gewinnen der Unternehmen eine Wissenschaft für sich. Angesichts der enormen Größenordnungen, z. B. im Falle von Multinationalen, und eklatanter Unterschiede in der Steuerbelastung, ist es ein höchst einträgliches Geschäft, bestmöglichst informiert und entsprechend handlungsfähig zu sein. Gewinne werden mit Hilfe von übersetzten Importpreisen und von ermäßigten Exportpreisen der international oder weltweit tätigen Gesellschaft verschoben. Über die Manipulation von Verrechnungspreisen läßt man Gewinne dort anfallen, wo die Steuern am günstigsten sind. Immerhin ist zu beachten, daß solche Transaktionen von den Steuerbehörden genehmigt werden müssen. Auch hier ist es entscheidend, über bestinformierte und politisch einflußreiche Steuerberater zu verfügen.

Einkommen und Gewinne werden in dem Maße beeinträchtigt, wie Unternehmen unnötige Kosten verursachen. Erfahrungsgemäß ist die »Unkostenproduktion« bei gutem Geschäftsgang und hohen Steuern am größten. Mit der Höhe der Steuersätze nimmt die Verlockung zu, den Fiskus mit einem großzügigen und auch verschwenderischen Einsatz von Ressourcen zu schädigen. Anerkennt die Steuerbehörde die jeweils ausgewiesenen Kosten uneingeschränkt, so können die Unternehmer das Steuersystem mit Hilfe von Gewinneinbußen, z. B. aufgrund ausgelassener Rationalisierungschancen ausbeuten.

Im gleichen Zuge wie die »Unkostenproduktion« sind die Spesenritter anzuführen, die nicht nur bei Gewerbetreibenden und Industriellen, sondern auch bei Managern aller Stufen anzutreffen sind. Ob ihre Spesen berechtigt sind oder nicht, ist weitgehend ein Ermessensentscheid. Einem allzu großzügigen Spesengebaren beugt die Steuerbehörde zu Recht mit Pauschalbeträgen vor. Je höher diese aber angesetzt werden, desto eher können sich die Betroffenen über sparsamere Ausgaben bzw. durch eine Unterschreitung dieser Pauschalen zusätzliche Netto-Einkommen beschaffen.

Von erheblicher Tragweite sind auch die sogenannten Naturalleistungen – als nichtmonetäre Einkommen bekannt –, die einzelnen Personen und privaten Haushalten steuerfrei zufließen. Insbesondere bei hohen Sätzen der Einkommen- und Gewinnsteuern lohnt es sich in der Tat, größtmögliche Naturalleistungen zu beziehen: Laufen private Autos über Geschäftskosten, so handelt es sich um Beträge, die auch mittleren und hohen Einkommen spürbare Vorteile bringen. Bezahlt der Betrieb den Einkauf von Wein und Schnaps für den privaten Haushalt, so ist auch dies nicht zu vernachlässigen. Besorgt die von der Firma angestellte Putzfrau gleichzeitig den privaten Haushalt, so entfallen bedeutende Privatausgaben. Man darf aber auch einen gutbezahlten und naturverbundenen Angestellten der Unternehmung nicht vergessen, der nebenbei als Gärtner den privaten Garten des Unternehmers pflegt. Im Rahmen von Geschäftsbeziehungen werden zudem teure und dauerhafte Konsumgüter wie Autos, Radios, Fernsehgeräte, Waschmaschinen oder Möbel zu stark ermäßigten Preisen eingekauft. Auch diese Ersparnisse sind bekanntlich nicht einkommensteuerpflichtig, obwohl darin kein (entscheidender) Unterschied zum Eigenverbrauch in der Landwirtschaft und im Gastgewerbe oder zur Einbeziehung der Eigenmiete in die Einkommensteuer festzustellen ist.

Steuerersparnisse größeren Umfangs stecken auch in der unterschiedlichen Besteuerung der verschiedenen Gesellschaftsformen privater Unternehmen. Zwar sind steuerliche Überlegungen bei der Wahl der Unternehmungsform an sich eine Selbstverständlichkeit, die Konsequenzen sind nicht nur für den Fiskus, sondern auch für andere Betroffene, wie z. B. Gläubiger oder Arbeitnehmer, im allgemeinen von erheblicher Tragweite. Informierte und routinierte Berater erfinden immer wieder Rechtskonstruktionen, die einer gesetzlichen Prüfung standhalten, für die Beteiligten aber äußerst lukrativ sind. Der Anreiz in dieser Beziehung, innovatorisch zu wirken, bleibt auch künftig erhalten, was für Steuer- und Finanzbeamte eine permanente Herausforderung sein sollte.

Mehr als problematisch sind rechtliche Regelungen, die Gewinne privatisieren, die Verluste den Gläubigern anhängen und die Arbeitsplätze gefährden. Je geringer das Aktienkapital von Unternehmen ist, desto größer ist die Gefahr, daß eher abenteuerliche Geschäfte, die nicht mit einer gesunden Risikofreudigkeit zu verwechseln sind, zustande kommen und nicht selten schiefgehen. Resultieren daraus Situationen, in denen nach der Devise »rette sich wer kann« gehandelt wird, so ist es wahrscheinlich, daß derart gefährdeten Unternehmen noch im letzten Moment in größtmöglichen Umfange Kapital zur privaten Verfügung entzogen wird. Dann können Unternehmer durchaus (noch) komfortabel weiter leben, nachdem ihre Unternehmung Konkurs gegangen ist. Dies ist aber weder die Regel noch typisch für das freie Unternehmertum. Doch werden diese eher seltenen Fälle in den Massenmedien hochgespielt und schaden so dem gesamten Wirtschaftssystem. Die Kosten der Sanierung solcher Unternehmen fallen üblicherweise in Form von Subventionen eben an notleidende Unternehmen, von Arbeitslosengeldern für freigesetzte Arbeitnehmer oder in Form von Forderungsverzichten von Gläubigern an. In diesem Fall beuten die Informierten nicht nur das Steuersystem, sondern auch noch Arbeitnehmer, Kapitalgeber und die Träger der Finanzierungslasten der Sozialversicherung aus.

Zahlreiche wirtschaftspolitisch motivierte Begünstigungen des Steuerrechts erlauben es, die steuerlichen Gewinne zeitlich zu verschieben und insbesondere zu vermindern. Die Praxis kennt eine unübersehbare Vielzahl derartiger Chancen, deren genaue Kenntnis lohnenswert ist. So schaffen Maßnahmen zur Verbes-

serung regionaler, branchenmäßiger und betrieblicher Strukturen in den meisten Industrieländern nahezu unbegrenzte Möglichkeiten, Steuern zu sparen. Davon profitieren jedoch schwergewichtig nicht kleine und mittlere Unternehmer, sondern Groß-
und Mammutunternehmen, was Diskriminierungen zur Folge
hat. Die großen Gesellschaften sind selbstverständlich am ehesten imstande, die Förderungsmaßnahmen voll auszuschöpfen.

Bei der Gestaltung steuerpflichtiger Gewinne ist die übliche
Abschreibungspraxis von ausschlaggebender Bedeutung. Zwar
schreibt das Steuerrecht bei den meisten Anlagen und Ausrüstungen Normsätze vor, trotzdem ist der Ermessensspielraum
für Sonderabschreibungen, Reserven und Rücklagebildungen für
einen (späteren) Abschreibungsbedarf erheblich. Es ist zwar eine
Binsenwahrheit, daß Gewinne und Einkommen – legal – mani-
pulierbar sind. Dieser Tatbestand ist deshalb zu erwähnen, weil
eine bedeutende Ausbeutung des Steuersystems durch Informierte möglich ist. Sie erstreckt sich nicht nur auf Unternehmungen aller Rechtsformen, sondern auch auf die freien Berufe
und damit auf die (veranlagte) Einkommensteuer.

Ein Paradebeispiel für die Ausbeutung des Steuersystems sind
sogenannte Abschreibungsgesellschaften, die sich insbesondere
auf den Erwerb von Immobilien im In- und Ausland konzentrieren: Die Kaufpreise bestimmter Objekte können im Rahmen des
Verlustausgleichs gegen Gewinne und Einkommen aus anderen
wirtschaftlichen Aktivitäten (weitgehend) aufgerechnet werden.
Dies ermöglicht namhafte Steuerersparnisse. Diese können von
jedermann verwirklicht werden, weil Gewinne und Einkommen
Voraussetzung für den Erwerb von Immobilien und die Ausnutzung solcher Abschreibungsmöglichkeiten darstellen. Es ist
daher zutreffend, daß die Steuerersparnisse potentiell um so größer sind, je höher die Steuerbelastung von Gewinnen und Einkommen ist. Denkt man auch an die Progression der Einkommensteuer und an ihre exorbitanten Höchstsätze, so ziehen mittlere und insbesondere hohe Einkommen Nutzen aus den
Abschreibungen. Dies kann nur zu Lasten der unteren Einkommensschichten gehen, da der Fiskus die entfallenen Einnahmen
dort ausgleichen muß: Die Reichen beuten in diesem Fall die
Armen aus.

Vom Einkommen privater Haushalte dürfen u. a. Prämien an

Krankenkassen und an Lebensversicherungen und Ersparnisse in bestimmten Formen, wie z. B. Bausparverträge, abgezogen werden. Doch auch mit diesen Möglichkeiten von Steuerersparnissen muß man vertraut sein, will man sie im größtmöglichen Umfang ausschöpfen. Die unteren Einkommensschichten sparen erfahrungsgemäß nahezu ausschließlich in vertraglicher Form und profitieren so nicht unerheblich von steuerlichen Abzugsmöglichkeiten. Dabei ist aber nicht zu vernachlässigen, ob Abzüge in ihrer Höhe absolut beschränkt oder an Einkommensgrenzen gebunden sind. Je weniger dies der Fall ist, desto stärker werden mittlere und vor allem hohe Einkommen, die über große Sparmöglichkeiten verfügen, bevorzugt. In diesen Bereichen haben Entlastungen dank Progression und hoher Steuerbelastung ein überproportionales Gewicht. Indessen ist festzustellen, daß die zahlreichen Länder die absetzbaren Beträge so beschränken, daß sie nur von unteren Einkommensschichten voll ausgeschöpft werden können. Nicht selten setzen die Abzugsmöglichkeiten in den mittleren Einkommen aus, wodurch die unteren Einkommen stärker entlastet werden.

Entlastungsspielräume werden im Rahmen der Besteuerung auch durch die Bewertung von Vermögensobjekten, angefangen vom Grund und Boden über Geschäftshäuser, Wohnungen, Einfamilienhäuser bis zu gewerblichen und industriellen Anlagen geschaffen. Je nachdem ob die Steuerbehörden sich für die Ertrags-, die Verkehrs- oder die Anlagewerte als Besteuerungsgrundlage entscheiden, fallen sehr unterschiedliche Steuerbeträge an. Aber auch offizielle Schätzwerte sind selbst mehr oder weniger objektiv beeinflußbar, da die behördlichen Entscheidungen erst nach Anhören der Betroffenen gefällt werden. Einschätzungen können rechtlich angefochten werden, was aber eine gewisse Vertrautheit mit den einschlägigen Gesetzen oder die Bezahlung eines tüchtigen Anwaltes voraussetzt. So befinden sich Informierte, vermögende und einkommenskräftige Personen auch in dieser Beziehung in einer besseren Situation als die große Masse der Steuerzahler.

Informierte können das Steuersystem schließlich auch bei weiteren Steuern ausbeuten. Die sogenannten ertragsunabhängigen Steuern, wie z. B. die Umsatzsteuer, sind auch dann zu bezahlen, wenn weder Gewinne noch Einkommen vorliegen. Daher ist es gerade hier lohnenswert, sich über Entlastungschancen erschöpfend zu informieren und international oder sogar weltweit nach günstigen Steuerstandorten Ausschau zu halten. Auch hier haben Großunternehmen und multinationale Gesellschaften einen Informationsvorsprung gegenüber Gewerbetreibenden und kleinen sowie mittleren Unternehmen.

Informierte erfahren meist auch vorzeitig beabsichtigte Änderungen des Steuerrechtes. Dies schafft ihnen die Möglichkeit, in ihrem Interesse steuerlich zu disponieren, bevor die Gesetzesänderungen in Kraft treten. Sie können u. a. die Rechtsform der Unternehmung ändern, eine Produktionsverlagerung ins Ausland vornehmen, den Wohnort- und den Steuersitz wechseln oder auch uninteressante Aktivitäten rechtzeitig aufgeben. Somit verschaffen sich Informierte einen entscheidenden Vorsprung gegenüber jenen Konkurrenten, die erst verspätet Informationen erhalten oder von Gesetzesänderungen überrascht werden.

Schließlich beeinflussen die Informierten nachhaltig auch noch das Steuersystem, z. B. in ihrer Funktion als Steuerberater oder Wirtschaftsprüfer, die als Experten bei Revisionen des Steuerrechtes mit herangezogen werden. Dies ermöglicht ihnen, sozusagen permanent am Ball zu sein, wobei sie nicht ohne weiteres darauf verzichten, die Interessen ihrer Klienten wahrzunehmen. In der Phase der politischen Willensbildung und Entscheidung üben sie darüber hinaus mit Äußerungen und Stellungnahmen in den Massenmedien und mittels von ihnen abgefaßter Argumentationsunterlagen für Verbandsfunktionäre und Politiker einen nicht zu vernachlässigenden Einfluß aus. Ihre gezielten Informationen können, in Verbindung mit der fachlichen Überzeugungskraft, nicht selten den Ausschlag für oder wider Gesetzesänderungen geben, insbesondere dann, wenn die Mehrheitsverhältnisse knapp sind.

Zu den Bestinformierten zählen die zahlreichen Steuer- und Finanzbeamten, die sich aufgrund ihrer langjährigen Praxis bis in die letzten Details auskennen. Ihr umfassendes Wissen über Möglichkeiten von Steuerersparnissen und über Lücken im Steuerrecht wird von der Privatwirtschaft in jeder Beziehung geschätzt. So wechseln immer wieder bestausgewiesene Steuerbeamte in die Steuerabteilung von Groß- und Mammutunternehmen oder auch zu einflußreichen Wirtschaftsverbänden.

Nicht weniger erstrebenswert erscheinen ihnen auch freie Beratungs- und Prüfungsfunktionen im Dienste privater Unternehmen, wozu sich manch tüchtiger Steuerbeamter selbständig macht. Nachdem sie sich – mit Hilfe öffentlicher Gelder ausgebildet – im öffentlichen Dienst auf die Beschaffung von Steuergeldern spezialisiert haben, wechseln sie zur Konkurrenz und beuten das Steuersystem im Interesse der Auftraggeber und zum Nachteil des Fiskus aus. Zwar sind zahlreiche Fälle von Ausbeutung bekannt, über das Ausmaß der Ausbeutung des Steuersystems durch die Informierten gibt es keine zahlenmäßigen Angaben. Diese Ausbeutung bildet indessen ein starkes Gegengewicht zur hohen und prohibitiven Steuerbelastung sowie zu exorbitanten Spitzensätzen der Einkommensteuer in den meisten hochentwickelten Industrieländern. Anders ist es nämlich kaum vorstellbar, daß jemand in den westlichen Wohlfahrtsstaaten noch Risiken auf sich nehmen würde, wenn er steuerliche Gewinne und Einkommen nicht derart vermindern könnte, daß er nicht schwergewichtig für den Fiskus arbeitet. Je besser jemand informiert ist, desto eher kann er prohibitive und konfiskatorische Steuertarife und -sätze meiden. So gesehen vermag es nicht zu erstaunen, daß der Progression längstens nicht mehr das gleiche Gewicht wie der vielfältigen Abzugswirtschaft im Rahmen der Einkommen- und Gewinnbesteuerung zukommt. Die scharfe Progression ist daher eher als Konzession an die Masse der Steuerzahler aufzufassen, die in der Illusion leben, die Reichen würden die Staatsleistungen an die Armen schwergewichtig finanzieren. Offenbar wird diese Vorstellung im Interesse der politischen Stabilität und des sozialen Friedens am Leben erhalten. Denkt man aber an die Ausbeutung des Steuersystems durch die Informierten, so sind ohne Berücksichtigung der Steuerhinterziehung schon starke Züge einer Politik des »tun als ob« nicht zu übersehen.

Die Subventionsempfänger
beuten die Steuerzahler aus

Der Begriff »Subventionen« ist sehr schillernd und vielverspre-
chend. Er wird in der Öffentlichkeit für Überweisungen des Staates an Produzenten, private Haushalte, Träger der Sozialversicherungen, an Gemeinden und Bundesländer verwendet. Indessen richten auch inter- und supranationale Organisationen, wie
z. B. die Europäische Gemeinschaft, großzügig Subventionen
aus. Die Verwirrung um die Subventionen verschwindet schlagartig, wenn man die sozialpolitisch motivierten Übertragungen
an private Haushalte und an Träger der Sozialversicherung als
Sozialtransfers bezeichnet. Diese Subventionen an die Arbeitslo-
sen-, Renten-, Unfall-, Invaliden- und Krankenversicherungen
wurden unter dem Ausbeutungsaspekt bereits erörtert. So ver-
bleiben die – echten – Subventionen an Produzenten oder Unternehmer, die aber nicht weniger brisant sind.

Das Subventionswesen ist ein beliebtes Betätigungsfeld für
Politiker, da sie sich hier auf Kosten der Steuerzahler beliebt
machen können. Sehr treffend spricht man von einer Geschenkwirtschaft, im Rahmen derer sich Politiker gegenseitig Subventionen zuschanzen und so an Popularität gewinnen: »Gibst Du
mir meine Subventionen, so gebe ich Dir Deine Subventionen.«
Bei dieser Mentalität kann es nicht erstaunen, daß das Subventionswesen in den letzten Jahrzehnten, die durch reichlich flie-
ßende Steuergelder gekennzeichnet sind, wucherte und ein erst-
rangiges Problem bei der Sanierung der Staatsfinanzen ist. *Als
die Staatskassen noch prall gefüllt waren, konnte man alle
finanziellen Forderungen erfüllen und eine Politik des guten Ein-
vernehmens betreiben.* Da die Finanzlage der öffentlichen Haushalte sich seit der letzten Rezession grundlegend verschlechtert
hat, muß der Rotstift insbesondere bei den Subventionen angesetzt werden. Doch vermögen sich die Politiker im allgemeinen
nur auf eine prozentual gleiche Kürzung aller Subventionen zu
einigen. Im Falle gleicher prozentualer Abstriche bringen alle
Subventionsempfänger ein gleiches relatives Opfer, so daß die
bestehenden Relationen erhalten bleiben. Offenbar ist man nur
so bereit, in den sauren Apfel zu beißen, und dies kann gegen-

über den Wählern als Solidarität aller Subventionsempfänger verkauft werden. Doch ist festzustellen, daß nicht alle Subventionen gleich wichtig sind, weshalb sie nach Prioritäten – die man im Regierungsprogramm nachlesen kann – zu kürzen wären. Offensichtlich ist es politisch unerträglich, wenn bestimmte Subventionen weiterhin zunehmen, andere nur beibehalten und nicht wenige fühlbar gekürzt werden. Dieses Vorgehen stört die Geschenkwirtschaft, macht Politiker unpopulär und ist dem guten Einvernehmen abträglich. Deshalb zieht man es vor, auf eine zielgerechte bzw. differenzierte Subventionspolitik zu verzichten und läßt den Defiziten im Staatshaushalt sozusagen freien Lauf. Immerhin ist zu beobachten, daß die Steuerzahler zunehmend weniger geneigt sind, die großzügige Geschenkwirtschaft weiter zu finanzieren.

Im Subventionswesen gibt es nicht nur offene Ziele, bei denen der eigentliche Subventionszweck transparent ist, sondern vor allem versteckte, verschleierte oder getarnte Absichten. Beispielsweise werden Subventionen an die Landwirtschaft mit dem Hinweis auf die Versorgungssicherheit mit Nahrungsmitteln in Krisenzeiten gerechtfertigt, in Wirklichkeit geht es aber um die Schaffung zusätzlicher Einkommen für die Landwirtschaft. Es darf nicht übersehen werden, daß hinter Subventionsforderungen im allgemeinen massive Partikularinteressen stecken, vorgeschoben wird aber das öffentliche Interesse. Dies schließt nicht aus, daß gleichzeitig, oder sozusagen als Nebenwirkung, Ziele realisiert werden, die (auch) im Gesamtinteresse liegen. Obwohl Subventionen an sich nur unter dem Aspekt, wie sie sich für ganz bestimmte Zwecke eignen, zu gewähren sind, wird darüber wenig oder überhaupt nicht Rechenschaft abgelegt. Die subventionspolitische Praxis erweckt den Eindruck, daß weder der Staat noch die Subventionsempfänger an eindeutigen Zielformulierungen interessiert seien. Solange die wahren Absichten verborgen bleiben und keine zahlenmäßig überprüfbaren Ziele vorgegeben werden, ist keine Erfolgskontrolle, d. h. keine Beurteilung der Zweckmäßigkeit von Subventionen, zu erwarten. Je länger der Staat bestimmte Subventionen ausrichtet, desto eher werden sie von den Empfängern als ein legitimer Anspruch, der sich aus dem Gewohnheitsrecht ableitet, betrachtet. Dies führt dazu, daß auf ihre Bezahlung, unabhängig davon, ob sie zur Erreichung der ursprünglichen Ziele noch notwendig oder entbehrlich sind, bestanden wird. Daher degenerieren auch zielgerechte Subventionen auf die Dauer zu einer reinen Geldverteilerei, welche die Begünstigten weitgehend vom Druck befreit, effizient(er) zu arbeiten und einen angemessenen Wohlstandsbeitrag zu leisten. Darin ist eine nicht zu unterschätzende Ausbeutung aller zu erblicken, indem subventionierte Produzenten die Konsumenten schlechter und teurer mit Gütern und Dienstleistungen versorgen.

Subventionen werden zwar häufig und vielfältig zur Verwirklichung politischer Ziele eingesetzt, es reicht aber aus, sich auf einige herausragende Beispiele zu konzentrieren, um den Nachweis der Ausbeutung der Steuerzahler zu erbringen. Subventionen dürfen nicht von vornherein negativ beurteilt werden, da sie nicht zwangsweise unwirksam sein müssen. Insbesondere erfüllen sie eine wichtige Funktion in einem marktwirtschaftlichen System. So ist es angezeigt, (gemeinwirtschaftliche) Leistungen von privaten und öffentlichen Unternehmen, die im öffentlichen Interesse liegen, zu belohnen, da sie vom Markt nicht honoriert werden. Zu befürworten sind grundsätzlich auch Investitionsprämien oder -zulagen an Unternehmen, die im Laufe von Wirtschaftseinbrüchen mehr investieren und dadurch die Beschäftigungslage verbessern. Gerechtfertigt sind auch Investitionsanreize für Unternehmen, die sich in wirtschaftlich zurückgebliebenen Regionen ansiedeln. Zur Förderung des Umweltschutzes werden ebenfalls Subventionen eingesetzt, indessen ist dazu dem Verursacherprinzip der Vorrang einzuräumen. In dem Maße, wie eine gleichmäßigere Einkommensverteilung sinnvoll ist, darf man auch eine Umverteilung von den oberen zu den unteren Einkommensschichten – die Reichsten subventionieren die Armen – verantworten. Doch ist es nicht nur verfehlt, sondern auch volkswirtschaftlich höchst verwerflich, für die Gewährung von Subventionen einen Freibrief auszustellen. Es ist nämlich unter finanziellen, sozialen und ökonomischen Aspekten überfällig, dem offensichtlichen Unfug, der mit Subventionen aller Art betrieben wird, ein Ende zu bereiten.

Im Brennpunkt der öffentlichen Diskussion steht seit langem die Subventionierung der Landwirtschaft in den hochentwickelten Industrieländern. Bei »Produzenten beuten Konsumenten aus« wurde u. a. der verhängnisvolle Teufelskreis staatlicher Abnahmegarantien zu festen und einkommenssichernden Preisen und der daraus resultierende Hang zur Überproduktion geschildert. Der Abbau derselben erfordert wiederum Verbilligungssubventionen, die ihrerseits den Spielraum zur Ausdehnung der Agrarerzeugung erhöhen. Leider gibt es überhaupt keine Anhaltspunkte für die Annahme, daß der Trend zur Überproduktion sich nicht fortsetzen werde. Trotzdem werden weiterhin Subventionen in größerem Umfange an die Landwirtschaft bezahlt, Steuergelder vergeudet und wachsende Finanzprobleme geschaffen. Doch damit nicht genug: Die Subventionierung des Agrarsektors nimmt zunehmend sozial untragbare, ja skandalöse Züge an, weshalb es dringend erscheint, sich eingehender mit diesem vielschichtigen und kostspieligen Bereich zu befassen.

Die Mehrheit der Weltbevölkerung muß u. a. deshalb hungern, weil vor allem bevölkerungsreiche Entwicklungsländer nicht über ausreichende Finanzen verfügen, um die überschüssigen Nahrungsmittelerzeugnisse der Industrieländer, wie z. B. USA, Kanada, Australien und der EG-Länder, aufzukaufen. Ein forcierter Absatz von Überschußprodukten in Entwicklungsländer – die reichen Erdölländer ausgenommen – erfordert massive Verbilligungen, d. h. Subventionen für Agrargüterexporte in die armen Länder der südlichen Hemisphäre.

Inzwischen ist es Mode geworden, überschüssige Nahrungsmittel zu verfüttern oder in den Ostblock zu exportieren. In die kommunistischen Länder wird – versteht sich von selbst – mit enormen Subventionen z. B. Butter in großen Mengen abgeschoben. Dabei werden westliche Steuerzahler zugunsten östlicher Konsumenten ausgebeutet.

Subventionierte Agrarprodukte machen aber auch innerhalb der westlichen Industrieländer, von kräftigen Subventionen gefördert, ihre Rundreisen. Trotz alledem kommt es letztlich auf das Verhältnis von Exporten und Importen an Nahrungsmitteln – immer unter Berücksichtigung der darin enthaltenen Subventionen – an, ob und in welchem Ausmaße ein Land die ausländischen Steuerzahler (netto) subventioniert oder belastet.

Das Subventionssystem des Agrarsektors ladet – aber nicht nur dort – geradezu ein, sich intensiv um die Ausschöpfung seiner reichhaltigen Möglichkeiten zu bemühen. Geschäftstüchtige und organisatorisch talentierte Geschäftsleute haben einen finanziell einträglichen »internationalen Nahrungsmitteltourismus« in Bewegung gesetzt. Zwar versetzen sie dabei keine Berge, sie verschieben aber ganze Berge an landwirtschaftlichen Erzeugnissen, so z. B. Butterberge – über die innereuropäischen Landesgrenzen und kassieren dabei lukrative (Export-)Subventionen. In der EG gibt es zahlreiche Reiserouten für subventionsträchtige Agrarerzeugnisse, von denen auch die Eisenbahnen und das Kraftfahrzeuggewerbe profitieren. Im Jahre 1979 zeigte ein Fernsehfilm, wie Butter von den Niederlanden nach Italien, von dort in die Sowjetunion reiste und nach einer gewissen Zeit wieder auf niederländischen Märkten auftauchte. Gleichfalls lohnt es sich auch, Schweineherden über die Grenzen zwischen der Republik Irland und (dem englischen) Nordirland hin und her zu treiben, wofür jedesmal (Export-)Subventionen kassiert werden.

Man mag diesen »Nahrungsmitteltourismus« zwar nur als unvermeidlich oder gar unerträglich empfinden, skandalös sind aber auf jeden Fall jene geschlossenen Kreise, in denen die Nahrungsmittel überhaupt nicht (mehr) zu den Konsumenten gelangen, sondern den Viehhaltern geliefert und dort als subventionierte Futtermittel verwendet werden. Je rascher die Überschüsse infolge anreizgebender Subventionen wachsen, desto rascher gewinnen geschlossene Nahrungs- und Futtermittelkreise an Bedeutung und erfordern – wie könnte es anders sein – entsprechende Verwertungssubventionen. So ist es abzusehen, wie man nicht mehr klar zwischen Nahrungsmitteln und Futtermitteln unterscheidet. Damit wird die Verfütterung von Nahrungsmitteln verschleiert und kann kein öffentliches Ärgernis mehr erregen. Daher ist an der althergebrachten Regel festzuhalten, daß Nahrungsmittel von Menschen, Futtermittel dagegen von Tieren zu konsumieren sind. Die zahlreicher werdenden Verstöße gegen diese Konvention zeigen aber auch, in welcher Sackgasse sich die Agrarpolitik befindet.

Mannigfaltige Subventionen erteilt die öffentliche Hand – zusätzlich zum Sozialstaat – zur Verbilligung der Preise von Gütern und Dienstleistungen zugunsten der unteren Einkommensschichten. Vorweg ist allerdings zu bemerken, daß davon auch die höheren Einkommen, wenn auch weniger als die erwünschten Nutznießer dieses Subventionssegens, profitieren. Ihre Ausgaben für subventionierte Güter und Dienste machen nämlich einen geringeren Prozentsatz der verfügbaren Einkommen aus.

Beliebt, je nach Land aber unterschiedlich verbreitet, ist die Subventionierung von (Grund-)Nahrungsmitteln, wie z. B. Brot, Salz, Zucker, pflanzliche Öle und Fette. Als vor Jahrzehnten die Ausgaben der privaten Haushalte für die Ernährung einen relativ hohen Prozentsatz des verfügbaren Einkommens beanspruchten, entlasteten solche Verbilligungen die unteren Einkommensschichten fühlbar und waren deshalb auch vertretbar. Beim hohen Wohlstand, den die Industrieländer erreicht haben, erscheinen diese Subventionen nicht mehr sinnvoll; zusätzliche Kosten für Nahrungsmittel können heute ohne weiteres von allen Einkommensschichten verkraftet werden. Sie betragen auch in Arbeiterhaushalten weniger als zehn Prozent der Konsumausgaben, was man nicht außer acht lassen sollte. Ist man sich gleichzeitig bewußt, daß auch Millionäre verbilligtes Brot essen, so ist es überfällig, auf die sozialpolitisch motivierten Subventionierungen von Nahrungsmitteln zu verzichten.

Nicht wenige Länder verbilligen auch die Strom-, Gas- und Heizölpreise zum Teil, damit breite Bevölkerungskreise von massiv steigenden Energiepreisen verschont werden. Im Falle der importierten Energie wird der Unterschied zwischen Import- und Inlandpreisen aus der Staatskasse gedeckt, was — wie könnte es anders sein — Steuergelder erfordert. Bei der heimischen Energieerzeugung durch Versorgungsunternehmen hat diese Verbilligung theoretisch geringere Gewinne, faktisch aber wachsende Verluste dieser Unternehmen zur Folge. Doch wird auch dieses Loch mit Steuergeldern gestopft, was insbesondere die kommunalen Haushalte erheblich belastet.

In der Regel konzentrieren sich die Subventionen schwergewichtig auf defizitäre Verkehrsträger. Zahlreiche nicht-kostendeckende Tarife verursachen gigantische Subventionsbeträge, die angesichts finanzieller Engpässe in den Staatsfinanzen große Sorge bereiten. Besorgniserregend sind die Milliardendefizite der (Bundes-)Bahnen und des straßengebundenen Regional- und Großstadtverkehrs. Die Ursache der Defizite im öffentlichen Verkehr liegt im künstlichen Wettbewerbsvorteil des Individual- oder Straßenverkehrs, wo man die sozialen Kosten – was marktwirtschaftlich nötig wäre – den Verursachern nicht anlastet. Den Ausschlag für großzügige Subventionierungen solcher Art geben die sozial-motivierten Bestrebungen, den breiten Einkommensschichten mittels Tarifermäßigungen gewichtige finanzielle Vorteile zu verschaffen.

Die unteren Einkommensschichten werden auch bei der Finanzierung der Entsorgungsunternehmen wie Müllabfuhr oder Wasserreinigungsanlagen entlastet, indem die tatsächlich anfallenden Kosten nicht (streng) nach dem Verursacherprinzip, sondern über Steuern oder Gebühren gedeckt werden, die auf die finanzielle Leistungsfähigkeit der Individuen Rücksicht nehmen. Daher zahlen auch hier die höheren Einkommen Beträge, welche die von ihnen verursachten Kosten übersteigen. Es wird von oben nach unten umverteilt, so daß die Armen die Reichen ausbeuten.

In manchen Industrieländern, wie z. B. Italien, England oder Frankreich, fallen Subventionen in erheblichem Ausmaße auch für öffentliche Produktionsunternehmen an, so z. B. für die verstaatlichte Stahlindustrie. Dazu kommen abwechslungsweise noch andere Problembranchen, die zur Erhaltung oder Wiedergewinnung ihrer Konkurrenzfähigkeit kräftig mit Steuergeldern unterstützt werden. In den EG-Ländern bezieht die Stahlindustrie, ausgenommen in der Bundesrepublik und in Luxemburg, massive Subventionen. Doch macht die Subventionierung zur Erhaltung von Arbeitsplätzen auch vor weiteren Fällen nicht Halt, so daß eine – aus welchen Gründen auch immer – fehlende Konkurrenzfähigkeit immer teurer zu stehen kommt.

Die öffentliche Hand verbilligt im großen Stile aber auch ihre eigenen Leistungen, so im Erziehungs- und Gesundheitswesen. Milliardenschwere Beispiele sind die Defizitgarantien für Krankenhäuser oder die kostenlose Beanspruchung der Hochschulen, deren Folgen bei »Studenten beuten Lohnempfänger aus« erörtert wurden. Auch hier zeigt es sich eindrücklich, daß Subventionen der Überversorgung mit Staatsleistungen und einem unsorgfältigen und verschwenderischen Wirtschaften Vorschub leisten. Öffentliche Infrastrukturanlagen werden meist in der Überzeugung beansprucht, es handle sich, insbesondere für die unteren Einkommensschichten, um Gratisleistungen, welche die Reichen bezahlen.

Namhafte Subventionen fließen zwecks Verbilligung von Mieten auch in den Wohnungsbau oder direkt als Wohngeld an die unteren Einkommensschichten. Die Mietausgaben der privaten Haushalte betragen je nach Land zwischen 10 und 15 Prozent der verfügbaren Einkommen. Ihr Gewicht an den Verbrauchsausgaben privater Haushalte verschafft den Mietzins- und Wohnsubventionen eine vorrangige sozialpolitische Bedeutung. Auch dazu sind selbstverständlich Steuergelder erforderlich, denn nur gefüllte Staatskassen machen vielfältige und massive Subventionen möglich.

Großzügige Subventionen mögen zwar aus sozialpolitischer Sicht durchaus in Ordnung sein. Diese Verbilligungen laden die Nutznießer aber geradezu ein, ebenso sorglos wie unnötig subventionierte Güter und Leistungen in Anspruch zu nehmen. Es ist daher nicht überraschend, daß es in einem zahlenmäßig zwar nicht bestimmbaren, aber dennoch erheblichen Umfang zu einer Überversorgung oder Verschwendung von Ressourcen kommt. Diese fehlen entsprechend bei der Erzeugung anderer Güter und Dienste, was unweigerlich Wohlstandsverluste für alle bewirkt. In der Regel sind (leider) auch Angehörige überdurchschnittlicher Einkommensschichten Nutznießer von Subventionen, obwohl dies in keiner Weise zu rechtfertigen ist.

Die zentrale gesellschaftspolitische Problematik entspringt indessen den Illusionen, die sich mit subventionierten Gütern und Dienstleistungen verbinden. Breite Bevölkerungskreise sind nämlich überzeugt, es handle sich um Gratisleistungen zu ihren Gunsten. In der Öffentlichkeit wird nämlich argumentiert, die Kosten von Verbilligungen würden aus der Staatskasse gedeckt, die von den Reichen gefüllt werde. In Wirklichkeit aber befinden sich die hochindustrialisierten Länder seit längerem in einer Phase, in der sie zusätzliche Staatsleistungen über Verbrauchssteuern finanzieren, da das Potential der Einkommen- und Vermögensteuern nach dem Motto »die Reichen sollen zahlen« inzwischen voll ausgeschöpft ist. Zwar werden sowohl Nahrungsmittel als auch weitere Güter des täglichen Bedarfs von speziellen und allgemeinen Konsumsteuern verschont. Dies reicht aber nicht aus, um die unteren Einkommensschichten von überwälzten Konsumsteuern erheblich zu entlasten. Daher kommt keine bedeutende Umverteilung von den oberen zu den unteren Einkommensschichten zustande: Die Gruppe der Nutznießer von Subventionen zur Verbilligung von Gütern und Diensten trägt die Kosten ihrer Vergünstigungen letztlich (weitgehend) selbst. In diesem Fall beuten die Subventionsempfänger nicht nur die Steuerzahler – zu denen sie selbst gehören – sondern auch noch sich selbst aus. Dies sind eindeutige sozialpolitische Grenzen von Subventionen, und es ist die Aufgabe der Politiker, die subventionshungrigen Wähler mit diesen für sie wohl überraschenden Fakten zu konfrontieren.

Es käme aber auch einer groben Verschleierung von unsozialen Subventionswirkungen gleich, würde man auf den Hinweis verzichten, daß z. B. in der Landwirtschaft – aber nicht nur hier – die Großproduzenten die vorrangigen Nutznießer von Subventionen sind. Je mehr jemand produziert, desto stärker profitiert er von produktionsabhängigen Subventionen. Unter solchen Voraussetzungen wird von den unteren zu den oberen Einkommensschichten umverteilt, was das Ziel der Verbesserung der Einkommensverteilung auf den Kopf stellt.

Nicht zu unterschätzen ist ferner die rasch um sich greifende Subventionskriminalität, bei der Produzenten sich auf betrügerische Art und Weise ein Stück vom Subventionskuchen abschneiden. Je stärker der Wildwuchs des bereits unüberblick- und unbeherrschbaren Subventionswesens ist und je höher die Subventionssätze angesetzt werden, desto eher lohnt es sich für Betrüger und Kriminelle, sich in diesem lukrativen Staatsbereich einzunisten. Die von Gerichten behandelten Fälle von Subventionskriminalität lassen deutlich werden, daß es sich längst nicht mehr um Einzelerscheinungen, sondern um häufige und systematische Ausbeutungen des Subventionssystems handelt. Als Beispiel sei lediglich erwähnt, daß ein weiterum bekannter (italienischer) Salamifabrikant Därme mit Sägemehl und Kunststoff füllte, dafür in großem Stil Exportsubventionen für Salami kassierte und die Ladung unweit des Ausfuhrhafens über Bord ins Meer werfen ließ.

In der Praxis sind die Übergänge zwischen dem subventionierten »Nahrungsmitteltourismus« und dem Subventionsbetrug derart fließend, daß die EG-Subventionsbehörden Mühe bekunden, herauszufinden, welche Variante das größte Übel darstellt.

Es ist nachdrücklich zu wiederholen, daß Subventionen im allgemeinen keine Gratisleistungen sind. Ihre finanziellen Folgen werden schwergewichtig von den unteren Einkommensschichten, insbesondere in der Form von auf die Lebenshaltungskosten überwälzten Konsumsteuern getragen. Somit erfolgt zusätzlich zur Ausbeutung der Steuerzahler eine – für die meisten – unbekannte Selbstausbeutung der Subventionsempfänger. Infolgedessen ist es eine vorrangige sozialpolitische Zukunftsaufgabe, das Subventionswesen so radikal zu vereinfachen, daß davon ausschließlich die wirklich Hilfebedürftigen profitieren.

Ausbeuter in der Bürokratie

Die Bürokratie oder Staatsverwaltung hat sich im Laufe eines Jahrhunderts manche zentrale Funktionen der hochentwickelten Industrieländer einverleibt. Unter dem Aspekt von Ausbeutungen wurden bereits die soziale Sicherheit, das Erziehungs-, Gesundheits- und Verkehrswesen sowie die (öffentlichen) Produktions-, Verkehrs-, Versorgungs- und Entsorgungsunternehmen erörtert.

Im folgenden wird nun näher auf die Staatsverwaltung – auch als öffentlicher Dienst bekannt –, die innerhalb des Staatssektors eine strategische Position einnimmt, eingegangen. Heute gehen nämlich – je nach Land – zwischen 35 und 50 Prozent aller Einkommen durch öffentliche Hände.

Der Anteil der Staatsausgaben und der Steuern am Volkseinkommen hat langfristig progressiv zugenommen. Diese Expansion hätte weitgehend vermieden werden können, da im öffentlichen Interesse liegende Leistungen – bei entsprechenden Auflagen – auch von der Privatwirtschaft erbracht werden können. In der Praxis wurden aber, unter Mißachtung des Grundsatzes der Wirtschaftlichkeit, laufend neue Aufgaben dem Staat übertragen, der sie auch noch selbst löst, obwohl er dies an private Unternehmen delegieren könnte. Je mehr sich in den letzten Jahren Engpässe in der Finanzierung der Staatsleistungen abzeichneten, desto stärker geriet die Bürokratie unter Beschuß, während gleichzeitig die Forderung nach der Privatisierung von bürokratisch organisierten Bereichen auftauchte. In der öffentlichen Diskussion wird Bürokratie meist mit fehlender Wirtschaftlichkeit und Verschwendung in Verbindung gebracht. Trifft es zu, daß die Bürokratie weniger effizient arbeitet als private Unternehmen, so erleiden wir alle entsprechende Wohlstandsverluste: Wir werden von Bürokraten ausgebeutet.

Die weitverbreitete Ansicht, die Staatsbürokratie arbeite unwirtschaftlich und entsprechend kostspielig, ist keineswegs aus der Luft gegriffen. Vergegenwärtigt man sich die entscheidenden Unterschiede zwischen Privat- und der Staatswirtschaft, so wird es verständlich, warum die öffentliche Verwaltung in der Regel weniger effizient ist als privatwirtschaftlich orientierte Aktivitäten.

Die Staatsbürokratie erfreut sich meist einer Monopolstellung, so daß sie keinem Konkurrenz- und Leistungsdruck ausgesetzt ist. In nicht wenigen Fällen wird die Nachfrage nach ihren Leistungen sogar gesetzlich vorgeschrieben, so z. B. beim obligatorischen Schulunterricht. Ihre Sonderstellung erlaubt es ihr auch, kaum Rücksicht auf die Qualität der von ihr erbrachten Leistungen zu nehmen. *Den Empfängern von Staatsleistungen bleibt nichts anderes übrig, als sich den vom Interesse der Bürokratie geprägten behördlichen Vorschriften anzupassen.*

Im offensichtlichen Gegensatz zum Verhalten der Privatwirtschaft steht die Unbeweglichkeit oder Starrheit der Bürokratie. So wandern die zu bearbeitenden Fälle von Abteilung zu Abteilung und von Behörde zu Behörde, wobei sich Funktionäre um Entscheidungen drücken. Wer nicht entscheiden muß, kann auch keine Fehler machen und hat infolgedessen auch keine Konsequenzen zu gewärtigen. Bei jedem Weiterreichen von Problemen fallen Arbeit und Kosten an, so daß die Bürokratie sich weitgehend selbst beschäftigt.

Bürokraten sind im allgemeinen lebenslänglich angestellt, weshalb ihnen der Arbeitsplatz – zumindest aufgrund mangelnder Leistungen – nicht verloren gehen kann. Somit wird ihnen jeder Druck genommen, sich anzustrengen oder positiv aus dem (üblichen) Rahmen zu fallen. Es kommt sogar vor, daß unfähige Bürokraten befördert werden, weil sie in ihrer Funktion untragbar geworden sind. Sowohl bei der Aufnahme in den Staatsdienst als auch bei Beförderungen geben nicht selten die Parteizugehörigkeit und die zu erwartende Loyalität gegenüber den Vorgesetzten den Ausschlag.

Während die Privatwirtschaft harte Sanktionsmechanismen kennt, fehlen diese durchwegs in der Staatsbürokratie. Auch gravierende Fehler von Bürokraten ziehen weder persönliche noch finanzielle Konsequenzen nach sich: Die berufliche Position bleibt erhalten, das Gehalt läuft ungeschmälert weiter. Da weder Gewinne zu erwirtschaften noch Konkurs zu befürchten sind, gibt es doch nichts Angenehmeres als Bürokrat zu sein, sofern man nicht von Natur aus auf Initiative und Risikofreudigkeit angelegt ist.

Die Bürokraten können – anders als private Unternehmer – ohne eigene Finanzmittel im Einsatz zu haben, Entscheidungen treffen. Sie verfügen dabei über fremde Gelder, d. h. Steuern, ohne aber von den Steuerzahlern und Wählern behelligt zu werden. Je großzügiger sie damit umgehen und je mehr Personal sie anstellen, desto stärker ist ihre Macht. Es darf unter solchen Bedingungen nicht erstaunen, daß der Personalbestand und seine Bezahlung sowie auch die öffentlichen Sachausgaben sich weitgehend unabhängig von der staatlichen Leistungserstellung entwickeln. Solange eine große Wählermehrheit die Staatsausgaben, d. h. die Kosten der Staatstätigkeit, mit Staatsleistungen verwechseln, haben die Bürokraten kaum Anlaß zu rationalisieren und innovatorisch zu wirken.

Es gilt als fortschrittlich oder sozial, die Nutznießer von Staatsleistungen weder mit den Kosten noch mit der Finanzierung und ihren Grenzen zu konfrontieren. Zu diesem Zweck wird seit Jahrzehnten eine konsequente Politik der Trennung einzelner Staatsleistungen von ihrer Finanzierung betrieben. Infolgedessen erscheint die Staatskasse der Wählermehrheit als eine Wundertüte, aus der laufend mehr – ohne sie zu füllen – verteilt werden kann. Unter solchen Voraussetzungen ist es unwahrscheinlich, daß die Wähler einen stärkeren Druck auf die Bürokraten ausüben und diese zu einem effizienteren Einsatz von Steuergeldern zwingen.

Freilich sind nicht alle Bürokraten Ausbeuter, die auf Kosten der Steuerzahler leben und der Gesellschaft Wohlstandsverluste verursachen. Indessen ist der entscheidende Unterschied zur Privatwirtschaft bei noch so großem Wohlwollen gegenüber der Bürokratie nicht zu übersehen. Im öffentlichen Sektor stecken enorme Rationalisierungs- und Sparspielräume, die beim gegenwärtigen Anteil des Staates am Volkseinkommen eine der zentralen Herausforderungen der Zukunft darstellen. Es ist daher nicht nur lohnenswert, sondern auch gesellschaftspolitisch hochbrisant, sich eingehender mit den Ausbeutern in der Bürokratie zu befassen.

In den letzten Jahrzehnten ist ein ausgeprägter Trend zu mehr Konsumausgaben auf Kosten der Investitionen der öffentlichen Hand zu beobachten. Im Laufe der Rezession, ab Mitte der siebziger Jahre, wurde diese Tendenz noch verstärkt. Die öffentlichen Investitionen bildeten sich in nicht wenigen Industrieländern (real) zurück, obwohl beschäftigungspolitisch eine Ausdehnung ihres Anteils an den gesamten Staatsausgaben sachgerecht gewesen wäre. Sozialleistungen und Personalausgaben erweisen sich – je länger je mehr – als nach unten starr und nehmen inzwischen auch bei schlechter Konjunktur unaufhaltsam zu. Die öffentlichen Investitionen hingegen können, bei Vorherrschen finanzieller Engpässe, zurückgestellt werden, so daß sie zuerst und in der Regel allein unter den »Hammer kommen«.

Die Bürokraten wenden sich im eigenen Interesse gegen Abstriche bei der Entlohnung im öffentlichen Dienst und gegen den Abbau von Sozialleistungen; nur so können sie persönliche Verzichte vermeiden. Je größer ihr Einfluß auf die politische Willensbildung und Entscheidung ist, desto mehr werden die Konsumausgaben des Staates vom Rotstift verschont; allerdings hat dies unübersehbare und nachteilige Auswirkungen auf die Gesamtwirtschaft: Je weniger man öffentliche Infrastrukturinvestitionen durchführt, desto rascher verschlechtern sich die (Vor-) Bedingungen des wirtschaftlichen Wachstums. Daraus resultierende Wohlstandsverluste treffen aber uns alle, und in diesem Ausmaße werden wir (auch) von Bürokraten ausgebeutet.

Die Staatsverwaltung versagt – wie Legionen von Beispielen zeigen – immer wieder bei der Vergabe und Durchführung von Bauaufträgen, bei Einkäufen von Material für ihren laufenden Bedarf und bei der Beschaffung von Rüstungsgütern. Öffentliche Investitionen wie z. B. in Schulhäuser, Hochschulen, Krankenhäuser oder Verwaltungsgebäude werden öfters nicht nur zu groß dimensioniert, sondern auch für unzweckmäßige oder sogar verschwenderische Ausstattung derselben verwendet. Dies ist insofern verständlich, als bürokratische Planer die Kosten ihrer Entscheidungen nicht selbst tragen müssen und sich bisweilen auch Denkmäler setzen (wollen). Wen vermag es noch zu erstaunen, daß öffentliche Projekte am Schluß üblicherweise ein Mehrfaches der Kosten erreichen, die geplant und den Bauentscheidungen zugrundegelegt wurden. Diese Zeche bezahlen die Steuerzahler, die dem bürokratischen Treiben im öffentlichen Bau hilflos ausgesetzt sind. Aufgrund der überragenden volkswirtschaftlichen Bedeutung öffentlicher Investitionen ist es durch verbesserte Planung, Vergabe und Durchführung von Bauaufträgen und Beschaffung von Materialien ohne weiteres möglich, Einsparungen in Höhe von mehreren Prozenten des Volkseinkommens zu verwirklichen. Solange es aber keine Sanktionen gegen die verantwortlichen Bürokraten gibt, ist es illusorisch mit solchen Einsparungen zu rechnen. Selbst anhaltende finanzielle Engpässe in den öffentlichen Finanzen haben sich in dieser Beziehung nicht als wirksam erwiesen: Verfügen Bürokraten nämlich über weniger Geld, so bauen und beschaffen sie nicht zweckmäßiger und sparsamer, sondern schlicht und einfach auf Sparflamme oder überhaupt nicht.

Infrastrukturanlagen weisen eine lange Lebensdauer auf und sind mit hohen laufenden Ausgaben, d. h. Folgekosten verbunden. Es ist daher wichtig, unter allen Umständen Überkapazitäten zu vermeiden, da sich diese sträflich auf die Steuerzahler auswirken. Diese müssen nämlich fühlbar auf verfügbare Einkommen verzichten – ohne irgendwelchen Gegenwert zu erhalten – und werden entsprechend ausgebeutet. Weit herum bekannte Beispiele für kostspielige Überkapazitäten sind Schulen, Universitäten – trotz numerus clausus – und Krankenhäuser, in denen die Folgekosten bis 30 Prozent der Investitionsausgaben betragen. Es sind durchweg personalintensive Bereiche mit hohen Bereitschaftskosten, in denen sich Bürokraten mit Vorliebe eingenistet haben. Der öffentliche Dienst wird auffallend vom Erziehungs- und Gesundheitswesen geprägt, die zusammen einen hohen Personalbestand aufweisen und einen großen Teil vom Kuchen der Steuergelder für sich beanspruchen. Diese beiden zentralen Problembereiche von Gegenwart und Zukunft bieten, wie anderswo schon gezeigt wurde, vielfältigste Möglichkeiten der Ausbeutung.

Im Brennpunkt der öffentlichen Kritik stehen zunehmend die rasch wachsenden Personalausgaben des Staates, die den Löwenanteil der Steuergelder verschlingen. Im Hinblick auf die Ausbeutung durch die Bürokratie gilt das Augenmerk sowohl einem überdimensionierten Personalbestand als auch der großzügigen und nicht-leistungsbezogenen Entlohnung im öffentlichen Dienst. In dieser Hinsicht sind u. a. folgende Entwicklungstendenzen zu würdigen, die für die Bürokratie nicht nur typisch sind, sondern auch bleiben:

Einkommen, Prestige und Macht von Bürokraten wachsen

automatisch mit der Zahl der Untergebenen, womit ein starker Anreiz, den Personalbestand zu erhöhen, existiert. Je mehr der Staat die ihm übertragenen und von ihm angeeigneten Aufgaben selbst löst und nicht Privaten überträgt, desto rascher expandiert die Bürokratie. Erfahrungsgemäß bleibt der Personalbestand erhalten, wenn Staatsaufgaben an Bedeutung verlieren, obwohl ein Abbau angezeigt ist: Bestehende Abteilungen, Behörden und Ministerien werden – mit oder ohne sinnvolle Beschäftigung – einfach weitergeführt. Übernimmt der Staat zusätzliche Aufgaben, die indessen nur allmählich und über einen längeren Zeitraum laufen, so richtet er sich auch personell meist in Höhe der vollen Bewältigung dieser Aufgaben ein, obwohl es anfänglich nichts oder kaum etwas zu tun gibt. Der hierarchische und infolgedessen starre Aufbau der Staatsbürokratie fördert, zusammen mit der rein schematischen Stellenausstattung, die Überversorgung mit Personal. Diese Tendenz wird auch durch Doppel- und Mehrspurigkeit in der Abwicklung und nachträglichen Kontrolle von Aufträgen innerhalb der einzelnen Verwaltungen und zwischen Bund, Ländern und Gemeinden verstärkt.

Seit der letzten Rezession ist es nicht mehr zu übersehen, daß politische Linkskräfte starken Druck auf die öffentliche Hand ausüben, die Arbeitslosigkeit durch eine massive Ausdehnung des öffentlichen Personalbestandes abzubauen oder sogar zu beseitigen. Auffallend und verdächtig ist ferner die allgemeine Vorliebe für den Staatsdienst, was der Privatwirtschaft Arbeitskräfte entzieht und sie im öffentlichen Dienst lebenslänglich absichert. Wem existenziell nichts mehr passieren kann, der dürfte sich im allgemeinen auch nicht (besonders) anstrengen.

Zwar hatte die Entlohnung im Staatssektor lange Zeit einen Nachholbedarf gegenüber der Privatwirtschaft. Seit den sechziger Jahren wurden die Verhältnisse langsam aber sicher auf »den Kopf gestellt«. Berücksichtigt man nämlich die risikolose und eher bequeme Tätigkeit in der Staatsverwaltung, so sind Bürokraten meist überbezahlt. Zudem nehmen sie bei ihren Gehaltsforderungen – wenn überhaupt – nur widerwillig Rücksicht auf die Finanzlage ihrer Arbeitgeber. In manchen Industrieländern ist nicht mehr die Privatwirtschaft, sondern der Staat Schrittmacher für Lohnerhöhungen. Der öffentliche Dienst bezahlt vorrangig nach Alter und Ausbildung, nicht aber nach Leistungen.

Daher entfallen wirksame finanzielle Anreize, mehr und intensiver zu arbeiten bzw. die Leistung zu steigern. Vom einzelnen aus gesehen kann es ohne weiteres rational sein – die Bezahlung steht von vornherein und leistungsunabhängig fest – die Arbeitszeit abzusitzen und möglichst wenig zu tun. Je stärker Bürokraten so denken und handeln, desto gravierender wirkt sich dies auf die Staatsfinanzen und die gesamtwirtschaftliche Leistungskraft aus.

Beamte, Staatsangestellte und die Arbeitnehmer öffentlicher Unternehmen stellen einen bedeutenden und wachsenden Prozentsatz der Wähler dar. Gleichzeitig sitzen immer mehr Bürokraten in politischen Gremien von Bund, Ländern, Gemeinden und Trägern der Sozialverischerung sowie auch in öffentlichen Unternehmen und entscheiden dort jeweils – sozusagen in eigener Sache – über die Erhöhung von Löhnen, Gehältern und Sozialleistungen. Auch in solchen Fällen tragen die Bürokraten nicht persönlich die finanziellen Folgen ihrer Entscheidungen – wie in der Privatwirtschaft üblich –, weshalb der Hang zur Verschwendung öffentlicher Gelder außerordentlich groß ist.

Es ist zwar höchst interessant und bisweilen auch amüsant, Steuern und Staatsausgaben auf Verschwendung und Ausbeutung hin zu untersuchen. Die Bürokratie ist aber dort am gefährlichsten, wo sie ohne spektakulären Einsatz öffentlicher Mittel und infolgedessen von der Öffentlichkeit weitgehend unbemerkt mit Gesetzen, Vorschriften und Formularen tiefgreifend in die unternehmerische und private Sphäre vordringt. Im Rahmen einer höchst verwerflichen Gleichheitsideologie werden zentrale Lebensbereiche immer mehr durch Gesetze und Verordnungen eingeengt, was auf die Dauer die private Initiative lähmt und der persönlichen Freiheit irreparablen Schaden zufügt. Man darf nicht vergessen, daß ein Bürokrat als um so qualifizierter und verdienstvoller gilt, je systematischer und aufsässiger er seine Mitmenschen reglementiert und kontrolliert.

Die Gesetzesflut der letzten Jahrzehnte, die ein progressiv wachsendes Gesetzeswerk erzeugt, ist als das Grundübel unserer Gesellschaft anzusehen. Es braucht nicht viel Phantasie um vorauszusehen, daß wir bei Fortsetzung des aktuellen Trends – daran ist nicht zu zweifeln – auf eine Situation zutreiben, in der die Vollzugsqualität rasch abnimmt und eine ausreichende Kontrolle nicht mehr möglich sein wird. Gesetze werden dann schlicht und einfach von einer rasch wachsenden Zahl von Bürgern nicht (mehr) eingehalten. Auf eine sich derart verbreitende Unsicherheit folgen Funktionsunfähigkeit des Staates und Chaos. Doch bis es soweit ist, wird der intensivierte Interventionismus und Dirigismus die Staatsbürokratie kräftig expandieren lassen und sie zum beherrschenden Element der Demokratie machen.

Die Bürokratie nimmt einen starken und bisweilen entscheidenden Einfluß auf das Gesetzgebungsverfahren, wobei sie zunächst Gesetzesinitiativen ergreift und -entwürfe ausarbeitet. In dieser Phase bewirkt die öffentliche Verwaltung wichtige Vorentscheidungen, die später nicht mehr diskutiert und geändert werden. Dabei können sich die Präferenzen der Bürokraten gegen das Interesse der Bürger durchsetzen, die man ohnehin entweder überhaupt nicht oder zu spät in das Gesetzgebungsverfahren einschaltet. Je größer die Zahl der zu vollziehenden Gesetze ist, desto mehr Beamte werden benötigt. Dies ist den macht- und prestigeorientierten Bürokraten ein willkommener Anlaß, ihren persönlichen Wirkungsbereich innerhalb der Staatsverwaltung auszudehnen. Für die so anfallenden Kosten kommen die Steuerzahler auf, die zugleich auch noch unerwünschte bürokratische Maßnahmen über sich ergehen lassen müssen.

Zwar ist die Bürokratie an der Verabschiedung von Gesetzen interessiert und mischt dabei auch kräftig mit; fröhliche Urständ feiert sie indessen beim Vollzug dieser Gesetze. Man kann ihren Handlungsspielraum kaum überschätzen, wenn man die von Bürokraten verfaßten und angewendeten Handbücher von Verordnungen kennt. Ihr meist außergewöhnliches und detailliertes Fachwissen paart sich zusammen mit Erfindungsgeist und Erfahrung zu einem Verordnungsnetz, aus dem sich legal niemand mehr befreien kann. Die Bürokratie führt ein Eigenleben, das weder von der Regierung noch vom Parlament ausreichend gebremst oder abgebaut werden kann. Dem Verordnungswesen ist eine Tendenz immanent – sprichwörtlich – ins Unermeßliche zu wachsen und zu wuchern. Als typisches Beispiel sei erwähnt, daß die amerikanische Stahlindustrie sich mit 5600 Verordnungen von 26 verschiedenen Aufsichtsbehörden herumschlagen muß. Je mehr solche Eingriffe, die es in rauhen Mengen gibt, Schule machen, desto rascher wird eine autonom wachsende staatliche Aufsichtsbehörde und Bürokratie gigantische Kosten in Form der Lähmung und Zerstörung der unternehmerischen Initiative und persönlicher Freiheit verursachen. Diesen Kosten stehen rapid sinkende (Zusatz-)Vorteile aus der staatlichen Aktivität gegenüber, wobei eine Ausbeutung der Steuerzahler durch die Bürokratie im Ausmaße dieser Netto-Nachteile entsteht.

Die Staatsbürokratie zieht und fordert laufend Informationen über Unternehmen und private Personen ein, um sie, in Übereinstimmung mit Gesetzen und Verordnungen, kontrollieren und Entscheide fällen zu können. Ein wichtiges Beispiel sind die immer komplizierter werdenden Gesuche für vielfältigste Bewilligungen im privaten Unternehmungs- und Haushaltsbereich. Dafür hat die Bürokratie eine Flut von ausgeklügelten Formularen erfunden und produziert, deren ordnungsgemäße Ausfüllung und Abwicklung – entgegen einer landläufigen Meinung – mit enormen Kosten verbunden ist. Sie fallen zuerst bei den Gesuchstellern und dann in der Bürokratie an, welche die eingereichten Formulare überprüfen und darauf basierende Entscheidungen vorbereiten. Der amerikanische Industriellenverband veranschlagt die jährlichen Kosten der Beschäftigung mit Formularen auf 25 bis 32 Milliarden Dollar. Dazu kommen bedeutende Kosten infolge der Erfüllung behördlicher Auflagen sowie der Bezahlung der Aufsichtsbehörden, die beide in diesem Betrag nicht enthalten sind. Das Verordnungswesen ist indessen nicht nur wegen seinen hohen Kosten, sondern aufgrund seines Eigenlebens problematisch. Spezialisierte Bürokraten arbeiten nämlich bis in die letzten Details gehende Normen aus, die z. B. Bauinvestitionen unnötig verteuern und einem äußerst zeitraubenden und daher kostspieligen Bewilligungsverfahren unterwerfen.

Nicht nur der Vollständig halber ist anzuführen, daß die Bürokratie – je mehr sie fortschreitet – zunehmend für Korruptionszahlungen anfällig wird und dann nur noch bei Bezahlung entsprechender Schmiergelder bereit ist, die Behandlung hängiger Bewilligungsverfahren voranzutreiben. Solche Geldleistungen stammen vorrangig von privaten Unternehmen, die sich so zeitraubende oder zu spät begutachtete und entschiedene Bewilligungsgesuche ersparen können. Die Korruptionsbeträge sind meist, verglichen mit zu erlangenden Vorteilen, von geringer Bedeutung. Volkswirtschaftlich haben sie – ob man dies hören mag oder nicht – meist eine verbesserte Wirtschaftlichkeit zur Folge. In Industrieländern mit einer ausgeprägten und trägen Bürokratie, wie z. B. Italien, ist die Bestechung inzwischen zu einem strategischen Faktor der wirtschaftlichen Initiative und damit auch des allgemeinen Wohlstandes geworden. Dies sollte für diejenigen Industrieländer, die eine wenig oder kaum korrupte Bürokratie haben, Grund genug sein, der Expansion der Gesetzesmaschinerie und der Staatsverwaltung Einhalt zu gebieten, bevor es zu spät ist. Dazu sind aber weitsichtige und mutige Politiker erforderlich, die den Wählern klaren Wein einschenken und die Bürokraten »im Griff haben«.

Politiker beuten die Wähler aus

Bisher wurden zahlreiche Ausbeutungen aufgedeckt, die im Rahmen von demokratisch entstandenen Gesetzen und Verordnungen zustandekommen. Die jeweiligen Ausbeuter sind durchaus legal am Werke; ermöglicht wird dies durch bestimmte politische Entscheidungen. Infolgedessen darf man nicht darauf verzichten, die Rolle zu untersuchen, welche die Politiker bei der Ausbeutung im modernen Sozial- und Wohlfahrtsstaat spielen.

Da sie einen Wählerauftrag zu erfüllen haben, ist ihnen der schwerwiegende Vorwurf nicht zu ersparen, daß sie das weitgehende Eigenleben der Bürokratie und ausbeuterische Handlungen der Regierung dulden oder gar fördern. Das Übergewicht der Exekutive gegenüber der Legislative ist ebenso alt wie die westlichen Demokratien. Die maßgebenden Gründe wurden immer wieder erörtert und sind grundsätzlich auch hinreichend bekannt. Den Ausschlag für den Vorsprung der Bürokratie geben u. a. ihr Fachwissen, ihre – verglichen mit wechselnden Regierungen – dauernde Präsenz im politischen Geschäft, eine langjährige Erfahrung und bis in die feinsten Details gehende Kenntnisse in Sachfragen, d. h. Eigenschaften, die den meisten Parlamentariern fehlen. Im Sumpf der wuchernden Verordnungen kennen sich – je länger je mehr – nur noch Bürokraten aus; doch gerade dies erlaubt ihnen, die Legislative weitgehend zu beherrschen oder wenigstens nachhaltig zu beeinflussen. Unter solchen Bedingungen könnte man mit guten Gründen resignieren. Die Resignation muß aber entschieden bekämpft werden, soll ein (noch) leistungsfähiges Wirtschafts- und Gesellschaftssystem nicht in absehbarer Zeit durch Gesetze, Auflagen, Verordnungen, Kontrollen und öffentliche Finanzlasten bis zur Unkenntlichkeit degenerieren und, wie Systemveränderer wünschen, letztlich zerstört werden. Dazu benötigen wir dringend Politiker, die Kurskorrekturen herbeizuführen vermögen. Bürokraten, politische Mitläufer sowie phantasielose Opportunisten gibt es seit langem im Überfluß. Schreckt man vor solcher Etikettierung nicht zurück, so muß der Beweis dafür erbracht werden. Infolgedessen muß im folgenden gefragt werden, was Politiker eigentlich wollen, wie ihr Verhalten sich auf die Wähler auswirkt, und welche von ihnen zu den Ausbeutern zählen.

In Analogie zur Marktwirtschaft kann man Politiker als Unternehmer ansehen, die ihre politischen Programme so gestalten und den Wählern unterbreiten, um möglichst viele Stimmen auf sich zu vereinigen. Politiker haben das Ziel (wieder-)gewählt zu werden: Ihre Erfolgschancen sind um so größer, je besser es ihnen gelingt, den Wählern das zu sagen, was diese gerne hören: Deshalb ist es in der Regel nicht opportun, die Wähler mit einzelnen Tatsachen und politischen Programmen zu konfrontieren, welche im Gesamtinteresse liegen, aber den Bestrebungen wichtiger Wählergruppen zuwiderlaufen. Im weiteren ist zu bedenken, daß – wie die übrigen Menschen – Politiker keine Altruisten sind, sondern letztlich handfeste persönliche Ziele verfolgen. A. Downs führt in »Ökonomische Theorie der Demokratie« (Tübingen 1968) nicht zu Unrecht aus, daß Politiker nur handeln, um das Einkommen, das Prestige und die Macht zu erlangen, die mit öffentlichen Ämtern verbunden sind. Politiker streben somit nicht deshalb ein öffentliches Amt an, weil dieses ihnen ermöglicht, bestimmte politische Konzepte zu verwirklichen: Ihr einziges Ziel ist, die Vorteile zu genießen, die ein öffentliches Amt an sich bietet. Populär ausgedrückt deckt sich diese Auffassung mit der altbekannten Formel: *Politiker leben nicht für, sondern von der Politik. Je weniger sie dabei für ihre Wähler tun und je besser sie sich bezahlen lassen, desto eher beuten sie ihre Wähler aus.*

In der Demokratie verläuft der beschwerliche Weg eines Politikers von unten nach oben. Im allgemeinen muß er von der Pike auf dienen. Die seltenen Ausnahmen von Senkrechtstartern bestätigen nur diese Regel. In der Parteihierarchie vollzieht sich der politische Aufstieg derart, daß ein junger Mann zunächst ein kommunales Amt anstrebt. Dies kann ihm aber erst gelingen, nachdem er sich durch eine Masse von Sitzungen gequält hat. In möglichst enger Tuchfühlung mit der politischen Praxis und mit den Parteifreunden macht er sich mit den lokalen Problemen und Sorgen vertraut. Avanciert er schließlich, so gelangt er in regionale Gremien und wird Landtags- oder Kantonsabgeordneter. Dort muß er sich die Sporen abverdienen, wenn ihm der Sprung in die Landesregierung oder in die Bundespolitik gelingen soll.

Im allgemeinen gelangt ein Kandidat nach 15- bis 25jähriger politischer Arbeit auf untergeordneten Ebenen in das nationale Parlament. Bis zu diesem Zeitpunkt hat er viel Energie aufgewendet, kostbare Zeit eingesetzt und Erneuerungsgeist verloren. Er hat es weitgehend verlernt, mit Konzeptionen Politik zu betreiben; ihn beschäftigen meist nur noch die Tagesgeschäfte. Eine Profilierung durch zukunftsgerechte Programme hätte ihm wahrscheinlich ohnehin nur geschadet. So ist er zum hundertprozentigen Pragmatiker geworden, kann aber auf eine reiche Erfahrung hinweisen, die sich bei den üblichen politischen Feuerwehrübungen als durchaus nützlich erweisen können. Geht solchen Politikern das erforderliche Sachwissen ab, so hängen sie sich bei den »Besserwissern« und bei den obersten Parteigremien an. Anpassungsfähigkeit und sogenannte Volksnähe sind ja die entscheidende Voraussetzung für eine politische Karriere. Gegen den Willen des Partei-Establishments ist ein Aufstieg ohnehin ausgeschlossen. Die Gunst der Parteibosse kann aber wohl nur durch ganz bestimmte Verhaltensweisen erlangt werden: Konziliant, verständnisvoll und dienstbereit zu sein, sind gefragte und nützliche Charakterzüge, um innerhalb und außerhalb von Parteien vorwärts zu kommen. Es ist auch unklug, sich innerhalb einer Partei rechts oder links zu profilieren. Der Durchbruch gelingt in der Regel einem Mann der Mitte oder des Ausgleichs. Aber nicht nur deshalb wird die ständige Bereitschaft zu allerlei Kompromissen hoch geschätzt: Ist ein Politiker beflissen und aus Überzeugungslosigkeit jederzeit anpassungsfähig, nicht übermäßig tüchtig und in seinen Initiativen zurückhaltend, so hat das maßgebende Partei-Establishment keine Angst vor ihm. Eine durchschnittliche Karriere ist ihm, mit etwas Glück und Kleingeld, gewiß.

Traditionelle Politiker sind gegen alle Extremlösungen und Experimente; für sie hat sich das »Alte« bewährt. Mit einer solchen Grundhaltung kann Politik kaum zu Streß führen; das »Alte« wird ja von Bürokraten verwaltet. So gesehen ist Politik – für den einmal gewählten Volksvertreter – eine angenehme Beschäftigung. Infolgedessen verbreitet sich nicht selten die Vorstellung, eine unsichtbare Hand gewährleiste die bestmögliche Politik. Die Finger dieser Hand sind allerdings mächtige Interessenverbände und Spitzenpolitiker. In dem Maße, wie diese politische Parteien beherrschen und die Regierungspolitik prägen, nehmen sie eine strategische Position bei der Ausbeutung von Wählern ein. Sie halten nämlich ihre zahlreichen politischen Mitläufer an, Gesetze zu verabschieden, die Ausbeutungen ermöglichen. Es ist nämlich naiv anzunehmen, solche Politiker würden nichts anderes tun, als die Wünsche ihrer Wähler zu erfüllen und seien dabei – als Auftragsvollstrecker – nicht Treibende, sondern lediglich Getriebene. Grob geschildert nimmt die Politik nämlich folgenden typischen Verlauf, von dem es – Gott sei Dank – auch Ausnahmen gibt:

Politiker nehmen von den Wählern – um sich populär zu machen – bereitwillig und großzügig vielfältige Aufträge für Staatsleistungen entgegen. Dabei vermitteln sie den Wählern und Nutznießern des öffentlichen Leistungssegens den Eindruck, sämtliche Forderungen könnten kostenlos in die Tat umgesetzt werden. Wer würde da nicht kräftig zupacken, um sich so dauernde Vorteile aus der Staatstätigkeit zu verschaffen? Über die Folgekosten z. B. von Infrastruktur-Investitionen, die Art der Finanzierung und die tatsächliche Verteilung der Finanzlasten schweigen sich in der Regel Politiker aus. Die Zahlungsbereitschaft der Wähler könnte nämlich durch eine Aufklärung über die Kosten und Lastverteilung leiden und politische Programme unbeliebt machen. Um dies zu vermeiden, d. h. von den finanziellen Opfern abzulenken, operiert man u. a. mit folgenden Aussagen: »Das wird aus allgemeinen Finanzmitteln finanziert«, »die Reichen bezahlen«, »wir können uns das leisten«, »international gesehen weisen wir einen Nachholbedarf auf«, oder »dies liegt im öffentlichen Interesse«. Es handelt sich um beliebte und oft mißbrauchte Leerformeln, die aber bei den nicht informierten Wählern die Überzeugung stärken, es geschehe alles nur in ihrem Interesse und könne ohne weiteres finanziell verkraftet werden. In einem solchen politischen Klima eilen die Staatsleistungen permanent und zunehmend der Zahlungsbereitschaft der Wähler voraus, was entsprechende Defizite in den öffentlichen Haushalten zur Folge hat. Die westlichen Industrieländer leben nicht erst heute, sondern mindestens schon seit den sechziger Jahren in wachsendem Ausmaße auf Pump. Daraus gingen zahlreiche Überversorgungen mit Staatsleistungen hervor, die offenbar deshalb nicht abgebaut werden können, weil man dies den reichlich verwöhnten Wählern nicht (mehr) zumuten kann und will.

Je mehr die Politik sich kurzfristig ausrichtet, desto mehr verpaßt sie die Beeinflussung der entscheidenden Trends: Auch werden die Langzeitwirkungen politischer Maßnahmen bewußt nicht abgeklärt, um sie nicht in die Politik einbeziehen zu müssen. Im Rahmen solcher Arbeiten würde es sich nämlich zeigen, was finanziell auf die Dauer möglich und sinnvoll ist. In dem Maße, wie die nach Popularität heischenden Politiker darauf Rücksicht nehmen würden, müßten sie tiefgreifende Reformen durchführen, die im allgemeinen in schroffem Gegensatz zu den großzügigen Versprechen aus Vergangenheit und Gegenwart stehen. Eine Regierung, die im Amt bleiben will, kann sich in »normalen Zeiten« keine derartige Reformpolitik erlauben. So verbleibt festzustellen, daß zukunftsgerechte Veränderungen wegen politischer Hypotheken der Vergangenheit meist zum Scheitern verurteilt sind. Im Klartext heißt dies doch, daß zahlreiche vielfältigste Ausbeutungen, die aufgedeckt und gewürdigt wurden, unvermindert – ja sogar verstärkt – andauern werden. Sofern diese auf Gesetzen beruhen, werden sie durch die Politiker ermöglicht. Beim wuchernden Verordnungswesen sind aber auch die Bürokraten »von Politiker Gnaden« nicht zu vergessen.

Das Schwergewicht der Politik verlagert sich zunehmend weg von Steuern und Staatsausgaben zu »ausgaben- und steuerlosen« Aktivitäten: *Die Flucht aus dem Budget ist voll im Gange*. Im außer-budgetären Bereich gibt es kaum Reaktionen von Empfängern und Nutznießern von Staatsleistungen und von Steuerzahlern. Diese Entwicklung verläuft in aller Ruhe und ohne absehbare Folgekosten. Zwar fallen auch in diesem Sektor Kosten an, sie fallen aber nicht in öffentlichen Haushalten oder bei der Sozialversicherung an, sondern direkt bei den Privaten. Vielfach belasten sie kleine Gruppen, die von der Wählermehrheit leicht majorisiert werden können. Ein typisches Beispiel ist die unternehmerische Mitbestimmung, die von der großen Mehrheit der Arbeitnehmer der verschwindend kleinen Minderheit von (Groß-)Unternehmern aufgedrängt wird.

Die Widerstände gegen die Gesetzes-, Verordnungs- und Auflagenflut sind im »ausgaben- und steuerlosen« Politikbereich äußerst bescheiden. Je schwieriger die Beschaffung von Steuergeldern ist und wird, desto rascher weicht die Politik auf Entscheidungen aus, die der öffentlichen Hand keine Kosten verursachen. Infolgedessen erwachsen künftig der persönlichen und wirtschaftlichen Freiheit in diesem für die Wähler kaum überblickbaren Betätigungsfeld der Politik größte Gefahren. Hier gehen Ausbeutungen heimlich, still und leise vor sich und höhlen auf die Dauer das Wirtschafts- und Gesellschaftssystem untragbar aus. Es werden Maßnahmen sozusagen am laufenden Band ergriffen, ohne ihre Langzeitwirkungen zu kennen: Dies kommt den Systemveränderern – und nicht nur diesen – entgegen, da sie die Zukunft möglichst stark präjudizieren wollen. Ihnen sind gesellschaftliche Verhältnisse, die man nicht mehr rückgängig machen kann, äußerst willkommen.

Die Politik dreht sich schwergewichtig um vage formulierte Grundsätze wie z. B. Gerechtigkeit, Solidarität oder Freiheit. Mit derartigen Leerformeln wird Stimmenfang betrieben. Ist die Wahl gelungen, so äußern sich die meisten Politiker zu allem und jedem und fühlen sich – wie könnte es anders sein – in ihrem Element. Je unfähiger Politiker sind, desto wichtiger sind für sie Leerformeln. Sie erwecken bei den Wählern Erwartungen, steigern die Phantasie und ermöglichen eine starke Identifizierung mit Politikern. Auf den konkreten Inhalt angesprochen – was selten geschieht –, gibt es für geistig bewegliche Politiker zahlreiche Möglichkeiten, der Interpretation und einer verbindlichen Antwort auszuweichen. So müssen keine Illusionen zerstört und das Aufzeigen der harten Wirklichkeit kann vermieden werden.

Verläßt die Politik allerdings den Grundsatz- und Leerformelbereich, so kann man sich auf nur wenige Politiker konzentrieren, die das Sagen haben und auch als Experten gelten. Ihnen bleibt es indessen meist verwehrt, zukunftsgerechte Konzepte durchzusetzen, weil die Mehrheit ihrer Kollegen den Bereich des »Nebels«, in dem sie sich bewegen, nicht verlassen wollen. So gelangt ihr Versagen in Sachfragen und gegenüber dem Wählerauftrag nicht ans Licht. Infolgedessen ist ihre »Karriere« solange nicht gefährdet, als die Mehrheit der Wähler nicht erkennt, in welchem Ausmaße sie von diesen Politikern ausgebeutet werden. *Wähler müssen im ureigenen Interesse imstande sein, Nutzen und Kosten, die ihnen aus der Politik erwachsen, zu erfassen, zu würdigen und zu saldieren.* Politiker, die sie – mit und ohne Geld gemessen – mehr kosten als nützen, weisen eine Unterbilanz auf und beuten ihre Wähler entsprechend aus. Typische Ausbeuter von Wählern sind Politiker, die sich u. a. für folgende Verhältnisse und Entwicklungen einsetzen und – wenn die Kosten untragbar geworden sind – auch noch zielgerechte Reformen verhindern:

– Eine Überversorgung mit Sozialleistungen – um populär und fortschrittlich zu erscheinen – erzwingen, die Kosten und ihre tatsächliche Verteilung auf die Einkommensschichten verschleiern, die Zeche aber von den Nutznießern bezahlen lassen.

– Den Zugang zu Staatsleistungen laufend erleichtern und einer Überversorgung Vorschub leisten, den Wählern aber vormachen, es handle sich um Gratisleistungen an Arme, die von den Reichen erbracht werden, die Staatskassen aber mit Konsumsteuern füllen, die schwergewichtig von den Verbrauchern und Arbeitnehmern zu tragen sind.

– Die private Initiative mit Steuern, Soziallasten, Auflagen, Verordnungen und einer Vermiesung von (echten) Unternehmern lähmen, dies als arbeitnehmerfreundliche Politik verkaufen, dabei aber die Produktivität und die Einkommen schmälern und so Wohlstandsverluste für alle erzeugen.

– Die Gesetzes- und Verordnungsflut fördern und dem freien Wirtschafts- und Gesellschaftssystem laufend mehr bürokratische Fesseln anlegen lassen, um angeblich die Ohnmächtigen vor privatwirtschaftlichen Zugriffen zu schützen. Die finanziellen Lasten dieser Politik und – was noch wichtiger ist – der progressiv wachsende Freiheitsentzug fallen bei den Wählern an.

Politiker, die so denken und handeln, machen die Wähler zunehmend unmündig und entsprechend von ihnen und dem (Sozial-)Staat abhängig. Je mehr sich diese von ausbeuterischen Politikern ermöglichten und verursachten Trends fortsetzen, desto rascher treibt man auf eine staatlich organisierte Verantwortungslosigkeit zu. Dies kann schwergewichtig abenteuerlichen Linkspolitikern und wirklichkeitsfremden Systemveränderern verdankt werden. Sie beuten im Rahmen einer nach außen sozial und fortschrittlich erscheinenden Politik ihre eigenen Wähler aus und ruinieren obendrein auch noch das leistungsfähige und freiheitliche Wirtschafts- und Gesellschaftssystem. Alle übrigen Politiker sind dazu aufgerufen, der verhängnisvollen

Selbsttäuschung unserer Zeit, daß jeder sozusagen ungestraft jeden ausbeuten könne, wirksam zu begegnen. Dies ist eine Zukunftsaufgabe von historischer Dimension und Tragweite, deren Lösung erst in Angriff genommen wird, wenn sie von der Politik vollumfänglich erkannt wurde.

Jeder beutet jeden aus

Läßt man die zahlreichen und vielfältigsten – legalen und illegalen – Ausbeutungen, die in den westlichen Sozial- und Wohlfahrtsstaaten auftreten, Revue passieren, so ist es äußerst schwierig, diese vollumfänglich zu überblicken, was beim Betrachter erhebliche Verwirrung verursacht. Ausbeuter treten aber nicht nur in kapitalistischen und sozialistischen Systemen entwickelter Nationen, sondern auch in den Entwicklungsländern und innerhalb einzelner politischer Systeme u. a. im Gesundheitswesen und in der Bürokratie auf.

Die Ausbeutung der Eigentümer ist – in Umkehr früherer Verhältnisse – eine typische Errungenschaft der sogenannten kapitalistischen Länder. Dort beuten Arbeiter das Kapital, Unternehmer die Marktwirtschaft und Produzenten die Konsumenten aus, während die Wirtschaft dasselbe mit der Umwelt tut. Unter der Flagge der sozialen Gerechtigkeit beuten Studenten die Lohnempfänger, Arbeitslose die Beschäftigten, Rentner die Erwerbstätigen und die Armen die Reichen aus. Dazu bieten Versicherungen ihre Dienste an und beuten über den Entzug von Risikokapital das Wirtschaftssystem aus. Wer informiert ist, kann das Steuersystem ausbeuten, was z. B. die Subventionsempfänger mit den Steuerzahlern machen. Um dies alles demokratisch und legal zu ermöglichen, beuten die Politiker die Wähler aus. So schließt sich der Teufelskreis der Ausbeutung, in dem jeder glaubt, die anderen ausbeuten zu können, ohne selbst ausgebeutet zu werden.

Es ist indessen weitgehend wirklichkeitsfremd, wenn die einzelnen denken und handeln, als ob sie von niemandem abhängig und keinem Leistungsverbund angehören würden. Je stärker jemand in unserem Wirtschafts- und Sozialsystem integriert ist, desto eher gehört er (auch) zu den Ausgebeuteten: Er ist Ausbeuter und Ausgebeuteter zugleich und sollte sich vermehrt über das Netto-Ergebnis Rechenschaft ablegen.

Je mehr Menschen den Sozialstaat für eine Glücksmaschine, den Staat selbst für einen Selbstbedienungsladen halten und die Finanzierung ihrer Wünsche den Reichen – die es leider nicht in ausreichender Zahl gibt – übertragen wollen, desto verbreiteter ist die gesellschaftspolitisch verhängnisvolle Überzeugung, daß immer mehr Menschen auf Kosten anderer leben könnten. Nimmt man u. a. Arbeitnehmer, Unternehmer und Konsumenten unter die Lupe, so lassen sich zahlreiche und gewichtige Reaktionen auf Ausbeutungsversuche aufdecken:

Setzen Arbeitnehmer überzogene Lohnforderungen durch, um über sinkende Gewinne in den Genuß zusätzlicher Einkommen zu gelangen, so können die Unternehmungen die angewachsenen Lohnkosten überwälzen, was die Lebenshaltung der Arbeitnehmer verteuert. Erzwingen die Arbeitnehmer von den Arbeitgebern eine Finanzierung ihrer Sozialleistungen, so bewirkt dies Preissteigerungen, die schwergewichtig die Arbeitnehmer treffen. Die gleichen Arbeitnehmer können zwar Lohnsteuern sparen, wenn es ihnen als Wählermehrheit gelingt, die Unternehmungssteuern zu erhöhen. In dem Maße, wie solche Fiskallasten von Unternehmen auf die Konsumentenpreise überwälzt werden, realisieren die Unternehmen Vorteile zu Lasten der (lohnsteuerpflichtigen) Arbeitnehmer. Sind die Gewerkschaften – als Vertreter der Arbeiter – mit der Politik der Erhaltung von Arbeitsplätzen erfolgreich, so hat dies staatliche Zuschüsse an die notleidenden Unternehmen zur Folge. Derartige Subventionen müssen mit Steuern – insbesondere Konsumabgaben – finanziert werden, die von den Arbeitnehmern als erdrückende Mehrheit der Steuerzahler getragen werden.

Beuten Produzenten die Konsumenten über steigende Preise aus, so lösen diese automatisch oder im Rahmen der nächsten Tarifrunde Lohnerhöhungen aus, die zusätzliche Produktionskosten darstellen, was den (kurzfristigen) Vorteil von Preiserhöhungen aufhebt. Entlasten sich Unternehmer von Sozialabgaben zugunsten der Arbeitnehmer, so reagieren diese auch darauf mit Lohnforderungen. Gelingt es den Unternehmen, Kosten z. B. der öffentlichen Hand anzulasten, so erfordert ihre Deckung zusätzliche Steuern. In dem Maße, wie die Unternehmen an der Aufbringung dieser öffentlichen Abgaben beteiligt sind, kommen sie selbst für die Folgen ihres Verhaltens auf. Erfreuen sie sich trotzdem zunehmender Gewinne, so erhalten sie durch eine anwachsende Steuerbelastung auf Gewinne und Einkommen einen Dämpfer. Ja selbst subventionierte Unternehmen kommen nicht ungeschoren davon: Finanziert der Staat diese Leistungen mit indirekten Abgaben wie der Umsatzsteuer, so werden auch subventionierte Unternehmen über – ertragsunabhängige – Steuerzahlungen in die Finanzierung von Subventionen einbezogen.

Versuchen die Konsumenten, Produzenten über gedrückte Preise auszubeuten, so können diese darauf mit einem qualitativ und quantitativ verschlechterten Angebot reagieren. Verbilligt der Staat, auf Druck der Konsumenten hin, einzelne Erzeugnisse, so benötigt er dazu vermehrt Steuergelder. Greift er dabei auf Konsumsteuern zurück, so treffen diese – überwälzt – vollumfänglich die Verbraucher. Können sie aber eine Verschärfung der Konsumsteuern verhindern, so müssen sie dafür eine höhere Lohn- und Einkommenbesteuerung in Kauf nehmen, was sie erneut zu Steuerzahlern und Steuerträgern macht.

Verfolgt man den Mechanismus von Ausbeutungen und Gegenausbeutungen, d. h. die laufenden Korrekturen von Vor- und Nachteilen im Rahmen verteilungspolitischer Auseinandersetzungen, so gewinnt man den Eindruck, die (personelle) Einkommensverteilung könne unter den Bedingungen, die in den hochentwickelten Sozial- und Wohlfahrtsstaaten herrschen, nicht stark verändert werden. Die verfügbaren Statistiken zur Verteilung der Einkommen auf die Bevölkerung bestätigen diese sozial-brisante Annahme vollauf. Trotz eines gigantischen verteilungspolitischen Leerlaufs geht es materiell auch den breiten Einkommensschichten gut; der Wohlstand ist allgemein verbreitet: *Die Armen sind so reich geworden, daß sie nicht mehr auf die Reichen angewiesen sind.* Die verteilungspolitische Patt-Situation, die Ausbeutungsversuche – oberflächlich betrachtet – zum Scheitern verurteilt, trifft auf die einzelnen Gruppen in unserer Gesellschaft indessen nicht gleichermaßen zu.

Je größer die Interessengruppen sind – z. B. Arbeitnehmer oder Konsumenten –, desto stärker ist zwar ihr politischer Einfluß, die finanziellen und ökonomischen Auswirkungen ihres Verhaltens fallen aber auch entsprechend ausgeprägt auf sie zurück. Ihre Größe verurteilt sie dazu, die Mehrheit der Steuerzahler und der Bevölkerung zu sein. Setzen sie Forderungen nach Staatsleistungen durch, so müssen sie diese letztlich in hohem Maße selbst finanzieren. Verursachen sie volkswirtschaftliche

Verluste, wie z. B. über die Schwächung der Investitions- und Risikobereitschaft der Unternehmen, so sind sie die Hauptleidtragenden eines beeinträchtigten Wohlstandes.

Kleinere Gruppen üben im allgemeinen – wenn sie nicht Koalitionen eingehen – einen geringen politischen Einfluß aus und haben es daher schwer, ihre Einkommensforderungen durchzusetzen. Ist dies ihnen aber gelungen, so können sie sich den finanziellen und wirtschaftlichen Auswirkungen leichter entziehen als die großen Interessengemeinschaften. Ein typisches Beispiel ist die Landwirtschaft, die in erheblichem Umfange Subventionen bezieht, als Steuerzahler aber kaum von Bedeutung ist. Schwächt sie mit ihren Finanzlasten die Leistungskraft der Volkswirtschaft, so bleibt sie von daraus resultierenden Wohlstandseinbußen weitgehend verschont, da die Grundnahrungsmittel zu jenen Bedürfnissen gehören, die zuletzt Einschränkungen unterworfen werden. Ihre Preise werden zudem staatlich so festgelegt, daß der Landwirtschaft bestimmte Einkommen von vornherein gesichert sind. In einer ähnlich günstigen Situation befinden sich auch noch andere Gruppen, wie z. B. Studenten, Arbeitslose, Rentner sowie Produzenten, die keine Gewinne machen und große Subventionen einstreichen. Als Fazit ist festzustellen: Die Ausbeutungschancen sind hier – was Steuerzahlungen und Wohlstandsverluste betrifft – ungleich günstiger als bei den großen Gruppen. Die (Netto-)Ausbeuter konzentrieren sich am stärksten auf jene kleinen und mittleren Gruppen, die dank dem Sozial- und Wohlfahrtsstaat eine günstige Einkommensposition erlangt haben.

Am größten sind die Möglichkeiten der Ausbeutung indessen für einzelne Personen, die bestimmte Voraussetzungen erfüllen: Sie können z. B. als Subventionsempfänger die Steuerzahler oder als Informierte das Steuersystem ausbeuten und gleichzeitig durch Steuerhinterziehung und -ausweichung – in Steueroasen – sich der Bezahlung öffentlicher Abgaben voll entziehen. Ebenso intensiv beuten freiwillig Arbeitslose, subjektiv Kranke, vorzeitig Pensionierte oder Studenten, die ihre Ausbildung ungerechtfertigt verlängern, die Mehrheit der Bevölkerung aus, welche die Steuern an die Staatskasse und Beiträge an die Sozialversicherung bezahlen. In solchen Fällen – die immer zahlreicher werden – ist der Übergang von der Gesetzeskonformität zur Illegalität fließend. Skandalös sind jedenfalls u. a. der Subventionsbetrug und die Wirtschaftskriminalität.

Individuell vorgehende Ausbeuter finden – je lukrativer dieses Geschäft ist – immer wieder Nachahmer, was für sie selbst und für größer werdende Ausbeutergruppen gefährlich werden kann. In dem Maße, wie sie nicht-ausbeuterischen Gruppen und dem Gesetzgeber auffallen, wird man unter sozialem Druck versuchen, ihnen das Handwerk zu legen. So ist den westlichen Demokratien ein Hang immanent, der Ausbeutung um so mehr Einhalt zu gebieten, je relevanter sie finanziell und volkswirtschaftlich wird. Solange dieser positive Mechanismus wirksam ist, besteht durchaus Hoffnung, daß die Grenzen der Ausbeutung erkannt und Mißbräuche bekämpft werden. Zwar ist die individuelle und gruppenmäßige Ausbeutung in jenem Bereich offensichtlich, wo verfaßbare einkommensmäßige Vorteile erzielt werden; das Schwergewicht der Ausbeutung dürfte aber anderswo zu suchen und zu finden sein.

Zwecks Vermeidung von Steuern und Sozialabgaben wird es zunehmend attraktiver, geldlose Einkommen – d. h. Naturalleistungen – zu beziehen, abzugsberechtigte Aktivitäten zu verstärken und in Niedrigsteuerländer oder Steueroasen auszuweichen. Dabei kann man von Staats- und Sozialleistungen profitieren, ohne dafür entsprechend oder überhaupt bezahlen zu müssen: Das sind interessante Netto-Ausbeuter-Positionen, die indessen vor allem den oberen und standortmäßig flexiblen Einkommensschichten vorbehalten sind.

Im Brennpunkt des gesellschaftspolitischen Geschehens stehen jedoch die illegalen Ausbeutungen, die – da nicht erfaßbar – zahlenmäßig weitgehend unbekannt sind, jedoch zunehmend an Bedeutung gewinnen. Sie reichen von der Schwarzarbeit über falsche Angaben zur Erlangung von Sozialleistungen, Steuerhinterziehung und Subventionsbetrug bis zur eigentlichen Wirtschaftskriminalität. Je mehr der Staat die – ausgewiesenen – Gewinne und Einkommen belastet, desto größer ist die Verlockung, in den illegalen Bereich vorzustoßen. Dort können – ohne jeglichen Abzug zugunsten von Staatskassen und Sozialversicherungen – lukrative Einkommen erzielt und den legal Handelnden die Finanzierung der gemeinschaftlichen Leistungen überlassen werden: *Gesetzesbrecher beuten die Gesetzestreuen aus.*

Je stärker sich die »Schwarzfahrer-Mentalität« durchsetzt – sie hat sich besonders im Sozialstaat eingenistet –, desto rascher treiben wir auf eine Situation zu, in der die Nachteile der legalen Ausbeutung die Vorteile überwiegen: Eine solche Ausbeutung wird dann nur noch unter (sozial-)politischem Druck und seiner selbst willen betrieben. Jeder beutet – zwar unterschiedlich – jeden nur noch zum Nachteile aller aus.

Typische Auswüchse einer derartigen Gesellschaft sind offensichtliche Überversorgungen mit Staats- und Sozialleistungen, Verschwendung von Ressourcen, Vergeudung von Steuergeldern, eine sinkende unternehmerische Investitions- und Risikobereitschaft, eine wuchernde Bürokratie, eine ins Leere zielende Gesetzes- und Verordnungsflut, die unnötige Verpolitisierung aller Lebensbereiche, soziale Unrast, politische Instabilität und schließlich eine staatlich organisierte Verantwortungslosigkeit. In einem solchen Klima gedeihen Sumpfblüten wie Korruption, Illegalität und Kriminalität am besten und bedrohen auf die Dauer die staatliche Funktionsfähigkeit, begraben die Existenz der Gemeinschaft und schaffen die noch verbliebenen individuellen Freiheiten ab.

Es ist die oberste Staatsaufgabe, die Rahmenbedingungen so zu setzen und zu gewährleisten, daß die Ausbeutung eines jeden durch jeden auf ein sozial befriedigendes, finanziell erträgliches und volkswirtschaftlich vertretbares Ausmaß reduziert wird. Bei dieser Untergrenze der Ausbeutung besteht keine Gefahr, in die Zeiten von Hobbes zurückzufallen und jeden Menschen als Wolf für andere Menschen – homo homini lupus – bezeichnen zu müssen. Die legale Ausbeutung von Leistungsfähigen zugunsten von Hilfebedürftigen ist schon deshalb – egoistisch – zu bejahen, weil individuelle Verzichte zugunsten von Gruppen und der Gemeinschaft dem einzelnen unverzichtbare (Netto-)Vorteile erbringen. Gerade deshalb ist im Interesse aller zu verhindern, daß Ausbeutungen zustandekommen, die weder beabsichtigt noch im Hinblick auf sinnvolle gesellschaftspolitische Ziele erwünscht sind.

Zahlreiche Situationen, in denen jeder jeden ausbeutet, haben inzwischen ein finanziell, sozial und wirtschaftlich äußerst verwerfliches Ausmaß angenommen. Trotzdem erscheint es unter den aktuellen politischen Voraussetzungen unmöglich zu sein, sie rückgängig zu machen. Eine Wende zum Besseren ist erst zu erwarten, wenn eine genügend groß gewordene Gruppe von – einflußreichen – Personen erkennt, daß im Rahmen von »jeder beutet jeden aus« unvermeidlich auch eine für die einzelnen problematische Selbstausbeutung zustande kommt.

Jeder beutet sich selber aus

Je wohlhabender jemand sein möchte, desto stärker muß er – sofern er nicht auf Kosten anderer leben kann – sich selbst ausbeuten. Selbstverantwortung und Eigeninitiative sind seit jeher die Motoren hochentwickelter Leistungsgesellschaften; sie bilden aber zugleich die Voraussetzungen der Selbstausbeutung. Wer initiativ und selbstverantwortlich ist, der nimmt sein Schicksal in die Hand und schafft mit seiner wirtschaftlichen Aktivität selbst Wohlstand. Er wartet nicht ab, ob andere die Arbeit für ihn tun, Steuern und Sozialabgaben bezahlen und ihn letztlich aushalten. So wird er selbst mit dem Ziele tätig, ein selbständiges und mündiges Mitglied unserer Gesellschaft zu werden und zu bleiben. Dies geschieht indessen faktisch nicht aus altruistischen Überlegungen, sondern in egoistischer Motivation.

Doch läßt es sich sozusagen als Nebenprodukt nicht vermeiden, daß davon auch andere Personen Nutzen ziehen. Ein typisches Beispiel sind initiative und erfolgreiche Unternehmer, deren Verhalten anderen Arbeit und Wohlstand beschert, obwohl dies meist nicht Anlaß unternehmerischen Handelns ist. Die Selbstausbeutung ist infolgedessen mit (Netto-)Vorteilen für alle verbunden; sie kommt aber nicht ohne ausreichende persönliche und finanzielle Anreize zustande. Je mehr diese nachlassen oder sogar verschwinden, desto weniger wird jemand daran interessiert sein, sich selbst – auch zum Wohle aller – auszubeuten. Unser Wohlstand beruht entscheidend auf einer hohen Bereitschaft zur Selbstausbeutung, von der unvermeidlich positive Auswirkungen – z. B. Einkommen – ausgehen, die beschränkt und immer weniger bei den Selbstausbeutern anfallen. *Je mehr wir jene sauer machen, die sich selbst in hohem Maße ausbeuten, desto weniger werden sie bereit sein, sich für andere ausbeuten zu lassen.*

Die Selbstausbeutung hat seit der industriellen Revolution um die Mitte des 18. Jahrhunderts tiefgreifende Wandlungen durchgemacht: In einer ersten Entwicklungsphase, die mindestens bis zum Ersten Weltkrieg dauerte, wurden den Arbeitnehmern außergewöhnliche Leistungen bei verhältnismäßig bescheidener

Entlohnung abgerungen. Ihre Ausbeutung ermöglichte eine hohe Selbstfinanzierung von privatwirtschaftlichen Investitionen, was auf die Dauer aber auch die durchschnittlichen Einkommen der Erwerbstätigen und breiter Bevölkerungskreise verbesserte.

In einer zweiten Periode der Selbstausbeutung hat die technologische Entwicklung die Arbeitsbedingungen rasch erleichtert und den Lebensstandard der Arbeitnehmer entsprechend angehoben. Im Zuge dieser Entwicklung verlagerten sich die Früchte der Selbstausbeutung zunehmend auf breite Bevölkerungskreise; der wachsende Wohlstand verbreitete sich rasch und zog alle Einkommensschichten in den Segen des Kapitalismus ein: »Wohlstand für alle« ist ein typischer Schlager seit den fünfziger Jahren des 20. Jahrhunderts. Die Selbstausbeutung der Arbeitnehmer hat sich offensichtlich gelohnt: Die allgemeinen Lebensbedingungen der Bevölkerung verbesserten sich sicht- und fühlbar, und in den sechziger Jahren erreichte der allgemeine Wohlstand einen noch kurz zuvor für unmöglich erachteten Stand.

Er war damals das Ergebnis einer (noch) von allen Arbeitnehmern und Unternehmern akzeptierten hohen Bereitschaft zur Selbstausbeutung. Noch galt es als unsolidarisch oder asozial, auf die Selbstausbeutung zu verzichten und auf Kosten anderer zu leben. Indessen spricht man nicht nur in dieser Beziehung, völlig zu Recht, von den »goldenen Nachkriegsjahrzehnten«. Langsam aber sicher machen sich seither zwei Tendenzen in den hochentwickelten Industrieländern unangenehm bemerkbar:

Wir messen unseren Wohlstand traditionell am Volkseinkommen je Einwohner: Uns geht es infolgedessen um so besser, je rascher das Pro-Kopf-Einkommen wächst. Dieses Wohlstandskriterium erweist sich indessen je länger je weniger aussagekräftig. Das Volkseinkommen enthält u. a. in erheblichem Ausmaß die Kosten der Vermeidung, Verminderung und Beseitigung negativer Auswirkungen des Wohlstandes wie z. B. Luft- und Wasserverschmutzung, Lärm, Zivilisationskrankheiten oder Entwurzelung. Diese Aufwendungen kann man unter dem Begriff »soziale Kosten« zusammenfassen. Trägt man diesen und anderen negativen Faktoren Rechnung, so zeigt es sich eindrücklich, daß der derart korrigierte Wohlstandsindikator seit Jahrzehnten unterproportional zum Volkseinkommen je Einwohner zunimmt. Es ist also ein »Gesetz sinkenden Wohlstandszuwachses bei steigendem Volkseinkommen je Einwohner« wirksam. Unser Wohlstand wächst daher im wesentlichen nur noch optisch und aufgrund seiner problematischen Erfassung und Messung. Wir verbuchen zunehmend Aufwendungen z. B. für den Umweltschutz als Netto-Investitionen, obwohl es sich lediglich um Abschreibungen handelt. So bewegen wir uns in wachsendem Ausmaße im Teufelskreis der Selbstausbeutung: Je mehr wir die Umwelt beanspruchen und zerstören und je mehr wir für sie finanziell aufwenden, desto reicher erscheinen wir. *In Wirklichkeit arbeiten wir seit langem zunehmend für die Finanzierung von privaten und öffentlichen Ausgaben, die uns keinen Netto-Nutzen mehr stiften, sondern lediglich den alten Wohlstand wiederherzustellen und zu sichern versuchen.*

Unser Wohlbefinden – als Lebensqualität erklärt – wird in wachsendem Ausmaße von Faktoren bestimmt, die man nicht in Geld oder Einkommen messen kann. Dazu zählen u. a. die Freizeit, die Arbeitsbedingungen, die Qualität privater und öffentlicher Dienstleistungen, die natürlichen Umweltbedingungen, der Gesundheitszustand, die soziale Integration, die Möglichkeit, Streß zu vermeiden, die Art und Weise der Bewältigung von Lebensproblemen sowie die Einschätzung der Zukunft. Es hieße Wasser in den Rhein tragen, sich eingehend um den Nachweis zu bemühen, daß wir nicht erst heute unter einem »Gesetz des sinkenden Wohlbefindens bei steigendem Wohlstand« leiden. Zwar dürfte der Wohlstand – wohlgemerkt unterproportional zum Einkommen je Einwohner – auch künftig wachsen, die Lebensqualität wird aber in nicht wenigen Industrieländern laufend abnehmen: Der einzelne arbeitet immer mehr für Güter und Dienste, von denen er immer weniger hat. Je mehr dies den einzelnen bewußt wird, desto wahrscheinlicher ist mit ungewöhnlichen Reaktionen und Konsequenzen zu rechnen, die in bedeutende gesellschaftspolitische Dimensionen hineinwachsen.

Leider haben breite Bevölkerungskreise den Teufelskreis der Selbstausbeutung mit seinem zweifelhaften und sinkenden Nutzen auch nicht annähernd erkannt. Indessen ist es nicht zu übersehen, daß eine rasch anwachsende Zahl von Personen die Selbstausbeutung zunehmend verweigert und – legal oder illegal – auf Kosten der anderen angenehm zu leben versucht. Jeder tut dies auf seine Weise, ist sich jedoch nicht bewußt, was insgesamt geschieht, wenn die anderen dasselbe tun. Die einen scheiden vorzeitig aus dem Erwerbsleben aus, die anderen arbeiten und verdienen weniger, eine ständig wachsende Gruppe läßt sich vom Sozialstaat aushalten; dazu stoßen jene, die vom Staat scheinbare Gratisleistungen erwarten und sie demokratisch erzwingen; nicht wenige bewegen sich in der Grauzone zwischen Legalität und Illegalität und weichen – wenn erfolgversprechend – ohne Zögern in die Gesetzlosigkeit aus. Das Bild runden jene ab, die in hohen, angesehenen und gut dotierten Positionen unserer Wohlstandsgesellschaft, angeblich nur im öffentlichen Interesse, uns alle mit Gesetzen, Verordnungen, Steuern und Sozialabgaben mehr oder weniger ausbeuten.

In den Sozial- und Wohlfahrtsstaaten aller politischen Schattierungen nisten sich zunehmend »Schwarzfahrer« ein, doch gleichzeitig wachsen die finanziellen und wirtschaftlichen Belastungen progressiv zum Leistungswillen und zur Leistungskraft: Diese Ausbeuter kümmern sich nicht um die Unterbilanz des Wirtschafts- und Sozialsystems, solange sie als Schwarzfahrer nicht ausgemacht und von Gegenmaßnahmen selbst nicht direkt betroffen sind.

Je mehr Menschen die Selbstausbeutung verweigern, desto rascher verteilen sich die Wohlstandslasten auf immer weniger Schultern. Sind die noch verbliebenen Lastesel unserer Gesellschaft nicht bereit, noch mehr zu arbeiten und zu verdienen, um dafür mehr Steuern und Sozialabgaben bezahlen zu müssen, so braucht es keine hellseherischen Gaben, um abzusehen, daß die finanziellen Leistungen des Sozial- und Wohlfahrtsstaates auf die Dauer nicht aufrechterhalten werden können. Versuchen auch jene, die dieses Gesellschaftssystem mit außerordentlichen Anstrengungen am Leben erhalten, auf Kosten anderer zu leben, so ist es bald einmal mit dem Spiel der Ausbeutung – angeblich auf Gegenseitigkeit – aus.

Je länger die überfälligen Maßnahmen zur Bekämpfung der Ausbeutung auf sich warten lassen, desto rascher setzt sich die Erosion des (noch) freien Wirtschafts- und Gesellschaftssystems fort. Angeblich zur Schonung der Schwachen – in der Tat liegt eine großangelegte Täuschung vor – werden die Defizite des Wohlfahrtsstaates in einer wachsenden Zahl von Industrieländern mit Geldschöpfung finanziert. Da die dementsprechenden materiellen Leistungen ausbleiben, resultiert daraus eine hohe Geldentwertung, die aber im Rahmen des Teuerungsausgleichs entschärft wird. So gelingt es auf verführerische Art und Weise, die Konsequenzen ihres eigenen Verhaltens von den Verursachern der Probleme fernzuhalten.

Indessen schlägt das Gleichgewicht der Ausbeutung, im Rahmen dessen kleine Minderheiten das ermöglichen, wovon die erdrückende Mehrheit weitgehend lebt, in ein gefährliches Ungleichgewicht um. Spätestens hier setzt die Erosion des noch leistungsfähigen freien Wirtschafts- und Gesellschaftssystems ein. Je rascher sich diese Entwicklung vollzieht, desto mehr werden die politischen Vertreter der Ausbeuter – in Umkehr aller Werte – dafür die tatsächlich Ausgebeuteten verantwortlich machen. Diese Politik ist insofern kontraproduktiv, als die noch verbliebenen Lastesel unserer Gesellschaft ihre Bürde abschütteln und sich den Schwarzfahrern und anderen Ausbeutern anschließen. Ist es einmal soweit, so beutet sich jeder (wieder) selber aus, da er von der »Armut für alle« eingeholt wurde. Aus dieser mißlichen Lage wird er sich – selbstverständlich nur auf lange Sicht – nur derart befreien können, daß er beharrlich wieder auf- und ausbaut, was er als Ausbeuter während Jahrzehnten selbst zerstört hat.

Einen Ausweg aus der Ausbeutung wird es aber nur geben, wenn eine rasch wachsende Wählerzahl den Teufelskreis der Ausbeutung durchschaut und eine entsprechende Politik sowohl ermöglicht als auch dauernd unterstützt. Es gilt, eine Situation zu vermeiden oder zu überwinden, die von einer großen Wählermehrheit zwar bedauert wird, bei der aber niemand bereit ist, die entscheidenden Schritte in die richtige Richtung zu unternehmen.

Auswege aus der Ausbeutung

Aus der Sackgasse der Ausbeutung kommen die hochentwickelten Industrieländer nur heraus, wenn sie die verhängnisvollen Trends der letzten Jahrzehnte brechen und eine konsequente, an marktwirtschaftlichen Grundsätzen orientierte Politik betreiben. »Abbau des Interventionismus, Ausbau marktwirtschaftlicher Rahmenbedingungen«, das ist die zukunftsgerechte Devise, die uns den Wohlstand und das Wohlbefinden erhalten und erhöhen kann.

Arbeitnehmer, Produzenten und Konsumenten müssen sich zum Leistungswettbewerb bekennen und diesen auch praktizieren.

Die seit langem anhaltende Überforderung von Unternehmern und Eigentümern im Rahmen der Demokratisierung von Privatwirtschaft und Eigentum ist abzubauen, um dem Wirtschaftssystem die unbedingt benötigten finanziellen Anreize zu geben.

Die Privatwirtschaft ist nur dann Garant der Marktwirtschaft, wenn sie sich den Bedingungen des Wettbewerbs unterwirft und die von ihr verursachten Kosten vollumfänglich selber trägt.

Die Wirtschaft muß mit den knappen Ressourcen und mit der natürlichen Umwelt sorgfältiger und sparsamer umgehen; das angestrebte qualitative Wachstum ist über den Preismechanismus und zielgerechte Auflagen zu verwirklichen.

Der Sozialstaat ist nach dem alt-liberalen Subsidiaritätsprinzip zu organisieren: Der Staat darf nur für jene vorsorgen, die für sich selbst nicht existenzsichernd vorsorgen können oder vorgesorgt haben. Die Finanzierung des Sozialstaates ist ausschließliche Aufgabe ihrer Nutznießer, d. h. der Gemeinschaft der Versicherten. Unter sozialen Gesichtspunkten ist es aber notwendig, existenzsichernde Leistungen nicht von individuellen Beiträgen an die Sozialversicherung abhängig zu machen.

Die öffentlichen Produktions-, Verkehrs-, Versorgungs- und Entsorgungsunternehmen sind – mit wirksamen Auflagen – organisatorisch und finanziell zu verselbständigen oder zu privatisieren.

Die Armen sollten freiwillig darauf verzichten, die Reichen so auszubeuten, daß sie gleichzeitig sich selbst schädigen: Einkommensunterschiede sind Voraussetzung für Leistungen, von denen alle Nutzen ziehen können.

Das Steuerrecht ist derart radikal zu vereinfachen, daß die Informierten nicht mehr die Nicht-Informierten ausbeuten können.

Die Geschenkwirtschaft im Subventionsbereich ist so zu reformieren, daß nur noch Leistungen, die dem Gesamtinteresse dienen, honoriert werden.

Die privaten und öffentlichen Versicherungen müssen sich selbst beschränken, damit der freien Wirtschaft kein Risikokapital entzogen und weder der Wohlstand vermindert noch eine Rentnergesellschaft verwirklicht wird.

Der Gesetzes- und Verordnungsflut im allgemeinen und der wuchernden Bürokratie im besonderen ist Einhalt zu gebieten. Nur so ist es möglich, die erlahmende private Initiative zu beleben und die verlorenen individuellen Freiheiten zurückzugewinnen.

Jeder muß einsehen, daß er nicht auf Kosten anderer leben und auf eigene Leistungen verzichten kann. Es ist eine tragische Selbsttäuschung unserer Zeit zu glauben, jeder könne jeden ausbeuten, denn dies entpuppt sich zunehmend als eine Selbstausbeutung.

Es ist Aufgabe der Politik, die Wende zum Besseren einzuleiten und die gegenseitige Ausbeutung zum Wohle aller abzubauen und auf das sozial erforderliche Mindestmaß zu beschränken. Diese historische Wende bleibt so lange aus, als die Politik sich nicht zu fundamentalen, jedoch unpopulären Reformen durchzuringen und auf die Ausbeutung der Wähler zu verzichten vermag.

Literatur

BARKENAU, F.: Marx, Frankfurt a. M. 1956.

BELL, D.: Die nachindustrielle Gesellschaft, Frankfurt a. M. 1975.

BERNHEIM, P.: Die sozialistischen Errungenschaften der Sowjetunion, Zürich 1972.

DOWNS, A.: Ökonomische Theorie der Demokratie, Tübingen 1968.

ENGELS, W.: Soziale Marktwirtschaft, Stuttgart 1973.

ENGELS, W.: Mehr Markt, Stuttgart 1976.

ENGELS, W.: Eine konstruktive Kritik des Wohlfahrtsstaates, Tübingen 1979.

EYSENCK, H.: Die Ungleichheit der Menschen, München 1975.

GEISSLER, H. (Hrsg.): Verwaltete Bürger – Gesellschaft in Fesseln, Frankfurt a. M. 1978.

GEISSLER, H. (Hrsg.): Optionen auf eine lebenswerte Zukunft, München 1979.

GERSTER, R.: Ausbeutung. Agonie eines wirtschaftswissenschaftlichen Begriffs, Zürich 1973.

GOLDSCHEID, R. und SCHUMPETER, J.: Die Finanzkrise des Steuerstaates, Frankfurt a. M. 1976.

HARBUSCH, P.: Wohlfahrtsstaat, Frankfurt a. M. 1977.

HAUBRICHS, P.: Die Verschwendung, München 1979.

HEDTKAMP, G. und PENKAITIS, N.: Das sowjetische Finanzsystem, Berlin 1974.

HEILMANN, M.: Die Umverteilung der Einkommen durch den Staat in der Bundesrepublik Deutschland 1960–1972, Göttingen 1976.

KALTENBRUNNER, G. K. (Hrsg.): Der standhafte Selbständige, München 1979.

KAPP, K. W. und VILMAR, F. (Hrsg.): Sozialisierung der Verluste, München 1972.

KIRSCH, G.: Der Wohlfahrtsstaat, Bern 1980.

MANDEL, E.: Entstehung und Entwicklung der ökonomischen Lehre von Karl Marx, Frankfurt a. M. 1968.

MARCOVIC, M. (Hrsg.): Wege zur veränderten Gesellschaft, Frankfurt a. M. 1971.

MARCUSE, H.: Der eindimensionale Mensch, Neuwied-Berlin 1967.

MEADOWS, D.: Die Grenzen des Wachstums, Frankfurt a. M. 1972.

MOLITOR, B.: Verteilungspolitik in der Perspektive, Hamburg 1975.

MOLITOR, B.: Sozialpolitik auf dem Prüfstand, Hamburg 1976.

NOACK, P.: Was ist Politik? Eine Einführung in ihre Wissenschaft, München-Zürich 1978.

OLSON, M.: Die Logik des kollektiven Handelns, Tübingen 1968.

PATTIS, P. und SONDEREGGER, H. U. (Hrsg.): Wirtschaftsfragen in und zwischen Ost und West, Düsseldorf 1966.

PETERS, H. R.: Grundzüge sektoraler Wirtschaftspolitik, Freiburg i. Br. 1971.

SCHELSKY, H.: Die Arbeit tun die anderen. Klassenkampf und Priesterherrschaft der Intellektuellen, 2. Aufl., Opladen 1975.

SCHELSKY, H.: Der selbständige und der betreute Mensch, Stuttgart 1976.

SCHMÖLDERS, G.: Finanzpolitik, 3. Auflage, Berlin-Heidelberg- New York 1970.

SCHMÖLDERS, G.: Finanz- und Steuerpsychologie, Reinbek b. Hamburg 1970.

SCHMÖLDERS, G.: Der verlorene Untertan, Düsseldorf 1971.

SIEBER, H.: Marktwirtschaft im Kreuzfeuer, Bern 1979.

STRÜMPEL, B.: Die Krise des Wohlstandes, Stuttgart 1977.

TIEDEMANN, K.: Subventionskriminalität in der Bundesrepublik, Reinbek b. Hamburg 1974.

TIEDEMANN, K.: Wirtschaftsstrafrecht und Wirtschaftskriminalität, 2 Bde., Reinbek b. Hamburg 1976.

WITTMANN, W.: Der unbewältigte Wohlstand, München 1972.

WITTMANN, W.: Finanzpolitik, 2. Auflage, Stuttgart 1977.

ZUBER, W. (Hrsg.): Schlankheitskur für den Staat, Stuttgart 1979.

Sachregister